江苏省发展和改革委员会
JIANGSU DEVELOPMENT & REFORM COMMISSION

江苏2020特色小镇

Featured Towns of Jiangsu

李荣锦 主编

江苏人民出版社

图书在版编目(CIP)数据

江苏特色小镇. 2020 / 李荣锦主编. --南京:江苏人民出版社, 2020.12(2021.10 重印)

ISBN 978-7-214-25695-9

Ⅰ. ①江… Ⅱ. ①李… Ⅲ. ①小城镇一城市建设一研究一江苏一2020 Ⅳ. ①F299.275.3

中国版本图书馆 CIP 数据核字(2020)第 227984 号

书　　名	江苏特色小镇 2020
主　　编	李荣锦
策划编辑	金书羽
责任编辑	王　田
责任监制	王列丹
出版发行	江苏人民出版社
地　　址	南京市湖南路 1 号 A 楼,邮编:210009
照　　排	江苏凤凰制版有限公司
印　　刷	南京新洲印刷有限公司
开　　本	787 毫米×1092 毫米　1/16
印　　张	16.75　插页 2
字　　数	326 千字
版　　次	2020 年 12 月第 1 版
印　　次	2021 年 10 月第 2 次印刷
标准书号	ISBN 978-7-214-25695-9
定　　价	98.00 元

目 录

第一部分　小镇概述篇

第二部分　小镇故事篇

第三部分　小镇活动篇

第一部分

小镇概述篇

江苏坚持新发展理念，以引导特色产业发展为核心，着力聚焦产业这个“根本”，强化生态这个“主题”，用好创新这个“法宝”，助力特色小镇发展集约化、企业高新化、小镇绿色化，特色小镇实现产业特而强、形态小而美。

1.1 小镇概述

更大力度 推动特色小镇走在前列
更高标准 打造高质量发展新样板

三年来，经过全省上下共同努力、奋力拼搏，江苏特色小镇培育创建工作成效明显，实现了从无到有、从少到多和从特到优、从优到强的飞跃。主要表现在：一、成员不断增加。省级特色小镇创建名单从零到56个创建单位增加为90个创建单位，这个群体不断壮大，类型更加丰富。二、定位更加明晰。始终坚持以产立镇、功能融合、形态优美、机制创新，经过三年多的创建，产业“特而强”、功能“聚而合”、形态“小而美”、机制“新而活”的特色小镇在江苏初具雏形，一批特色鲜明、要素集聚、宜居宜业、富有活力的苏派特色小镇正在建成，影响日益提升。

坚持产业立镇，着力拓展特色产业集聚的新空间

通过在产业上立足基础、找准特色、彰显优势，特色小镇已成为各地引领产业园区和乡镇经济特色化发展的新样板，有力促进了地方特色产业的提档升级和产业布局的优化调整。一是拉动投资效应显著，前两批56个省级特色小镇自创建以来累计新增投资2265.8亿元（不含房地产），其中特色产业投资占比76.1%，2019年56个小镇合计年营业收入近4000亿元。二是培育细分行业成为“单打冠军”，如苏州东沙湖基金小镇集聚基金307支，管理资金2118亿，已培育扶持99家企业成功上市；海门叠石桥家纺小镇生产和销售的家纺用品在国内市场占有率超40%。三是做大做强全国行业的领军者，如常州石墨烯小镇是全国唯一的国家石墨烯新材料高新技术产业化基地，创造了石墨烯领域10项“全球第一”；南京未来网络小镇是国家通信与网络产业创新基地，已集聚南京通信技术研究院、未来网络创新研究院、中科院南京宽带中心等三大核心创新平台；如皋氢能小镇拥有全国唯一的联合国开发计划署“氢经济示范城市”项目。大部分小镇围绕特色产业做大做强，产业集聚速度加快。

坚持高端要素集聚，着力打造创新创业的新平台

各特色小镇通过制定产业项目和创新人才的扶持政策，完善宜居生活和美丽生态的配套，推动产业链、创新链、人才链深度耦合，使小镇创新创业活力不断增强，创新创业环境不断提升。一是搭建“双创”平台，集聚创业群体。2019年56家省级特色小镇创建单位共集聚了省级以上创新创业基地、众创空间 289 个，22 家新一代信息技术和创意创业类小镇吸引入驻的创业团队超过 1400 个。二是集聚人才、技术、品牌等高端要素。56 家小镇吸纳从业人员 43.5 万人，其中硕士学历及以上 3.1 万人，专利累计拥有量 13733 件，省级以上有影响力的自主品牌 505 个。三是加强投融资创新。56 家小镇集聚了股权投资资本 2617 亿元，比如常州石墨烯小镇设立了产业引导基金、外部创投基金、小镇投资基金等 5 类基金，为小镇发展提供坚实的金融支撑；比如太湖影视小镇设立了华莱坞影视基金及省市共同出资的 5 亿元华莱坞文化基金。

坚持三生融合发展，着力培育城乡融合的新载体

特色小镇以人为核心，统筹生产、生活、生态空间布局，通过产业功能、社区功能、文化功能、旅游功能和智慧管理的融合叠加，着力打造城乡融合的新型社区。各小镇在发展特色产业的同时，积极完善生产生活基础设施，满足小镇企业和居民基本公共服务需求。充分发挥地形地貌特征，将优美生态环境打造为集聚产业的“新磁场”。各地通过特色小镇创建，率先在城乡接合部等功能区块，完善生活生态功能，提升建筑形象品质，把一块块城镇旁边的“破补丁”，修复成一幅幅引人瞩目的“画卷”，使特色小镇成为人们工作生活的新去处，连接城乡的新纽带。

坚持体制机制创新，着力构建特色小镇可持续发展机制

以改革创新精神全面推进特色小镇建设，始终突出企业主体，强化市场化运作，努力做到市场主体不缺位、政府引导不越位。在小镇的投资建设运营上，努力搭建企业、政府和居民共同参与的市场化、专业化运营管理平台。一是让行业龙头企业成为特色小镇建设的主力军，引导企业有效投资、扩大高端供给，激发企业家创造力，如句容绿色新能源小镇、无锡车联网小镇等均是行业龙头企业主导建设的小镇。二是政府注重发挥好保障作用，在小镇规划编制、设施配套、文化建设、生态保护、要素保障等方面顺势而为，既不过度干预，也不消极作为。三是调动当地百姓参与小镇建设的积极性，注重小镇原居民资产的保值增值，比如苏绣小镇实施富民合作社模式，通过募集动迁农户的闲置资金，为小镇物业开发和投资经营提供资金。

江苏特色小镇工作站在了一个新的起点上，下一步将紧盯“产业更特、创新更强、功能更优、形态更美、机制更活、辐射更广”的目标，巩固“三个统一”的整合成果目标，切实加强特色小镇规范化管理，奋力推动特色小镇高质量发展、走在全国前列，为“强富美高”新江苏建设作出应有贡献。

1.2 典型经验

特色小镇是新型城镇化与乡村振兴的重要结合点，也是促进经济高质量发展的重要平台。特色小镇如何做到真“特色”？为推动各方面探索符合自身实际的特色小镇高质量发展之路，从运行模式到文化内涵、产业特色等方面，对优秀特色小镇进行解读，为后期江苏特色小镇高质量发展提供参考借鉴。

1.2.1 全国特色小镇典型经验

2020 年 7 月，国家发展改革委公布“第二轮全国特色小镇典型经验”（全国仅 20 家），南京未来网络小镇、常州石墨烯小镇在列。此前，苏州苏绣小镇、句容绿色新能源小镇经验做法入选 2019 年“第一轮全国特色小镇典型经验”（全国仅 16 家）。目前，江苏共有 4 家特色小镇的经验做法入选全国特色小镇典型经验，总数量位居全国第一。

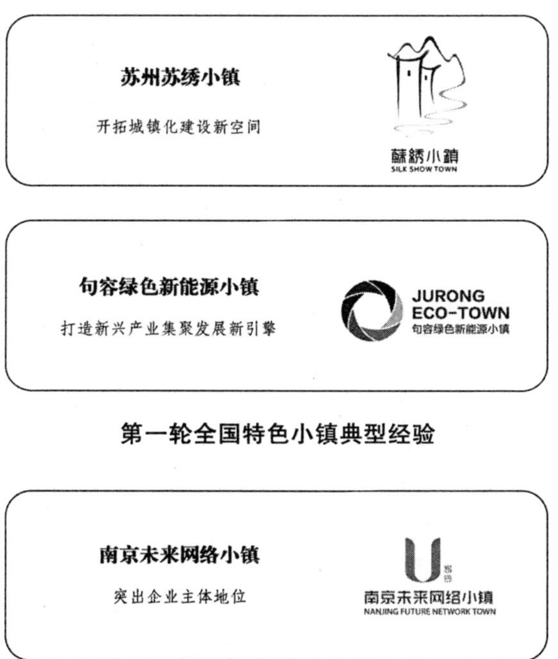

第一轮全国特色小镇典型经验

常州石墨烯小镇

突出企业主体地位

第二轮全国特色小镇典型经验

1.2.2 省级 2019 年度优秀创建小镇

2020 年 10 月,省发展改革委公布关于第一、二批省级特色小镇创建对象 2019 年度考核结果的通报,泰兴凤栖小镇和宿迁保险小镇年度考核结果为优秀。

2019 年度省级特色小镇优秀创建对象

第二部分

小镇故事篇

小镇故事多，发展靠特色。特色小镇是在3平方公里土地上集聚特色产业、生产生活生态空间相融合、不同于行政建制镇和产业园区的创新创业平台。

第一批小镇(24 家)

编者按:近三年来,江苏首批特色小镇创建成效显著,按照“产业特而强、功能聚而合、形态小而美、机制新而优”的总体要求,不断做大做强特色主导产业,突出改革创新推动高质量发展,目前正朝着生态宜居、美丽小镇的目标阔步前行,焕发新活力、展现新面貌,力争成为“美丽江苏”建设的新样板。

南京未来网络小镇

产城人文融合共生　美丽小镇“风景”独好

南京未来网络小镇规划面积 3.2 平方公里,是南京未来科技城的核心板块之一。多年来,小镇秉持“产城融合”的发展理念,在充分发挥自身产业聚合优势的前提下,主动当好“服务生”,为入驻企业和居民生活提供配套保障,一幅现代科技与生态人文相互交融的迷人画卷正徐徐展开。

南京未来网络小镇全景图

宜居,高起点统筹小镇建设发展

波光粼粼的湖面、绿草如茵的湖畔、错落有致的高楼、方便智能的设施配备……来到南京未来网络小镇,一入科技交流中心,一辆无人驾驶绿色巴士正缓缓驶来。

“嘟嘟嘟,欢迎乘坐未来号!”伴随着语音播报,车门自动打开,按下开始按钮,巴士便开始按照程序设定的路线平稳行驶,接驳小镇的上班族到达各个楼宇。一路上,小镇里的一花一草、一湖一树尽收眼底,让人在繁忙的工作之余,体会一种怡然自得的休闲与放松。

“按照生产、生活、生态‘三生’融合的发展要求,我们对标全球范例,统筹小镇建设发展,加快推进产业发展规划、旅游规划、生态规划等规划体系。”南京未来科技城相关负责人介绍,截至目前,1 平方公里的小镇核心区内已建成各类配套服务设施近百万平方米。

在统筹发展建设的同时,小镇不忘“绿色生态”发展理念,依托 20 平方公里上秦淮湿地片区优良的生态环境底蕴，量身打造了云台山河景观带、阳山河生态走廊等生态廊道。目前，园区的绿化面积已经超100万平方米，绿化覆盖率达45%，与正在打造的上秦淮生态文化旅游区无缝衔接。

宜产，产业优先谋划创新小镇

2020年4月3日，南京山乘智能科技有限公司研发的“无人驾驶虚拟仿真及智能控制研发平台”签约落户，该平台可以帮助无人驾驶相关企业开发和训练无人车，以及实现无人车系统规划决策与控制算法的高效测试，进一步助力无人驾驶“落地”。

“科技、创新、智慧”，是南京未来网络小镇的“名片”。自2011年成立以来，小镇不断瞄准科技最前沿，加快打造科技创新的策源地、新兴产业的兴起地、高端资源的集聚地，经过9年的耕耘，已初步形成以网络、通信、信息安全、人工智能、产业互联网等为特色的新兴产业。

据悉，小镇已累计引进以华为、国机智骏、中软等为代表的企业1400余家，培育出南京物联传感、苏萌信息等一批高成长性企业，建成云家物联网、航天极创等新型研发机构，集聚高新技术企业50余家、国内外院士30余名、高端创新人才团队等3000余人。

与此同时，小镇还面向全球汇聚创新资源——与德国弗劳恩霍夫研究院合作共建中德技术合作转化中心，和澳大利亚工程院院士于长斌合作共建南京众智未来研究院。截至目前，已成功举办三届全球未来网络发展大会和四届中德智能制造产业化合作峰会等一系列国际性重大科技活动，被定为“全球未来网络发展峰会”永久会址，成为江宁创新发展的前沿阵地和省市重要的开放平台。

宜业，“五脏俱全”方便快捷

“出门就是地铁，15分钟直达机场和高铁站。人才公寓、医院、商场一应俱全，生活在未来网络小镇，方便又快捷。”提及周边的生活配套设施，入驻企业员工和附近居民纷纷称赞。

在充分发挥自身产业聚合优势的前提下，南京未来网络小镇不忘“以人为本、以民为先”，创新产业与服务平台共生、共利、共建模式。在生活配套上，砂之船商业广场、上秦淮假日酒店、人才公寓、同仁医院、南京未来科技城小学等投入使用，创业路美食一条街、罗森超市等一批生活配套设施开业运营，园区商业配套设施日均接待游客超万人。在智慧体系建设上，智慧园区格局初步构建，建成了全覆盖的公共WIFI，小镇APP、公共服务“一卡通”也已投入使用。

“未来网络小镇是南京未来科技城‘一城、两镇、三片区、四产业’发展规划中的重要一环，形态小而美，设施智而全，功能聚而核。”南京未来科技城相关负责人介绍，未来园区将持续以发展新城市、新产业、新生活为“落笔点”，写好“产城人文”深度融合“文章”，努力将未来网络小镇全力打造成全省一流、国内知名的特色小镇。

高淳国瓷小镇

当代陶瓷创意之都 感受最有“瓷”魅力

“中华向号瓷之国”,瓷器是中华民族的伟大发明和中华传统文化的标志性符号,千年灿烂的瓷文化,哥窑、官窑、汝窑、定窑、均窑、景德镇窑、磁州窑、耀州窑等八大历史名窑群星闪耀。2014 北京 APEC 峰会汇聚全球目光,高淳陶瓷横空出世,“盛世如意”珐琅彩餐瓷闪耀国宴之夜,甫一亮相,已成经典,由高淳陶瓷创建的国瓷小镇再次成为递给世界的一张中国名片。

高淳国瓷小镇鸟瞰图

高淳陶瓷创建于 1958 年,1980 年炻器产品开始大量出口国际市场,90 年代发展成为中国规模最大的陶瓷出口企业之一,产品畅销全球 100 多个国家和地区。数十年的匠心坚守和不断创新使高淳陶瓷成为中国陶瓷行业知名企业,成为日用陶瓷国家标准的第一起草单位和国家“十二五”科技攻关项目——“高品质日用陶瓷示范项目”的主承担企业。

厚积而薄发,2014 年高淳陶瓷承担了北京 APEG 峰会招待晚宴用瓷的设计制作任务。高陶人认为,在中国经济快速发展、国际地位不断提升的背景下,应该利用国际盛会展示中国经典文化,表现民族自信,弘扬中华文化。高淳陶瓷用现代科技重现康乾时期的珐琅彩瓷经典工艺,精心制作出“盛世如意”国宴餐瓷。2014 年 11 月 10 日晚,北京水立方洋溢着十三亿人的热情与东方梦幻,在中国国家主席习近平为出席 2014 年 APEC 峰会的二十一个国家元首、夫人及嘉宾举行的盛大国宴上,“盛世如意”国宴用瓷闪耀全场,美轮美奂的中国瓷给各国元首留下深刻印象,展现出泱泱大国、礼仪之邦的待客之道。

2014 年,高淳陶瓷成为上海亚信峰会、南京青奥会宴会用瓷。2015 年 12 月 15 日在乌镇第二届世界互联网大会接风晚宴上,"国粹珐琅彩青花瓷"与古雅清丽的江南水乡浑然天成,成为大会接风晚宴一抹靓丽的风景。

2017 年 5 月 15 日,高淳陶瓷用三个月时间完成了第一届北京"一带一路"峰会"丝路国宴"午餐用瓷。"丝路国宴"餐瓷由圆形的展示盘和八角顶盖组成主格调,浸透着中华民族"圆则满,满则圆",心有圆满便安宁不争的传统哲学,代表着和谐、圆满,花纹为盛于隋唐时期的"宝相花",传达了吉祥、美满之意,开窗选用"富春山居图",展现了中国传统的山水艺术文化,诠释"一带一路"精神。

2017 年 7 月 21 日,中国国家博物馆收藏"盛世如意"和"丝路国宴"餐瓷,成为中国国家博物馆首次规模收藏的中国当代陶瓷作品。

2019 年 4 月 27 日,高淳陶瓷"丝路国宴"餐瓷作为第二届北京"一带一路"峰会午餐用瓷,在北京雁栖湖国际会议中心再次靓影。

2018 年、2019 年,"尊上 1958"作为第一届、第二届中国进口博览会宴会用瓷在上海和平饭店、西郊宾馆、锦江饭店等多次使用。2019 年 11 月 5 日晚,在上海豫园"春和景明"国宴瓷作为中国国家主席习近平和夫人彭丽媛招待法国总统马克龙和夫人布丽吉特的宴会用瓷,充满"国际范、中国风、上海味"设计再次成为经典。

2020 年 9 月 8 日,亚洲品牌盛典授予江苏高淳陶瓷股份有限公司"当代官窑"荣誉称号和 2020"中国至尊品牌金奖",国瓷小镇成为中国国瓷新地标。

美丽又精致的高淳陶瓷是如何炼成的?就拿餐盘来说,一只盘子的诞生,大致要经过覆旋压法、海绵吸水、上釉、烧制、图案装饰、描金这几道工序,需要好几位匠人投入多达 36 小时的工夫。每一款产品的花纹、器形、质地、釉彩,都要经过反复琢磨,不留瑕疵。正是这种百炼成钢的精神,才成就了在国宴上让世界瞩目的瓷器。

匠心出精品,高淳独有的"玉泉"牌骨质瓷,质地比一般瓷器更加温润,外观洁白,瓷质致密,透光度好且耐高温,兼具了美观以及实用的价值。

近年来,随着人们的消费水平不断提高,高档路线的陶瓷制品开始回归家庭,特别是艺术风格浓郁的、个性化的餐具、茶具等瓷器,市场需求旺盛。对此,高陶在创意设计上发力,围绕"文化"这个重心,一面传承一面创新,不断汲取灵感,推陈出新,创作出一大批深受大众喜爱的陶瓷作品。

而今,高淳陶瓷拥有"尊上珍瓷"珐琅彩瓷、"白牡丹"健康生活瓷、"玉泉"炻器、"玉泉窑"紫砂窑变釉和"柯瑞"高技术环保陶瓷五大系列产品,成为中国当代国瓷的领军企业之一。

60 多年以来,高淳陶瓷始终融合中国传统文化,用心演绎东方元素,其作品和创意,总能让人感觉到一种品质的沉淀,一种文化的回归。

徐州沙集电商小镇

做好特色文章　建设生态宜居的美丽小镇

金秋十月，行走在阿里路上，阵阵清香沁人心脾，这是种植在阿里路两侧的桂花吐露的芬芳。夜晚来临，小镇的路灯发出蓝色的光辉，周边楼房的灯带也都亮了起来，劳累了一天的小镇居民来到小镇客厅门口，升起音乐，沐浴花香，跳起了广场舞。

这只是小镇“美丽说”的一个缩影，省级特色小镇创建以来，小镇更加注重自身的颜值，变得越来越美。

沙集电商小镇全景图

自然生态之美。在小镇的生产区，由东进入小镇边界，首先映入眼帘的是东沙河公园，东沙河为徐州市与宿迁市界河，小镇投资 2000 万元，对东沙河节点进行重点打造，建设 2 万平方米含绿化、健身步道、休闲广场的东沙河公园，东沙河公园遥相呼应镇西的滨河公园。小镇的主干道和园区也都广泛覆盖绿植。在小镇的生活区，对东风河进行清淤护坡，种植花草树木，打造亲水平台。在小镇的生态区，建设占地 120 亩的九度园艺绿植项目，项目周围种植观赏景观树种，更添一抹生态底色，有效提升了小镇建成区的绿化覆盖率。

城乡宜居之美。小镇投入 2300 多万元，开展城乡人居环境整治，加强镇区精细化管理，城乡面貌焕然一新。完善城镇功能配套，建设镇村便民服务中心，公共空间实现免费 WIFI 全覆盖。加大智慧小镇建设，润城佳苑、润鑫佳苑等新建高质量住宅小区采用绿色节能技术，增强镇区承载力，促进人口向镇区集中。建设人才公寓、专家楼、星级酒店等，为创业者和高端人才提供便捷的住宿服务。同时打造金街和水街两个特色街区。金街聚集了会计、摄影、运营公司等生产服务业态。水街则围绕镇区生活服务功能配套目标，沿东风河打造明清仿古风格步行街，招引知名餐饮娱乐品牌商家入驻，目前已有尚客优民宿、重庆富桥足浴、徐沙河畔喜宴中心、黄金海岸健身中心、蜀大侠火锅、德庄火锅等知名品牌餐饮娱乐商家入驻，让小镇居民在家门口享受高端餐饮娱乐生活质感。

人文特色之美。小镇居民思想活跃，勇于创新，敢于走南闯北，把外面先进的经验、资金和技术导入到本地，在电子商务潮起之时，“三剑客”敏锐地捕捉到了商机，紧随其后，小镇电商风云榜上不断涌现新的身影，带动“沙集模式”从 1.0 向 3.0 迈进，产业从最初的“前店后厂”不断升级，把握时代脉搏，小镇开始建设互联网家居产业园、百家邦全铝家居产业园、一懿全屋定制产业园、智慧物流园，小镇以兼收并蓄的姿态，不断吸引四面八方的人来创业。富起来的小镇人，积极承担社会责任，扶贫济困、重教助学，常态化开展献爱心活动，定期举办教师表彰和贫困学子捐助活动，不断弘扬社会正能量。为了记住乡愁，留住小镇的灵魂，小镇组织编纂镇志，永远铭记沙集人最为宝贵的精神特质。

文明和谐之美。小镇大力弘扬社会主义核心价值观，积极倡导文明和谐新风建设，通过文明村镇创建，全力改变城乡面貌和居民精神风貌。根据群众需求，开展丰富多样的志愿服务活动和新时代文明实践活动，多年以来开展 540 余次，受益近 20 万人次。开展传统丰收落子舞全镇巡演活动，目前开展 20 余场，挖掘了传统文化，丰富了百姓精神生活。积极开展群众性文明创建活动，开展人居环境示范户、美丽家园、新乡贤等创评活动，积极推选 3 户参与徐州市文明家庭评选，1 人参加感动睢宁人物评比，积极申报 4 个市级文明达标村，小镇向上向善的民风在不断形成。

绿色发展之美。产业发展，需要绿色健康高质量发展，小镇坚决守住安全和环保底线，整合镇安监办、环保办、消防中队、综合执法局等部门力量，成立镇安全生产和环保专治办，凝聚多部门执法合力，开展联合式执法，对企业安全生产、环保、消防等问题进行常态化排查整改，近年来，累计排查企业 900 余家。加大大气污染治理，重点加大家具行业 VOCs 治理，从宣传发动、限期整改、取缔关闭等多方面引导督促企业落实 VOCs 整治任务。去年以来，已对环保问题突出的 11 家“散乱污”企业进行了取缔关闭，拆除不达标喷漆房 3 个。加大水污染治理，做好国考断面问题整改，封堵不合理排水口 9 处，清理河道垃圾 124 次。和平污水处理厂即将竣工，和平园区电商路、再生路等沿线企业污水完成搭接，并入管网镇区管网，天蓝、水绿、岸青已经成为小镇最亮的底色。

无锡鸿山物联网小镇

新技术带来新面貌　数据赋能美丽小镇

这个坐落于江南水乡的千年文化小镇，正在打造“鸿山物联网特色小镇”。按照“美丽江苏”建设内涵，以争创“三生融合典范”为目标，将物联网产业发展和“美丽江苏”城市建设结合起来，大力发展新一代信息技术产业，打造智慧城市建设的样板。

鸿山物联网小镇鸟瞰图

水乡风韵之美。重点打造鸿山物联网特色小镇重要载体吴越水街一期、丽笙酒店二期项目。其中吴越水街是集智慧、文化、江南、生活为一体的特色水街，体现了互联网思维、吴越文化、江南建筑特质以及传统街巷生活，努力营造浓厚水乡风韵的建筑群落。丽笙酒店二期延续丽笙酒店一期江南园林的风格，以伯渎河为天然景观条件，临水视野得天独厚。建筑立面上与一期建筑相协调，充分地体现出建筑的功能性、豪华型、专属性，满足客户的归属感。塑造具有吸引力的城市形象，并对周边产生强有力的带动作用。

美丽乡村之美。整合区域旅游资源，促进产业融合发展。以江苏省鸿山旅游度假区建设为契机，突出“物联网技术＋全域旅游”概念，加快推动田园综合体、智慧农业等项目落地，促进小镇产业融合发展；大力发展农业、文化、旅游、农家乐、精品民宿等，完善区域内旅游配套条件，通过引入项目和自营项目的建设，打造精品旅游目的地。其中大坊桥姚更上美丽乡村建设项目和七房桥乡村田园文化旅游特色村建设已经实施，美丽乡村的美更是由内而外的，除了着力改善村容村貌和农村人居环境，更是在淳化村风民风和提升文化软实力上动脑筋、下功夫。在工程实施过程中，大坊桥努力以文化提升美丽乡村的内在美，放大乡村的灵魂。一是发掘乡村文化。深入挖掘继承和创新优秀传统乡土文化，加强大坊桥老街的历史文化挖掘，重点文保单位“蒙恩堂”的保护，留住乡愁记忆。二是提升乡风文明。通过各种宣传活动、志愿讲解活动逐步引导广大群众摒弃生活陋习，养成文明健康的生活方式，传承家庭和睦、邻里守望、诚实守信等优秀传统文化。三是丰富文化生活。充分利用综合文化服务中心和百姓大舞台活动，提升美丽乡村内涵，推动农村文化事业发展，丰富农村群众文化生活。打造美丽乡村鸿山物联网小镇样板。

三生融合之美。鸿山物联网小镇借助鸿山区域内“生产、生活、生态”的三生要素，依托重大专项、重大工程、重点企业，构建起了涵盖智慧教育、智慧医疗、智慧工业、智慧生活、智慧体育、智慧旅游、智慧能源、智慧农业等八大领域的物联网应用体系，以期最终成为全球首屈一指的物联网新高地。产城融合是鸿山物联网小镇的特色发展模式。小镇融入“创新、协调、绿色、开放、共享”的发展理念，聚焦特色产业、高端要素，挖掘人文底蕴、生态禀赋。培育“产、城、文、旅、智”，打破传统制造业格局转入物联网新思维，改善生态资源促进可持续发展，改善人与城市平衡发展，推进产业聚焦，生态发展，人居和谐。

新技术带来新面貌，鸿山物联网小镇将借助物联网的火种，照亮鸿山的每一个角落，以科技引领人们的智能化生产，让数据开启人们的美丽生活。

无锡太湖影视小镇

坚持数字影视特色　培育江苏文化品牌　打造规模实力领先的“美丽小镇”

太湖影视小镇是江苏首批特色小镇，也是全省唯一的影视类特色小镇。自 2017 年创建以来，小镇始终围绕数字影视产业这一核心，加快产业资源招引、重点项目推进、优质影片产出，积极推进发展层级跨越，全力培育特色产业成长，努力打造数字化发展特色鲜明，品牌化建设成效显著的“美丽小镇”，为“美丽江苏”建设增光添彩。

太湖影视小镇影视制作区

坚持影视科技引领，推动小镇数字化发展

小镇围绕“数字影视”制定特色化发展蓝图，不断优化规划体系，推进数字技术应用，形成绿色发展方式。

产业规划领先。小镇以极具特色性、成长性、带动性的数字影视产业为引领，围绕“科技拍摄＋后期制作”两大核心，着力打造科技化、工业化的电影产业链。小镇构建了“一园一带五大功能区”发展格局，围绕生产、生活、生态全面谋划发展蓝图。

载体建设有序。创建以来，小镇已建设完成 1.2 万平方米超大影棚、虚拟摄影棚、产业综合大楼等一批数字化产业载体项目；长广溪湿地修复、地铁南延线等一批基础设施项目也已建成并投入使用。

智慧建设多元。小镇针对影视剧组打造了“协拍智图平台”，通过线上堪景，将相关载体及外景地等细节呈现给剧组；以小镇核心区为主体，建有自媒体矩阵，集成免费 WIFI 一键登录，及时发布小镇动态信息；搭建智慧园区管理平台，提升管理效率和水平。

坚持影视技术进步，推动小镇规模化发展

特色产业规模提升。小镇创建三年来，围绕数字影视和数字文化，已引入一大批行业优质企业，其中包括星皓影业、博纳影业、墨境天合、Base FX、诺华视创、天工映画等一批龙头企业。

电影工业体系成型。一是数字拍摄平台。小镇已建成 15 座专业影棚，具备虚拟拍摄、3D 拍摄、同期录音等数字技术功能，能够满足大型高科技影片拍摄需求。二是数字制作平台。依托国家科技部重点创新项目“影视云平台”和大数据技术，建立中国电影云平台，为后期制作企业提供技术和数据支撑。三是数字服务平台。小镇设立了省级影视剧行政受理窗口和审片室，建立了覆盖影视生产全流程的剧组管家体系。四是数字金融平台。小镇建立了省级的影视文化金融服务中心，为影视企业提供金融支持。

产业发展后劲坚实。以数字技术为核心的影视文化、数字文化产业正呈现加速融合的趋势，小镇为适应行业新变化，进一步增强竞争优势，在坚持发展电影数字技术的同时，积极向动漫、娱乐、游戏、版权等领域延伸，聚焦“数字影视＋数字游戏＋数字文娱＋数字传播＋数字版权”五大内容，大力发展以数字影视为引领的数字文化产业，夯实产业发展后劲。

坚持精品项目生产，推动小镇品牌化发展

承制大型国产影片。创建以来，小镇已累计承接影视剧拍摄制作超 500 部，其中包括《流浪地球》《邪不压正》《红海行动》《中国机长》《征途》《八佰》等一批大制作精品影片，以及《幻乐之城》《明日之子》《中国梦之声》《中国新说唱》等大型综艺栏目。小镇出品的《西游记女儿国》《捉妖记 2》在 2018 年春节档收获 26 亿元票房，占同期全国总票房的 41%；《悟空传》《流浪地球》《暴雪将至》等一批影片获得东京电影节、北京电影节、香港金像奖等各类奖项。《四个春天》《捉妖记 2》《邪不压正》《西游记女儿国》《誓言》等 5 部影片获 2019 年江苏省“五个一”工程奖。

创办高端影视论坛。小镇创办的太湖影视产业投资峰会，聚焦影视行业前沿动态，由部省市共同主办，是国家级的影视类高端主题活动。峰会至今已成功举办 4 届，每年峰会邀请多位影视界名人发表演讲，对影视行业发展现状、资本运作、行业动态等进行深入分析和探讨，把脉中国影视产业发展趋势，同时促成一大批优质影视资源落户小镇，进一步推进了影视文化全产业链发展。

无锡新桥时裳小镇

高品质建设　精细化管理　致力打造最美特色小镇

近年来，新桥镇深刻把握美丽江苏建设内涵，对标特色小镇创建要求，高点定位，系统谋划，全力打造产业美、城镇美、生态美、生活美的美丽新桥，努力当好形态与质感兼具的特色小镇典型示范。

新桥时裳小镇全景图

聚焦转型升级，彰显质效并举的产业美

升级传统产业。通过技术改造、产能扩增改造传统产业，实现制造向“智”造的转变，可持续发展呈现新的活力，取得新的成效。阳光集团完成智能化车间改造，引进了自动指挥、裁剪、吊挂等系统；海澜集团建立智能仓储管理系统，实现仓库日常管理业务实时查询与监控，用人量是原来的 1/6，储存量提升了 6 倍；焱鑫、精亚等企业提升技术改造，进军行业高端制造领域。江苏阳光集团获评工业产品绿色设计示范企业。

做强文旅产业。以海澜飞马水城、郁桥老街为引领，整合资源，促进“产业＋旅游、文化＋旅游、乡村＋旅游”深度融合，培育更多特色鲜明、引爆流量的旅游新 IP，打造更多新业态、新品牌。来新旅游人数逐年递增，海澜飞马水城获评 2019 中国体育旅游十佳精品景区。

聚焦品质升级，彰显宜居宜游的城镇美

科学实施规划。因地制宜编制《时裳小镇控制性详细规划》，明确“一核双轴五片区”

结构，以海澜飞马水城为城镇核心，辐射带动周边区域，南北有效衔接旅游区域和生活区域，东西横贯镇区延伸至万亩农林生态区，形成生态景观两大发展轴，有机划定产业总部、时尚人文、生态创意、文化体育、生活服务五大片区。

提升城镇品质。配齐配优圩里小区、黄河小区等社区设施，高标准建成小镇客厅、文化服务中心，健全完善“三横四纵”交通网络。充分运用大数据、物联网等现代新技术，植入智能管理应用模块，广泛应用于门禁、公交、安全、消防、生态监测、路灯等各个方面。打造文体旅融合示范基地，承办全国企业家年会、国际半程马拉松等重大活动，带动全域旅游快速推进。

聚焦环境升级，彰显“三生”融合的生态美

推进环境整治。持续攻坚蓝天碧水净土保卫战，依法整治“厂中厂”，关停取缔“散乱污”，规范清理河湖“三乱”，严格控制扬尘污染。实施污染防治智慧检测，油烟在线监测、锅炉低氮改造、用电工况监测等技术在全镇企业内广泛得到应用。大力推广绿色节能技术，有序布点新能源充电桩，建成投用公共自行车站点，鼓励企业采用光伏技术，减少能源损耗。

厚实生态底色。开展农村人居环境整治提升“百日行动”和交通干线环境整治行动，率先实施“三定一督”垃圾分类，吹响“春雷行动”整治号角，全力推进城镇精细化管理。丰富生态内涵。加大复垦退耕力度，持续添绿增绿，营造特色景观节点，塑造“一村一品”“一村一景”特色美丽乡村。苏墅村获评江苏省农村人居环境整治综合示范村。

聚焦服务升级，彰显和谐幸福的生活美

优化服务供给。严格落实“六稳”“六保”，多元拓展增收渠道，全力保障群众安居乐业。深化政务改革，建立“一门式”服务，实现“进一个门，盖一个章，办所有事”。提档升级教育、医疗、文化设施，延伸服务覆盖范围，引进院府合作、居家养老、老年助餐等便民项目，推动公共服务均衡化、高质化。发展群众文化，坚持开展送戏下乡、书香阅读等群众喜闻乐见的活动，丰富群众精神生活。

深化社会治理。引入智慧管理，将警务网格、执法网格、综治网格、专属网格纳入综合智慧管理平台，实现精准高效治理。发挥党建引领作用，打造集新时代文明实践、网格化管理、党员教育、居民议事为一体的先锋驿站，以支部联党员、党员联住户的模式，成立社区议事会，制定议事规则，激发群众自治活力，打造特色小镇善治风景线。

常州石墨烯小镇

内外兼修　打造多彩美丽小镇

在碧波万顷的西太湖畔，一座以它为名的小镇——常州石墨烯小镇悄然兴起。既塑造可观的“外在美”，又提升可感的“内在美”，石墨烯小镇将产业、人居、旅游、文化元素巧妙融入“美丽小镇”建设，打造产业高地，营造绿色生态环境，挖掘文化特色，不断提升小镇功能品质，绘制了一幅美丽小镇的多彩画卷。

常州石墨烯小镇全景图

黑金与基金　打造金色产业高地

坚定发展产业，塑造小镇灵魂。2011 年，小镇以建设江南石墨烯研究院为契机，在全国率先发展石墨烯产业。2014 年 12 月 13 日，习近平总书记在考察江苏时，对常州石墨烯的发展成果给予充分肯定，并寄予厚望。目前，小镇已集聚石墨烯相关团队 30 多个，相关企业 150 多家，其中原材料制备企业数量约占全国一半。在仪器设备、触摸屏、传感器、加热膜、散热膜、功能涂料、复合材料、能源、环保等领域实现了石墨烯材料的初步应用及产业化，创下了十多项“国际国内第一”，培育了主板上市企业碳元科技和新三板挂牌企业第六元素、二维碳素等一批上市企业，形成了涵盖石墨烯设备制造、原料制备与下游应用等较为完整的产业链。石墨烯产业已在全国获得了“中国石墨烯看江苏，江苏石墨烯看常州”的美誉。

2020 年 7 月，常州市政府决定打造龙城金谷，以基金产业为主导，引进相关金融机构和中介机构等配套服务企业，培育全周期基金产业集群，做大做强常州基金产业。龙城金谷南区落户石墨烯小镇核心区，为小镇科技创新导入资本活水，为实体经济插上金融翅膀。

石墨烯被称为“黑金”，与基金一起集聚在小镇内，既赋予了小镇发展强大动能，又丰富了彼此成长壮大的资源，金色光芒正在小镇内闪闪发亮。

优越生态禀赋　营造绿色栖居环境

小镇建设坚持生态优先，发挥生态优势，打造高颜值小镇。小镇生态禀赋十分优越，紧邻 164 平方公里的西太湖，所在园区的绿化覆盖率高达 44.8%，公园绿地 500 米服务半径的覆盖率高达 92%，种植于 20 世纪 70 年代的水杉树高大挺拔，昂然立于小镇内，指引小镇生态风向标。编制生态规划。小镇“一轴一港两廊五区”总体发展布局中，规划了场北河、孟津河两条滨水景观廊道。借力天然的河水优势，两条景观廊道横亘于小镇五大发展片区之间，让小镇随处可见绿、一步皆为一景。提升生态景观。重点对小镇主入口两侧 2 平方公里左右土地进行了景观改造提升，一年四季花开不断、草木茂盛，景观层次丰富多样，景观布局显著完善；推进场北河景观公园景观提升工程，实施了石墨烯路灯、石墨烯涂料、五恒体验中心等一批示范应用工程，塑造了特色化、绿色化、生活化的景观环境。完善生态配套。按照 3A 级旅游景区建设要求对生态配套进行改造提升，强化服务功能，把石墨烯元素延伸到生态的多个层面。

以生态文明理念为引领，深入践行“绿水青山就是金山银山”理念，以生态视野在小镇内构建河湖林木花草生命共同体，布局高品质绿色空间体系。创建以来，小镇生态面貌焕然一新，前来打卡的游客络绎不绝，成为常州市“网红”地标之一。

强化党建引领　构建多彩魅力家园

守根筑魂，方能行正致远。小镇发展坚守党建引领，红色文化萦绕小镇生产、生活。2020 年 6 月 30 日，常州石墨烯小镇党建联盟授牌成立，组成融合企业发展利益共同体，实现党建工作与石墨烯企业发展“双促进”和“双丰收”。

小镇内，22 万平方米人才公寓、2 万平方米西太湖 · 创客公寓可“拎包入住”，配套商业街集聚南北美食；占地 94 亩、总建筑面积 12 万平方米的“烯望创智港”项目正加快建设，打造集总部、研发、办公、商务等功能于一体的双创社区；畅行园区有公交循环系统和公共自行车租用站点；从幼儿园到大学有教育资源全覆盖；甲等医院、卫生院、疗养院满足不同人群就医需求；西太湖水上运动中心、国家曲棍球训练基地、西太湖国际半程马拉松赛等丰富的体育项目，满足健康生活需求。

“扁舟夜泛滆湖东，一片清秋月满空。”烟波浩渺的西太湖倒映着小镇的精彩绽放。“美丽小镇”建设没有终点，常州石墨烯小镇也将继续强化小镇核心要素，不断加大投入，让小镇越变越美。

常州殷村职教小镇

村校一体　打造“宜学、宜业、宜游、宜居”美丽殷村

从车多人挤的340省道转入宽阔平坦的殷村大道，宛如进入一处旅游景点：大道东边的殷村家园，一排排整齐的别墅式小楼里，生活着562户人家，绿树四合，花香阵阵，新孟河从村东绕村而过；大道西边，常州艺术高等职业学校、常州城乡建设职业学院等学校比邻而居。学校里不时走过一群群年轻学子，绿树成荫的校园，宽敞明亮的教学楼，处处透着生机与活力。

这里就是殷村，是青春燃烧、梦想起飞的地方，是放松心情、回归田园的乐园。

地处常州市钟楼区最西部的邹区镇殷村，2017年被列入全市首批美丽乡村建设示范点，同年，殷村职教小镇入选江苏省第一批省级特色小镇创建名单。结合自身职教特色，将美丽乡村建设和全省首批特色小镇建设作为一体两翼融合发展，一个“宜学、宜业、宜游、宜居”的美丽殷村正在崛起。殷村曾先后获得第五届全国文明村、江苏省生态文明建设示范村、全省社会主义新农村建设先进村、常州最美乡村等多项国家级、省市级荣誉称号。

殷村职教小镇全景图

统一规划、建设、分配，家家都有286平方米的小楼

2020年40岁的朱建科，是最早搬入殷村家园的村民之一，“搬进来已经15年了”。

朱建科是土生土长的殷村人，求学、生活、工作一直在殷村。“小时候，我在村里只能上到四年级。没有大人接送，学校条件很差，恨不得自己带凳子。一条土路，坑坑洼洼。

五六年级和初中，就得到远一点的泰村去念，自己骑自行车上学，农忙时还要回家帮忙。”

等到朱建科的儿子出生，走的是一条与父辈完全不同的求学之路：不用出村，在村里从幼儿园一路上到初中毕业，“从家里走到学校只要 7 分钟，但还是经常会开车去接他”。如今，朱建科的儿子早已从泰村实验学校毕业，外出上高中。

朱建科一家三代都在侨裕集团工作，他的祖父曾是公司食堂员工，父亲在公司从事电工工作，退休之后闲不住，又就近到附近的学校工作。朱建科是公司的一名中层管理人员。“因为爷爷和父亲都是工人，我们家的条件比很多村民要好。当然，比我家经济条件好的村民更多。”

殷村家园的面积统一为每户 286 平方米，住了 15 年，朱建科发现房子唯一的“缺点”是：“太大了。夫妻两个人一起动手，清扫一次至少两个小时。”

科学规划、科教兴村，殷村职业教育园区雏形初现

为了寻找合适的新校址，江苏城乡建设职业学院的领导曾跑遍了整个常州，直到遇见殷村。

多年后，实践证明了当初的选择是正确的。

到 2020 年 10 月 4 日，学院搬入殷村职业教育园区已满 6 年。学院在校学生相比老校区有了极大增长：以前 6000 人，如今 9360 人。

一路之隔的殷村村民，凭友邻卡可以进入城建学院图书馆看书，在运动场地健身锻炼，去食堂吃饭；殷村正在规划建设的一片小菜园，由常州艺术高等职业学校的学生参与规划、设计。村与校，已经融为一体。

2010 年 1 月，常州市殷村职业教育园区正式启动项目规划与建设。到 2017 年底，园区基本建成投用，常州艺术高等职业学校、江苏城乡建设职业学院、常州交通技师学院、常州市人民警察培训学校等 4 所职业院校入驻，在校师生 2 万余人，每年提供社会培训约 8 万人次。

殷村职教园区项目的落地，使全村城乡一体化新农村建设迎来了历史性的发展机遇。

全村由农业及乡镇工业的传统产业逐步向现代服务业转型，生态与人居环境全面提升，空间规划整合优化；结合职教园区建设，全村有效整合土地资源，拓宽规划思路，重新修编优化发展规划；土地空间规划和产业结构布局更加科学合理，使校园和家园有机融合，形成了一个村中有校、校村一体的现代化社会主义农村新范式。

2020 年是殷村职教特色小镇规划的收官之年，也是未来二十年规划的转承之年。殷村将坚持高质量发展的奋斗导向，强力推进特色小镇的规划、产业、项目、运营的优化和人才的集聚，实现小镇经济、社会和生态效益的共生共赢，努力打造“建在田园里的国际教育村，行在花园里的研学旅游村，住在公园里的生态文明村”。

常州智能传感小镇

三生融合　五位一体　构建宜居宜业特色小镇

从最初的“摸着石头过河”，到创建“智能传感小镇”，龙虎塘街道也逐步摸索了清晰的方向，打开了“产、城、文、旅、智”五位一体发展的大格局。

常州智能传感小镇自获批江苏省首批特色小镇创建单位以来，小镇深入贯彻“美丽江苏”建设要求，坚持生态优先、绿色发展，统筹推进经济生态化与生态经济化，形成绿色发展方式和生活方式。同时常州智能传感小镇秉持“创新、协调、绿色、开放、共享”五大发展理念，促进产城融合发展，推进生态文明建设，建设生态宜居小镇、绿色发展小镇、文明和谐小镇，为“强富美高”新江苏贡献小镇力量。

智能传感小镇鸟瞰图

自然生态之美。智能传感小镇坚持环境治理和环境保护同时发展的理念，推进生态环境建设，坚持水环境治理、空气质量治理并实现初步成效，目前小镇生态环境优美，空气环境质量较高，周围树木掩映，绿意盎然，多条河流穿镇而过，藻江河滋养万物，小镇内有三江口公园、光伏产业公园、紫藤公园等 6 个主题公园，春夏秋冬各有不同景致。实现生产、生活、生态空间相协调，一幅“城在绿中、水在城中、人在景中”的绿色优美画卷在小镇内次第展开。

城乡宜居之美。智能传感小镇区位优势明显，水陆空铁交通发达，文化教育、生活配套服务、医疗卫生、休闲娱乐设施齐全。智能传感小镇内优质学校众多，教育资源丰富，小镇旨在打造区域教育高地，建立幼儿园至高中的一体化教育发展模式，树立常州教育新标杆，支撑城市未来发展。小镇还为居民提供做种公共文化服务，小镇内有“文明实践所”，“秋白书苑”等文化场所，满足不同年龄段人群的需求，为社区居民提供精神滋养，不断丰富人们的精神境界，“龙虎夜里厢”夜生活节等文化活动丰富多彩，充分调动人民参与社区、参与生活的积极性和主动性，文化滋养润物无声，为居民生活增添一份光彩。

人文特色之美。产与城相融，人与文相依，智能传感小镇地处的龙虎塘街道历史悠久，人文荟萃，历经百年的沧桑变迁，形成了独具特色的历史传统和文化沉淀，并留下了众多历史文物，这些都印刻这座城市的发展和变迁。小镇内有多项非遗项目，包括舞龙、泥灰雕塑和蔡秋华魔术，它们是历史和时代的见证，穿越时空传达着龙虎塘人敢于创造的基因密码。小镇内现代化建筑和古老的历史建筑交相辉映，具有历史特色的古建筑、旧居保存完整，居民们仍然保持着自己宁静、淳朴的传统生活方式，形成了小镇充满现代化活力与历史厚重之美。

文明和谐之美。随着多年的建设，智能传感小镇已经逐步形成生产发展、生活富裕、生态良好的和谐发展模式。随着大数据、互联网的快速发展，小镇将其应用于基层治理中，推进智慧社区建设，完善社区治理模式，便利社区居民生活。同时“春之晖”党建工作室也在小镇社区内建立起来，打造社区基层党员之家，并开展丰富多彩的党建活动，为社区基层治理贡献力量。同时不断完善社区环境、文化、软硬件设施，发展新时代“枫桥经验”，居民生活安逸、邻里互助、治安良好，环境优美，呈现一片欣欣向荣的文明和谐画面。

绿色发展之美。小镇深入贯彻习近平总书记“绿水青山就是金山银山”的理念，坚持绿色永续发展，完善环境整治，不断加大绿化面积投入，小镇内企业、社区周边绿树鲜花繁茂，形成绿树掩映、生机勃勃的繁荣景象。同时小镇践行常州市垃圾分类的要求，积极开展垃圾分类投放，小镇内社区先后被评为“常州市城乡生活垃圾分类工作先进社区”和“常州市级生活垃圾分类先进点位”，并且小镇还建立常州市首家“猫先生”智能化生活垃圾分类项目试点小区，充分践行了绿色发展理念。在推进产业发展的同时，完善环境治理和生态修复制度，提升全体人民的获得感、幸福感和满足感。

2020 年是全面建成小康社会的决胜之年，是“十三五”规划的收官之年，常州智能传感小镇在建设中将以创新发展为目标，推动抓好产城融合与经济发展有效衔接，坚持绿色发展理念，奋力开创生态文明建设新局面，确保“十三五”圆满收官、“十四五”良好开局。推动“美丽小镇，幸福龙虎”建设向着更高的层次发展。

苏州苏绣小镇

擦亮生态文化底色　打造美丽小镇的现实样板

苏绣小镇自创建以来，坚持创新、协调、绿色、开放、共享的新发展理念，围绕高质量发展要求，传承苏绣文化、推动产业发展、强化品牌建设、优化载体平台、完善服务配套，全力打造生态建设新标杆、绿色发展新典范，全面展现人与自然和谐共生的生动画面！

苏绣小镇全景图

湿地保护尽显自然生态之美。小镇位于苏州“绿肺”西部生态旅游度假区，拥有得天独厚的自然山水资源，坐拥国家4A级旅游景区——中国刺绣艺术馆景区和太湖国家湿地公园。创建以来，小镇高度重视生态建设，通过建设水森林、恢复修缮自然驳岸、建设生态浮岛等举措推进湿地生态保护；建设完善科普宣教长廊、生态环境监测实验室、太湖（游湖）流域鸟类标本展览区等设施，开展大熊猫、鸟类、稻文化等自然课堂，推进湿地生态科普宣教活动。如今的湿地公园汇集生态环境、度假休闲、科普教育等功能于一体，为恢复太湖区域自然生态环境做出积极贡献，同时也是保存和传承太湖文化的“太湖博物馆”。

以人为本构筑城乡宜居之美。小镇坚持以人为本，落实“聚力创新、聚焦富民”的理念，推动当地经济转型升级和发展动能转换，为农业转移人口市民化创造了新空间。一是增强产业支撑能力，依托自主创业服务中心，为当地农民提供创业系列服务并开展相关培训，推出“零门槛准入”、税费减免等一系列优惠措施。同时，立足锦湖生活广场、裸心泊等载体运营，为居民创造就业岗位，拓宽就地就业渠道。二是践行共享发展理念，妥善补偿安置被征地农民，并发展村级合作经济，以锦湖生活广场为例，由镇湖街道惠民农村社区股份合作联社等进行投资开发，实现村级集体经济滚动发展。三是强化公共服务供给，主干路网、水电气网络等公共配套设施完善，形成了以轨道交通为主体，新能源汽车和公共自行车等为补充的多层次绿色低碳交通体系，15 分钟社区生活圈内教育、医疗、养老、商业、金融等生活配套齐全，百姓安居适居乐居，获得感和幸福感进一步提升。

文化传承融润人文特色之美。苏绣非遗文化是小镇的灵魂，创建期间，小镇始终聚焦苏绣文化传承，通过构建产业载体、吸引人才集聚、激活内生动力，以传承、创新焕发苏绣技艺新活力，“绣”出发展新画卷。一是培育苏绣传承人，培养出 2 名中国工艺美术大师、12 名省工艺美术大师、8 名省工艺美术名人和 90 名高级工艺美术师。二是搭建苏绣新载体，依托小镇客厅（中国刺绣艺术馆）、绣品街、小镇文创旗舰店、绣创空间等平台，助力苏绣文化的展示、传播和交流。三是塑造苏绣新品牌，举办中国刺绣文化艺术节，出展广交会、京交会、苏州品博会等文创博览会，《玉兰飘香》走进首届进博会，绣娘作品入藏中国博物馆、中国美术馆。目前，已有 80 余件苏绣精品作为国礼赠送给国际友人，近 90 件苏绣精品被世界各地博物馆或名人收藏，苏绣已成为国际舞台上耀眼的“中国符号”。

人性化治理展现文明和谐之美。建设中，小镇积极调动各方参与的积极性、主动性，让文明成为最美的风景。一是扎实推动文明城市创建，建设文明实践站，利用宣传栏、LED 屏、灯杆旗等宣传社会主义核心价值观、文明健康等内容，营造浓厚氛围，并发动居民积极参与。二是积极开展人居环境整治，发挥家庭和妇女在美丽乡村和家庭文明建设中的独特作用，通过庭院创意改造、成果展示等形式，普及推广经验，推进由户到村的环境转变，提升人居环境。三是大力实施文化惠民工程，以秀岸花园为例，社区推出“三三议”（定时议、定人议、定责议）以解决居民需求，弘扬真善美，传播正能量，营造社区精神文明和谐氛围。

城市更新彰显绿色发展之美。小镇坚持生态保护优先，通过在原有城镇格局基础上进行合理功能划分，对原有建筑进行改造和利用以满足现代产业发展和居民生活的需求，新建部分功能产业载体，助力城市更新，开创了绿色发展新境界。一方面，通过环境绿化、污水治理、河道疏浚整治等工程，为小镇治污添绿。另一方面，载体改造及新建遵循“适用、经济、绿色、美观”要求，确保小镇风貌统一、文脉延续，并适当“留白”，为小镇未来留下可持续的发展空间。

苏州东沙湖基金小镇

脚踏"实"地　金融服务实体经济的"小镇样本"

东沙湖基金小镇是江苏省首批唯一的省级金融产业特色小镇，也是长三角区域唯一坐落在自贸区内的基金小镇。东沙湖基金小镇，地处苏州工业园区，总体规划面积 3.2 平方公里，其中核心区 1.6 平方公里，由苏州元禾控股股份有限公司（简称：元禾控股）旗下子公司苏州工业园区沙湖金融服务有限公司（简称：沙湖金融）运营管理。

小镇比邻东沙湖生态公园，这是目前苏州工业园区最大的一个公园，占地面积为 121 万平方米，其中陆地面积为 67 万平方米，水域面积为 54 万平方米。湖中建有 3 个小岛，分别为樱花岛、海棠岛、芦苇岛。临湖独立，宁静致远，环境优美，景色宜人，离尘不离城，东沙湖基金小镇缔造了一线城市的生态创投蓝本。

东沙湖基金小镇鸟瞰图

东沙湖基金小镇区位优势明显，位于长三角核心区域，紧邻上海国际金融中心，距离无锡苏南硕放机场 45 公里，距离上海虹桥国际机场 75 公里，有利于承接上海国际金融中心辐射。地处苏州工业园区核心区域，距离苏州站、苏州北站半小时车程，距金鸡湖仅 7.5

公里，距阳澄湖仅 4 公里，有利于集聚苏州金融资源。

为突出基金产业特色，小镇在服务上围绕基金和创业者的实际诉求，有针对性地推出了多种基金服务与企业服务。在基金服务方面，按照基金“融投管退”的发展周期，小镇的基金服务团队可提供基金注册登记备案、机构募资咨询、基金品牌宣传推广、投资机构引才育才、投后管理增值服务等。在企业服务方面，小镇的投融资顾问团队可为入驻机构的投后项目以及创业企业提供天使投资、投融资对接服务、市场拓展、政策申报、创业者培训、品牌宣传等服务。

此外，小镇的自媒体平台已成为业内广受关注的创投自媒体之一，关注人数超万人。小镇自媒体平台的年度基金盘点、明星项目视频路演、创投政策发布与解读等栏目深受好评。

为吸引创业与创投生态体系内的人才快速集聚，东沙湖基金小镇打造了系列品牌活动，包括东沙湖“创·投”嘉年华、“千人计划”创业大赛、“聚融成学”在沙湖等。由东沙湖基金小镇承办的“千人计划”创业大赛经过 9 年的成功举办，已形成了以市场主体为龙头，汇聚高端人才，推动科技创新，整合各方资源，服务国家创新创业战略的有效模式。截至目前，大赛已走过全球超过 13 个城市，总公里数超 50 万公里，共吸引超过 9795 个海内外项目报名参赛，其中海外背景项目占比超过一半以上。行业上主要围绕在生物医药、智能制造、电子通信、节能环保、新材料、移动互联、消费升级等新兴产业领域；大赛产生的 160 个决赛项目，共计获得融资超 50 亿元。

2016 年 11 月 5 日，在中国基金业协会洪磊会长、苏州市委周乃翔书记等领导见证下，举行了揭牌仪式。2017 年 2 月份向江苏省发改委进行特色小镇申报，2017 年 5 月 3 日，东沙湖基金小镇成功列入省发改委正式发文公布的第一批 25 家省级特色小镇创建名单，是首批特色小镇唯一一家金融产业相关小镇。

为进一步促进基金小镇的建设，苏州工业园区成立东沙湖基金小镇建设工作领导小组，2017 年 5 月，通过调研考察，小镇选择具有丰富特色小镇涉及经验的南方设计院进行小镇的规划设计以及产业定位研究。2017 年 9 月份完成规划概念设计以及产业定位研究报告。

2017 年 5 月开始启动小镇镇长的选聘以及小镇临时客厅涉及改造工作，6 月小镇聘请中国并购公会尉立东会长为小镇镇长，9 月份小镇临时客厅投入使用。2018 年 2 月小镇正式客厅开始建设，目前已经完成并投入使用。

2019 年 9 月东沙湖基金小镇党群服务中心正式成立，建成了党员活动室和党员学习园地，为小镇内的党员学习和党群活动，提供了好的场所，加强了小镇内的党群建设。

2020 年 10 月“锦鲤”——小镇咖啡厅正式对外营业，为小镇内外的顾客提供咖啡、茶点、简餐，高雅的环境，得到了小镇入驻机构一致的好评，也为小镇增添了活力，成为小镇里新的一道风景。

截至目前，东沙湖基金小镇入驻股权投资管理团队 204 家，设立基金 375 支，入驻债权融资机构 7 家，22 家入驻机构上榜 2020 清科排名，集聚资金规模超过 2289 亿元。为 2300 家企业提供了股权投资，为 4300 家企业提供授信或担保支持，88 人入选国家“千人计划”创业人才，8 人入选国家“千人计划”创投人才，133 家企业成功上市或过会，33 家企业登陆科创板。东沙湖基金小镇力争在 3—5 年内，聚集约 500 家私募基金企业、100 家金融服务企业及高端中介服务机构，小镇内注册基金规模达 2000 亿，资产管理规模超万亿。

昆山智谷小镇

向“绿”而行　展露小镇“高新”颜值

智谷小镇入选全国最美特色小镇，城市绿地率达 33.4%，人均公园绿地面积 8.1 平方米……绿色发展路，步步绿意行。昆山智谷小镇走好绿色发展之路，聚焦宜居宜业宜创，让天更蓝、山更绿、水更清、环境更美好，见证小镇对“美”矢志不渝的追求。

走进昆山智谷小镇，像是走进乡间公园，大渔湖整治一新，种上各种水草绿树，整洁而自然。与生机勃勃的环境相对应的是，这个小镇布满了创新型企业，一片生机勃勃。

“昆山把 3.84 平方公里的智谷小镇作为一个独特的载体来深度打造，是想用最小的空间资源达到生产力的最优化布局，在创新集成与功能扩散之间、在城市化与乡村振兴之间、在生产生活生态生机之间找到平衡点。”昆山市委常委，昆山高新区党工委书记、管委会主任管凤良这样说。

昆山智谷小镇，以服务创新为要旨，以构建创新生态为目标，全力打造宜居、宜业、宜创、宜交流的特色小镇。在这里，古朴与时尚交融，历史与现代辉映，安宁与活力并在；在这里，传统文化与国际元素碰撞，创新的火花闪耀出耀眼的光芒；在这里，梦想照进现实，生根发芽，茁壮成长；在这里，生产、生活、生态高度融合，发展欣欣向荣，群众安居乐业。

昆山智谷小镇全景图

自然生态之美。小镇总绿地面积 555809 平方米，绿化覆盖率为 43.5%，依托大渔湖、庙泾河、师姑泾河等阡陌交错的水系，利用大渔湖原有的地貌形态进行规划建设，打造沿河开放空间、沿湖滨水休闲空间、生态景观廊道和重要生态板块，为小镇打造了优美的生态环境和多样化的交流空间。

城乡宜居之美。小镇东南紧邻森林公园，毗邻昆山水源保护区“傀儡湖”，拥有大渔湾商业街和财富广场配套商业设施，包含购物、餐饮、文化、娱乐、商务等设施，小镇包含多个核心小区（观湖壹号、江南境秀和观林壹品）和一公里内步行圈内多个住宅小区（时代文化家园、兰亭御园、清风华苑、同进君望等），配备从幼儿园到大学的教育资源，包含阳澄湖幼儿园、昆山实验小学西校区、昆山第二中学西校区、昆山第一职业高级中学、昆山中学等教育设施，还有 12 年一贯制学校加拿大国际学校，有中美合作办学的昆山杜克大学，为小镇居民和从业人员等提供各类优质服务。

人文特色之美。(1) 创新科研文化。以创新科研为导向，打造小镇品牌文化，集聚了政、产、学、研、金、介等完整的创新创业产业链要素。(2) 现代教育文化。教育资源丰富，配备了从幼儿园到大学的完整教育体系。(3) 昆曲传统文化。位于大渔湾街区的昆曲音乐喷泉，巧妙地将昆曲元素植入一幕幕绚丽的画面之中，时有昆曲婉转悠扬，时有水舞动感炫酷，成为智谷小镇的一张靓丽名片。

文明和谐之美。近年来，昆山一直在积极创建全国文明城市，2020 年 9 月，也入围《第六届全国文明城市参评城市（区）名单》。为加强生活垃圾管理，改善人居环境，《苏州市生活垃圾分类管理条例》于 2020 年 6 月 1 日起正式实施，昆山智谷小镇将垃圾分类工作更标准化、规范化，让垃圾分类成为新时尚，为建设美丽小镇、美丽昆山而努力。

绿色发展之美。绿色是生命的象征、大自然的底色，更代表了美好生活的希望、人民群众的期盼。今天的昆山智谷小镇，不仅是一座高新技术产业蓬勃发展的科技新城，更是一片环境优美的生态宜居之地。在小镇综合环境的打造中，本着艺术、生态、康体的理念，着重打造高品质的生态环境和高标准的开放空间，拉近科技与人的距离，为创新创业、生活休闲、康体娱乐等提供多样化的绿色弹性空间。在小镇范围内拥有海绵城市技术、绿色节能建筑、新能源充电桩、光伏技术运用和新能源公交车等低碳绿色发展技术运用。

海门足球小镇

绘绿色美丽画卷 建活力宜居小镇

海门是“全国青少年校园足球试点县”。位于海门开发区的足球小镇，包含一个专业足球场、总投资达 10 亿元的中南珂缔缘足球俱乐部新基地和总投资超 20 亿元的球迷社区项目已经开工；作为小镇重要配套项目的謇公湖生态公园一期工程于 2020 年年底完工。这标志着足球小镇核心区建设进入加速期，2020 年底小镇功能将进一步完善，产业特色、美丽宜居属性也将更加彰显。

海门足球小镇全景图

自然生态之美。足球小镇围绕謇公湖生态公园提升小镇自然生态环境，以謇公湖为核心，形成水网贯通、绿脉渗透、蓝绿交织的生态格局，塑造小镇生态基底。围绕謇公湖形成“一湖三环、六区八景”的结构布局，以生态为核心，践行海绵城市和生态湖泊的理念，通过生态驳岸搭配绿色植被，实现护坡、吸水、蓄水、渗水、净水、亲水的目的。小镇内设置了三大主要交通环线，分别为绿色骑行线、滨水漫步线、水上活动线，划分为艺术水岸区、有氧运动区、湿地密林区、市民乐活区、智慧花谷区、商务休闲区六个功能区，极大地满足城区居民健身锻炼、亲子游玩等各种需求。

城乡宜居之美。按照三生融合的理念，建设体育中心、足球俱乐部、科创中心、球迷社区等配套项目，城市功能丰富，宜居宜业宜游。作为小镇的魅力核心，海门区体育中心位于小镇的核心位置，它将与体育场、综合馆及小镇客厅功能相结合，成为“城市会客厅”和区域形象地标。一条实轴将主体育场与謇公湖形成对景的呼应；两条虚轴将人流从上海路和黄浦江路导入滨水岸线，岸线以水为主题，依托良好的生态环境发展文化、滨水休闲娱乐等功能，塑造活力动感的多样环境，开放謇公湖滨水岸线，打造沿湖天际线，形成小镇城市阳台。謇公湖两翼为足球产业科技园，西侧为足球社区，成为核心区的产业配套及生活配套。以人为主体设置街区尺度，小镇街区借鉴传统江南小镇“小而美，布局紧凑，低容积率”的基本街区肌理。

人文特色之美。著名实业家、教育家张謇出生于海门，张謇先生的奉献精神、家国情怀和实干作风深深地影响着江海大地的人民。为弘扬“武备精神”以壮国威，百年前，张謇先生积极创办学校，资助体育健儿参加远东运动会，大力倡导德、智、体三育并重。如今，海门“承先人之志”，大力发展体育事业，各项体育工作取得长足进步。“体育之乡”，当仁不让。

伴随着全民健身运动的蓬勃开展，足球开始走进校园。2014 年俱乐部在全国青少年男子足球锦标赛 U12 比赛中斩获了历史上第一个全国冠军，开始书写非凡的传奇故事。俱乐部成立至今已陆续向中国国少队输送近百人次，不断为国家培养优秀的足球人才。凝聚一个城市的期盼，海门足球小镇应运而生，以“分享足球快乐，缔造足球梦想”为理念，着力打造以体育教育产业为轴心、体育赛事产业为延伸、体育休闲产业为特色的世界一流足球文化综合体。

文明和谐之美。小镇积极举办各类文体活动，以“全球创客大赛”“足球小镇长跑节”“环太湖自行车赛”“足协杯赛”等重大活动为契机，宣扬文明和谐理念。依托田园山水画史馆打造文明建设阵地，推进文化建设。建设“首开棋艺馆”，打造文明小镇，通过专题讲座、亲子阅读、学习培训等多种形式，向社会各界传播传统文化和国学知识。此外，小镇还利用小镇客厅，开展“国庆七天乐”等多种邻里活动，不仅让百姓业余生活有了好去处，也为传递好的家风、民风、社风打造了平台阵地。

绿色发展之美。海门足球小镇，以国家战略为依托，凭借“一核、五圈、四带”的地理优势，促进长三角一体化发展，构筑“城市向北、生活向南”的城市格局，成为当之无愧的海门城市客厅。足球小镇以优美的生态布局，宛若璀璨的绿色宝石，镶嵌在长江之畔；而沿江发展之轴，犹如精美的珍珠项链，串联起海工装备、智能制造、建筑材料等主导产业，优势联合，共同提升海门的经济实力和发展能级。

小镇以“一园、两轴、三心、四片”为总体规划理念，通过“足球＋”模式，构建起集足球赛事、足球培训、足球文化体验、体育智造、康复疗养、健康旅游、宜居社区等多功能于一体的全新足球文化生态圈，打造又一张能够叫响全国的绿色发展亮丽名片。

东海水晶小镇

创美丽宜居小镇　让生活更美好

东海水晶小镇，位于闻名中外的“世界水晶之都”、全国百强县——东海县。依托“全国首批沿海对外开放县”“国家智慧城市试点”“全国县域经济百强县”“国家知识产权强县示范工程县”的资源禀赋，小镇以水晶特色产业集群为引领，深化“一城一区一中心一基地”建设，促进产城融合，不断优化水晶产业的总体布局，实现产业绿色发展、生态和谐建设、文化特色展示的互促并进，进一步推动东海水晶产业生态圈建设，形成人与产业、人与自然和谐共处的美丽小镇，既塑造可见的“外在美”，又提升可感的“内在美”，充分彰显东海水晶小镇的自然生态之美、城乡宜居之美、人文特色之美、文明和谐之美、绿色发展之美，让东海水晶小镇成为“强富美高”最直接最可感的展现。

东海水晶小镇鸟瞰图

自然生态之美。东海水晶小镇一直坚持为生态“留白”而有所不为，坚持不搞过度开发。把位于水晶小镇南部，东西长 3.2 公里，南北宽 2.65 公里的西双湖风景区划定为生态空间，走基于生态保护下的集约发展模式，以“湿地城市”为发展理念，集合了文化旅游、休闲娱乐、商务服务、生态住宅四大元素，有水晶广场、南湖码头、双湖夕照、水晶塔、十七孔桥、赏花岛等景点，塑造东海水晶小镇生态旅游发展的特色品牌；在西双湖畔建有我国规模最大、等级最高、唯一以水晶为主题的专题性博物馆——中国东海水晶博物馆。集水晶精品展示、硅工业展示、历史文物展示、学术研讨、国际交流等多功能于一体，汇聚了东海及世界各地品质最好、工艺最精美的天然水晶奇石和水晶工艺品，演示天然水晶形成的奇特景观，向世人展示天然水晶生态之美与无穷魅力。

城乡宜居之美。近年来，东海高度重视城乡治理工作，不断推进综合治理，推进美丽宜居城市建设，健全完善商业、教育、卫生健康、养老、文化、体育、公共活动等居住配套功能。小镇积极响应号召，建有水晶人才公寓、水晶主题酒店、国家4A级旅游景区——西双湖、中国东海水晶城、水晶跨境交易中心、东海直播电商产业园等一系列配套功能服务设施。截至2020年10月底，中国东海水晶城已集聚电子商务企业3093家，从业人员超过2万人，间接带动创业就业人员5万人。此外，小镇还建有约13.5万平方米建筑面积的东海水晶城购物中心，包括家德福大型连锁超市、时尚名品店群、亲子生活馆、美食娱乐馆等功能区，打造东海首座采用现代化城市综合体模式运营的购物中心，吃喝玩乐购一站式消费。推动东海宜居城市建设，顺应城乡居民高质量生活品质需求，构筑有机融合生态体系，以此打造安居、适居、乐居的东海城乡新生活，为“强富美高新江苏”注入创新发展的持续动力。

人文特色之美。东海水晶文化源远流长，楚辞、汉赋、唐诗、宋词和元曲中，都有大量的篇章赞叹和吟唱东海水晶。明代，大文学家吴承恩来东海花果山构思创作《西游记》，第一次塑造出一个美丽虚幻的“东海水晶宫”；小镇积极继承和发展东海水晶文化事业，开展了第十四届中国东海国际水晶节、中国天然水晶作品“晶华奖”大赛、中国水晶产业发展年会、“澄明”天然水晶收藏品专场拍卖会、东海水晶特色小镇峰会等系列专题性活动，扩大小镇影响力；此外，小镇连续举办了四届水晶电商创业大赛，挖掘和培育了1600余名新型电商创业人才，大部分人员已成为水晶线上产业的主力军；同时，东海水晶小镇成功亮相捷克文化节暨中国与捷克水晶艺术联展、上海国际珠宝首饰展览会、中国—中东欧企业对接洽谈会等国际性专题展览会议，有力提升了东海水晶、水晶小镇在国际上的知名度和美誉度。

文明和谐之美。近年，东海高度重视文明城市创建工作，不断深化文明创建向基层延伸，通过扎实举措不断塑造城市居民和乡村居民心灵之美，培育城市文明之美、农村乡风之美，构建城乡和谐之美。东海水晶小镇积极响应创文工作，专门成立创文工作组，全力做好水晶小镇创文建设工作，定期组织开展“水晶经城创文工作研讨会”等学习交流；实地前往水晶城各场馆店铺及场馆周边广场、小区、商业服务区等地开展创文督查规范工作；建立“水晶党建”微信号、QQ学习群，精选最新政治理论放置平台，供党员职工、商户学习，及时了解新形势、新要求；开展“党员商户先锋岗”、“党员志愿服务”、星级“诚信水晶”示范经营户等专题活动，引导党员商户主动亮身份、展风采，推动水晶诚信经济发展；评选30

家“党员示范店”和 99 家“放心示范店”；切实有效地进行城市文明创建，在共建共享中不断增强东海城乡居民的获得感、幸福感、安全感。

绿色发展之美。东海水晶小镇一方面坚持习近平总书记“绿水青山就是金山银山”的发展理念，让绿色融入小镇，打造包括东海西双湖景区、东海水晶博物馆在内的绿色生态保护圈；另一方面大力建立绿色低碳循环发展的经济体系，推动互联网智能发展、水晶智能生产、水晶跨境电商、水晶直播电商等创新技术融合发展，构建自主可控、安全可靠的东海绿色产业链。同时，以县级层面出台了《东海县水晶产业人才培养工作方案》《水晶雕刻人才技能等级评定管理办法》，单列 400 万元用于水晶产业人才培养专项基金，用于招引国内外水晶大师、创意设计等方面高层次人才，曹志涛、王习三、张玉成、魏敦旭等 20 名国家级、省级大师入驻小镇大师工作室。同时，与捷克新博尔市水晶学院合作办学，由政府出资 200 万元公派 20 名师生赴捷克学习交流水晶制作工艺，学成后为水晶产业及小镇发展贡献力量。将小镇打造成为产业人才的集聚地，本土优秀人才全面回流，自主创新品牌优势更加凸显，一大批创新型企业将入驻小镇，创业创新能力大幅提升，推动线上线下水晶产业融合发展、相互促进。截至 2020 年末，水晶小镇水晶产业交易额达到 180 亿元，年均增长率 10%以上，其中电商交易额突破 70 亿元，年均增长率 20%以上。

盱眙龙虾小镇

深耕“龙虾＋”，打造“三生融合、宜业宜居”小镇

作为全省第一批 25 个省级特色小镇项目，2017 年开工的盱眙龙虾小镇总投资 150 亿元、占地 3.36 平方公里。自创建以来，盱眙龙虾小镇坚持以人为核心，进行高起点规划，打造生产、生活、生态，宜业、宜居、宜游的有机结合体。牢牢抓住“产业”这个特色小镇的灵魂，做好“龙虾＋”特色文章，持续推进龙虾产业一二三产融合发展，把“龙虾小镇”建成推动龙虾产业发展、文化艺术交流、休闲体验和旅游度假功能为一体的国际品牌特色小镇。

盱眙龙虾小镇全景图

正是在这一先进理念指导下，龙虾小镇委托华东建筑设计研究院重点从产业布局、空间结构、发展定位等方面对龙虾小镇进行整体规划。依据圈层式规划布局原则，以山水大道作为延续盱眙城市发展的重要轴线，利用新扬高速两侧绿带布置城市生态休闲廊道，结合新扬高速下口区位优势布置龙虾小镇核心区，围绕功能核心布置居住、教育科研、综合产业园三大片区，最终形成生活居住区、核心功能区、生态休闲区、研发办公区、物流贸易区、产业配套区、生产加工区、教育科研区等八个特色功能片区。

特色小镇贵在“特”字，为此龙虾小镇在具体实践层面，以万亩虾稻示范田作为标杆，从养殖的源头开始布局产品的可追溯体系，从投放水草、虾苗到最终龙虾的捕捞和生产都

做到可追踪化。同时，围绕“以人为核心”，为最大程度保护虾农们的利益，龙虾小镇内的全球龙虾交易市场将作为核心载体，打造盱眙活体小龙虾线上线下交易平台，使小龙虾的交易市场形成盱眙龙虾品牌的价格联盟。

“通过一二三产联动模式，打造江苏省盱眙龙虾产业聚集地，为小龙虾找一个‘家’。”为了实现这一目标，龙虾小镇将打造趋于龙虾全产业链的产业生态。除此之外，按照规划，小镇还将整合周边资源，以“龙虾”为核心产业，打造从养殖、采购、加工、包装、仓储及物流、品牌推广到终端消费的龙虾全产业链，让游客体验和了解最正宗的盱眙小龙虾。

为体现“小而美、特而精、聚而合、创而新”的“产、城、人、文”四位一体的小镇定位，龙虾小镇还不遗余力地深挖龙虾文化，构筑产业之魂。正在装修运营的小镇会客厅就是一个对外展示盱眙文化、展示龙虾小镇的标志性节点建筑。未来，这里将上演具有盱眙龙虾特色的戏剧节目、展示创意独到的盱眙礼物，让游客感受到盱眙的文化风情。

距小镇会客厅 600 米，是拉米蓝光广场。该广场坐落在小镇最核心的商业板块，总投资近 6 亿元、占地 100 亩，将建成以儿童游乐、教育、体验、实践以及家庭消费、休闲、购物为一体的商业中心。此外，淮安地区最大、直径 42 米的摩天轮——“盱眙眼”也将坐落其中，为外地游客提供落脚点和打卡地。

龙虾主题酒店、双语幼儿园、人才公寓、便民服务中心等项目均以竣工投入使用，目前龙虾小镇已开发建设 216 万平方米，已吸引 62 家企业、36 家个体工商户、多个创业团队进驻，完成农业总产值 11.08 亿元，特色产业占比已达 60%。通过全产业链的打造，2022 年全部建成后，小镇将集聚企业 300 家、新增就业岗位 15000 个，成为推动盱眙全域旅游的强大推手，每年吸引游客 80 万—100 万人次。“剥开一只虾，深挖一条产业，打造一座特色小镇，龙虾小镇必将为广大虾迷带来更大的惊喜和期待。”

盐城数梦小镇

数揽天下先　筑梦新时代

“水在脚边流，花在身边开，鸟在树上叫，人在画中游”所描绘的就是她——“数梦小镇”，一颗镶嵌在城市中心的璀璨明珠，一座集创新、智慧、生态、科技、人文多种元素于一体的产业新城。走在小镇里、闲庭步道间，体验现代建筑与城市风光的融合，感受厚重的小镇文化，在紧张的工作之外找到闲趣和健康，不仅仅是一个小镇对美好生活的诠释，更是生活方式的改变。

盐城数梦小镇全景图

“以前这里还是一片农田。”在市民的描述中，我们依稀可见小镇以前的样子，经过几年建设，小镇公园已打造成3A级工业旅游区，融汇地方民俗文化，丰富和提升了小镇文化内涵，已经成为一个集产业打造、展示游赏、科技体验、休闲体验观光于一体的现代化生态新城。在这里，你可以发现除了公园应有的水系、各种水生植物、野生动物外，还有生态栈道、生态体验广场、植物博览广场、生态茶室等让人贴近自然、亲近湿地的完善的观光旅游服务和接待设施。

数梦小镇之名，彰显着小镇内涵和产业特色。“数”为大数据，“梦”即中国梦。数梦小镇就是以盐城大数据产业为“绿色”引擎和产业支撑，铺呈出“数聚盐城、逐梦未来”的美好画卷，以全国首个智慧“微城市”试点区为肇始，全面发挥数据优势，打造“智慧”名片，以小镇为载体，形成全新的产业、生活、文化、生态圈，让中国梦在盐南高新区更加具象化、地域化，展示生动实践，彰显现实意义。

数梦小镇，非传统意义上的行政镇区概念，亦非历史文化古镇，而是以产业为主导的新型特色小镇。特色小镇不是行政区划单元，而是产业发展载体；不是产业园区，而是同业企业协同创新、合作共赢的企业社区；不是政府大包大揽的行政平台，而是以企业为主，市场化运作、空间边界明晰的创新创业空间。发展载体、企业社区、创业空间，无不折射出小镇的创新属性和美好前景。

数梦小镇位于盐南高新区核心地段，面积 3.77 平方公里。区域范围为：北至海洋路，东至胜利路，南至南环路，西至西环路。虽然区域范围不大，却布局合理，精致紧凑，特色鲜明。小镇选址充分考虑区位交通条件、区域产业基础、项目及创业人员的集聚特点，衔接盐南高新区产业功能区、城市功能区以及生态功能区，便于发挥产业培育、旅游观光和人才集聚等功能。小镇以“兴产”和“建镇”共进，打造精品街区，配套完善城市功能。空间布局为“一核三区”：“一核”为大数据产业核心区，以大数据应用产业为主导，集数据存储、数据处理、数据分析、数据交易、数据应用多种功能于一体，大数据龙头企业、配套产业有序入驻，打造享誉省内外的大数据产业应用示范基地。“三区”即创业孵化、科教研发、智慧生活三大功能分区，数梦活力核心与科教公共核心相得益彰，水上梦想轴与解放南路城市公共轴交错纵横。绿树成荫、碧水环绕、空气清新，以高端、智慧、完备的配套设施，构建宜业、宜居、宜游的生态、人文环境，打造创新创业的数据硅谷和安居乐业的幸福家园。

数梦小镇在功能区三公里辐射范围内，包括文化、教育、卫生、体育、商业等配套设施一应俱全，打造十分钟“宜居宜业圈”。有包括盐城中学、盐城一小等盐城最好的教育资源在内的完善教育体系，有包括城南医院和三院等甲级医院在内的先进医疗体系，有盐城市广播电视塔、图书馆、博物馆、文化艺术中心、城南体育中心等一大批文化体育场所，有聚龙湖商务区、宝龙城市广场、金鹰奥莱城、金鹰天地、紫薇国际广场等大批品牌商业区，有多家五星级酒店和新龙广场、凤凰汇、华邦国际等密集的大型商务写字楼群，有欧风花街、花样年华、聚龙湖公园、极公同盐读明城等多个旅游景点，还建有大数据展示馆、智慧城市体验中心等互动体验功能区。按照空间舒适、生态空间优美的标准，强化办公区域的景观营造、社区的生态环境建设以及小镇绿地系统的构建，充满了浓浓的现代气息、科技感和“网红”元素，“数聚、集智、登云、乐活”的小镇四味特色已然形成。

纵情广阔天地，心达未来远方。大数据因势而动，开启盐城发展新纪元；成就城市非一般的梦想，数梦小镇，正发“声”。

盐城汽车小镇

产城融合　美丽小镇焕发新活力

盐城汽车小镇位于盐城市开发区松江路以南、长江路以北、嵩山北路以东、峨眉山路以西，总占地面积 3.91 平方公里。

盐城汽车小镇鸟瞰图

产城融合之美。盐城经开区是中韩(盐城)产业园产城融合核心区，是盐城开放型经济的主阵地、主战场、主力军，致力为全省经济社会高质量发展和“一带一路”交汇点建设提供有力支撑。推介会上，中共盐城经济技术开发区党工委书记戴荣江表示，近年来，该区聚焦中韩(盐城)产业园建设，坚守项目立区、创新引领的开发区理念，开启只争朝夕、后发先至的开发区速度，打造宜居宜业、生态幸福的开发区品质，培树事在人为、干就干好的开发区精神，“全力打造开放合作标杆、加快建设产业发展高地”的时代画卷，正在这片创新创业的热土上栩栩如生地展开。

绿水青山就是金山银山。近年来，盐城经济技术开发区深入践行“两海两绿”发展路径，以疏浚、绿化、控源、管护为重点，对全区村庄河塘进行综合治理，全区水系进一步畅通，河道景观不断优化，水绿景美、生态宜居的城市环境日益显现。

彰显文明之美。创文，让环境变美了；但更美的风景，在人们心中。经开区创文有一支活跃在基层的“红马甲”，每天坚持奋战在创文一线，无怨无悔、不计报酬，用实际行动为城市文明添彩，用“志愿红”引领“文明范”。这支近万人的“志愿红”力量，开展文艺会演、助老助学、文明劝导、社区义务巡逻等各项志愿服务活动近千场次，志愿服务总时长达 150 万小时，成为盐城经开区文明路上一道暖心和靓丽的风景。

文明是城市之魂，道德是立身之本。该区以新时代文明实践中心和“道德讲堂”为载体，在主干道 40 个公交站台设置中国好人公益宣传画，在城市户外大屏、楼宇电视播放道德模范、抗疫英雄宣传短片，开展中华优秀传统文化学习教育，提升市民群众的道德素质和文明程度。在全区范围内持续开展道德模范、盐城经开区好人等一系列表彰评选活动，选树了卞康全、刘国臣等一批可亲可敬、可信可学的典型人物。

绿色发展之美。全面整合江苏省新能源汽车产业研究院、长三角新能源汽车研究院等 6 家研发机构，集成汇聚研发合力，瞄准新能源汽车轻量化、智能化、网联化技术路径，加大技术研发攻关力度，占领新能源汽车局部技术制高点，为实现新能源汽车产业转型升级，促进技术成果的产业化提供了有力的支撑。

2019 年 1 月 20 日，盐城汽车小镇所在的盐城经济技术开发区正式宣布，在全国范围内率先启动运行了首条车路协同智能化城市道路——盐城“智路”一期。“智路”起点位于盐城经济技术开发区湘江路，终点位于南环高架路附近，全长约 8 公里。其他城市智路项目一般选择场景简单的半封闭园区或高速道路，而盐城“智路”全面覆盖场景复杂的城市道路及城市高架路，真正实现有产业化应用价值的车路协同自动驾驶。目前，道路已基于华人运通自动驾驶工程车完成 15 大场景的车路协同自动驾驶测试，未来道路将向社会开放，支持各类智能汽车进行车路协同运行测试。此前，搭载试运行路段为湘江路（九华山路至普陀山路段）—九华山路（漓江路至湘江路段），2020 年全路正式运营。华人运通自主研发的量产智能自动驾驶车辆在封闭道路已经完成超过 10 万公里的测试。

“路端感知，云端决策，车端控制”，该项目要搭建车—路—云自动驾驶验证平台，并以此为基础，成为自动驾驶实验开放示范区；在盐城经济开发区，还将有汽车小镇环湖游道项目，与当地公园旅游项目结合，打造“汽车小镇”。盐城是长三角重要的汽车生产基地之一，借“智路”契机，它正努力升级为智能汽车产业高地。

扬州头桥医械小镇

生态宜居小镇美　产业兴旺百姓富

“三江古镇，最美头桥”，头桥因水而兴，因商而富，自古人文荟萃，文化底蕴深厚，地处广陵区最东南，是扬子江、淮河入江口处的小夹江以及扬中市的太平江三江交汇处，俗称“三江小镇”。头桥医械小镇所在的头桥镇历史并不长，只有约三百年，且经历多次迁徙，但是勤劳、奋进的头桥人积极进取、勇于开拓，在这片不大的土地上创造了独有的地域特色。

头桥医械小镇鸟瞰图

家风民风淳朴，人文底蕴深厚

近代以来，头桥先后涌现出一大批杰出乡贤，孕育了“中国航空发动机之父”吴大观，“中国雷达之父”束星北，著名农机专家余友泰，参与东京大审判的民国大律师鄂森等一大批杰出人物。也诞生了如原南京大学校长、中国科学院院士陈骏，港珠澳大桥岛隧工程总设计师刘晓东等当代乡贤，群星璀璨，人杰地灵。

生态环境优美，自然资源丰富

24 公里的旅游环线，18 公里无污染原生态长江夹江岸线资源，南水北调东线取水口、三江营省级湿地公园等都是头桥丰富的生态资源。红桥羊肉、有机大米、经济林果等更是享有美誉,让头桥成为真正的鱼米之乡。近年来,头桥围绕"生态优",投入巨资,完成小夹江生态公园提升、引凤湖公园及北洲主排河生态廊道建设等工程。

产业特色鲜明,发展空间广阔

头桥医械小镇是典型的产业小镇,多年的发展已经初步形成医疗器械、电器线缆、机床机械、鞋帽服装、木业制刷等五大支柱产业。其中医械产业作为第一支柱产业,逐渐形成了以下几个特点:

一是产业基础厚实。经过多年的积累,头桥医械产业拥有了厚实的产业基础,全镇有医疗器械生产企业 202 家,销售企业 417 家,集聚了扬州市 70%的医疗器械企业,其中,拥有国家高新技术企业 15 家,省级品牌产品 12 件,产值过亿的生产企业 8 家。2019 年,全镇医疗器械销售实际规模达 50 亿元,开票销售和入库税收均保持稳定增长。头桥先后获批"中国医疗器械耗材之乡"区域品牌,并于 2016 年获批扬州市健康医疗产业园;2017 年作为扬州市唯一,入选江苏省首批特色小镇创建单位。

二是产品种类齐全。全镇现有医疗器械一、二、三类产品注册证 2411 件,医疗器械产品 457 种(其中三类产品 41 种,二类产品 261 种,一类产品 155 种),主要集中在一次性使用医疗器械耗材。产品既包括传统的镇痛泵、麻醉包等产品,也包括精密输液器、中心静脉导管、防血栓留置针、医用吻合器等一批高值耗材。骨伤愈膜、子宫支架以及其他许多特色产品全国生产厂商不到 10 家,更是全国为数不多的镍钛记忆合金聚髌爪生产地。壳聚糖敷料、可视超声检测等更多高技术含量的新品不断地从这片土地上诞生,成为头桥医械产品大军中的一部分。在不断丰富医械产品种类的同时,头桥人从未忽视对产品质量的重视,持续加大质保投入,建立健全产品院企交流反馈机制,不断提高产品质量。目前,小镇医械企业已基本实现了 10 万级净化车间的普及,产品通过 ISO9000 系列和 YY/T0287、YY/T0288 质量体系认证,三类产品生产更是受到药监部门 24 小时实时联网监控。

三是营销网络完备。在做大做强产业基础、推陈出新医械产品的同时,头桥人更是编制了一张覆盖全国的营销网络。多年的积累发展,头桥建立了一支拥有 5000 多人的营销大军,近万人直接或间接从事医械工作。众多知名医械企业的产品都由这条销售网络从头桥销往全国各地。扬州本土医院、南京鼓楼医院以及北京 301 医院等一大批国内知名医疗机构,使用的医疗器械中都有头桥的产品。这种"买全国、卖全国"的营销模式使得头桥镇成为全国"四大医用耗材集散地"之一,也是全国唯一乡镇级建制单位的集散地,在行业内具有很高的影响力。可以毫不夸张地说,有医院的地方,就有头桥人;有医院的地方,就有头桥的医械产品。

当前头桥正以"园区集镇双提升,主导产业双百亿"为引领,不断完善产城融合发展规划、医械产业及空间发展规划，重点聚焦 3.45 平方公里的医械小镇创建，同步布局 1.5 平方公里的小镇延伸区。其中以沿江高等级公路生态景观区为中轴，规划 1 平方公里核心区，主要包括生产智造集聚区、博览交易展示区、康养生活配套区三大板块，此外还有生活居住配套区、生态景观区、现有医械企业集中区与小镇延伸区等共同构成小镇七大功能区，通过内培外引，全力打造一个集“生产智造、交易博览、康养适验”等功能于一体的“宜居、宜业、宜游”的省级特色小镇，不断推动医械产业向高技术含量、高附加值、高集聚度方向发展。

镇江航空(教育)小镇

产教融合　绿色智慧　积蓄发展新动能

在这钟灵毓秀、人杰地灵的圌山脚下，孕育了一座小镇——大路镇，它是清初丹徒县八大集镇之一，现行政划归镇江新区，境北大江横陈，东接扬中市，南距扬中长江大桥约4公里，西至长江三大深水良港——镇江港大港港区仅5公里，238省道自这里穿腹而过，毗邻沪宁高速公路、312国道，有着独特的交通优势和区域经济连动优势，这里历史上就是江南水陆通衢，商贾之地，鱼米之乡。

镇江航空(教育)小镇核心区

2017年4月28日，国内首个百亿级航空教育小镇在镇江新区举行奠基仪式。2018年7月，经省发改委批准，镇江航空(教育)小镇列入首批省级特色小镇序列。一座肩负航空产业未来希望的特色小镇，在圌山脚下展翅欲飞。

镇江航空(教育)小镇规划面积3.8平方公里，计划总投资不低于50亿，其中，产业类投资不低于70%，通过导入训、教、产、研、金、商、住、游八大业态，实现产镇联动，以产促镇，以镇兴产。小镇已逐步开展私人飞行、空中游览、公务飞行、航空体验等业务，打造长三角地区私人飞行首选地；未来还将发展以定制消费为服务特色的高端消费服务产业。

小镇发展航空产业、航空教育，有着独特的区域优势。目前，大路通用机场建设已经领先省内其他地区，在国家民航总局制定的“十三五”规划中，将大路机场的运行模式确定为通航机场的示范模式。

小镇还积极参与教育部“1＋X”证书制度试点建设，成为江苏省内唯一一家获批两项“1＋X”证书制度试点的职业教育培训评价组织。同时，小镇也成为全国航空工业职业教育教学指导委员会产教融合专门指导委员会的主任委员单位以及全国航空职业教育合作联盟理事长单位。

目前小镇已经与中航工业、中国商飞、航天科工、航天科技、航发集团等国内央企建立了良好的关系，拓宽了招商渠道，“十三五”期间涉航央企将为军民融合项目以及航空航天产业的发展带来更多的机遇。航空产业园区目前已集聚40多个涉航企业和项目，初步形成了整机制造、航空零部件配套、航空新材料、通航服务、航空科教、航空投融资等六个板块。

作为江苏省首批特色小镇之一的镇江航空（教育）小镇，未来会带来更多惊喜，航空产业是小镇未来的发动机，它将带动小镇的旅游、教育、文化、商业等多方面的发展。

小镇的教育核心区设立飞行训练中心、机务维修实训中心、航空服务培训中心、无人机应用培训中心、机场管理培训中心、航空英语教学中心、国际交流与合作中心等七大中心，打造国家航空人才培养基地、国家产教融合实训基地、国家青少年航空研学基地、国家航空运动基地、国家国防教育示范基地。小镇以应用型航空人才培养为导向，把学历教育和职业技能培训相结合，打造国家级航空人才的摇篮和国际化航空教育平台；以“园区—学校—企业”深度融合理念为指导，真正实现共享平台输入与输出两端无缝对接。

未敢忘，职业教育兴邦梦；矢志勇，航空报国哺群英！未来的镇江航空（教育）小镇，还将被打造成3A级以上景区。在航空科普教育、通航制造与运营、创意微游与体验、文脉传承与活化的产业规划体系基础上，依托机场、圌山、东乡文化等资源，把旅游概念延伸到小镇建设的各个方面，把旅游元素融入产业发展的各个环节，发掘东乡文化和特色饮食，深度挖掘圌山和大路镇历史文化渊源及民俗风情，形成周边地区乃至长三角范围内的旅游度假目的地。在小镇规划方案中进一步完善并突出旅游业，体现“全域旅游”的视角。

丹阳眼镜风尚小镇
实现"五美发展",打造强富美高"丹阳样板"

齐梁故里,眼镜之都。上千年的历史底蕴让镇江丹阳浸透了浓郁的人文气息,而一副小小的眼镜又让丹阳蜚声海内外。

2017 年 5 月,丹阳眼镜风尚小镇成功申报江苏省首批特色小镇。作为城市的门户与心脏,小镇定位于"中国眼镜发展高地"和"中国视光商旅最佳目的地",围绕眼镜产业、文旅产业和城市形象整体提升,实施产业和商旅双核驱动战略,打造中国特色小镇 NO.1 升级版。

丹阳眼镜风尚小镇核心区

丹阳眼镜风尚小镇规划面积约 3.27 平方公里,东至玉泉路,南至九曲河,西至京杭大运河,北至北二环路。眼镜小镇位于丹阳市沪宁城际站前,是衔接老城和新城的重要枢纽,具备城市门户、城市心脏的双重属性。以丹阳眼镜城为核心,周边配套成熟,区位优势明显。以沪宁城际铁路为中轴线,西侧约 1.09 平方公里为小镇核心区,东侧 0.27 平方公里为站前商务区。

小镇有明确的目标、精准的定位和科学的规划。其中,最重要的一点就是响应省委省政府提出的"美丽江苏"建设要求,形成规划、绘制蓝图,实现小镇的产业美、生态美、城市美、风尚美、生活美。

产业活力美。小镇以眼镜产业高端化发展为重点，以眼镜为特色，打造融合运河文化的全域度假区，促进运河风光与时尚文化的有机融合、工业遗址与城市新貌的完美融合、产业品牌与城市名片的深度叠加，实现丹阳市委、市政府提出的眼镜产业、文旅产业和城市形象三个方面的整体提升，努力打造强富美高的"丹阳样板"。

绿色生态美。小镇在规划之初就已经明确了，不会引入生产制造类企业，总部经济、科技孵化、高端商贸、文化艺术等是小镇重点招商方向，目的就是要打造"生态小镇""零污染小镇"。

城市美。小镇地处丹阳城市枢纽，眼镜又是丹阳的"城市名片"，打造好眼镜风尚小镇，对于提升整个丹阳的城市形象，展现丹阳城市魅力都起到至关重要的作用。

文明风尚美。在整个小镇建设过程中，坚持不懈推进党的建设，以优良党风凝聚党心民心，带动政风民风，为高质量发展提供坚实保障。

小康生活美。在整个小镇建设过程中，只要涉及老百姓的问题，比如拆迁安置、住宅小区的开发等，必紧紧围绕习总书记提出的"八个更"要求，更有温度地做好民生工作，让群众过上更高质量的小康生活。

2019 年，丹阳全年旅游、商务客源达 130 多万人次。以眼镜商贸为核心、休闲旅游为亮点、文化体验为特色的眼镜风尚小镇正在成为齐梁故里的一张新名片。未来，丹阳眼镜风尚小镇将通过打造集聚视光总部公园、电商园、科技孵化园、丹阳眼镜验配标准化示范点、眼镜商贸市场五大功能组团的视光产业板块，集聚视光奇幻工厂秀、视光艺术中心、视光主题商街、运河风光带等内容的视光商旅板块，集聚配套小学、幼儿园、社区中心、科技住宅等内容的科技宜居板块，实现生产、生态、生活"三生融合"的小镇建设理念。

句容绿色新能源小镇

推动绿色发展新实践　绘就美丽小镇新画卷

驱车出南京城上宁杭高速，不到半小时到句容郭庄出口下，一路闪过东郊奥特莱斯摩天轮、碧桂园高层楼宇，前方一座不高的山凸起于田园水乡里，这便是南京秦淮河源头之一的赤山，山下是句容绿色新能源小镇，作为“新兴产业集聚发展的新引擎代表”，其经验入选了国家发展改革委“第一轮全国特色小镇典型示范”。

句容绿色新能源小镇是先进制造类小镇。整体规划面积约 3.5 平方公里，其中核心建设区约 2 平方公里。小镇以新能源设备为发展轴，智能电动汽车和能源服务为两翼，打造集新能源产业、科技研发产业、智慧田园产业、新能源文旅产业于一体，生态与技术交融的绿色智慧小镇。截至 2019 年 12 月底，句容绿色新能源小镇三家累计投资 55 亿元，主营业务收入达 132 亿元。

生态是特色小镇的优势和潜力，绿色是特色小镇的底色和价值。以生态促发展、推动产业生态化和生态产业化是句容绿色新能源小镇的绿色发展之路。这不仅仅体现在小镇对郭庄这片土地历史、文化、地域特色的传承、融合及创新，也成为小镇贯穿在“生产、生态、生活”三生融合发展模式的核心主线。

句容绿色新能源小镇全景图

传承传统文化，打造集约高效多元的小镇空间

“特色小镇建设要紧跟时代步伐，坚持走绿色可持续高质量发展的新路子。”从规划最

初，小镇就没有进行大规模的土地平整，也未强求规整和一致的布局，而是充分尊重基地原有地形地貌，顺应地脉生态发展的肌理和自然演进过程，结合小镇整体规划和景观设计，以雕琢艺术品的心态去雕琢土地的价值，形成了独有的原生态环境。举个例子来说，小镇会客厅、小镇生活馆等建筑物均呈散点式分布，但都凝聚于同一个主题，这种布局最大程度保留了原来的文化、生态，让特色小镇在这样的基础上“生长”起来，避免了“断根”和外来植入。

有很多年代久远的原生大树，或被原址保留，或被就近保护，打造出了林下休闲空间；水域原貌也被整片地保留下来，并采用了水生植物驳岸、自然石驳岸、整形驳岸和木平台驳岸等手法，方便人在水边停留、活动、观赏水景……清晨，枫杨上停驻的鸟雀啾啾唱和，阳光韵染树丛间。若是雨后初晴，甚至还能从树叶的清香里嗅出一种淡淡的泥土清香。与其说这里依稀生长的是建筑物，不如说是一个自然和建筑完美的结合体，而小镇人就在最自然环境中。

提前跨入新能源时代，实现生态宜居梦

“电网交换功率 50.58kW、总发电功率 46.01kW、总用电功率 97.12kW、储能系统功率 0.74kW……”走进小镇会客厅，多块显示屏实时显示着小镇内部用电、发电等数据。“协鑫设计总院为小镇会客厅打造的智能微网系统，集监控、测量、控制和通讯等多功能于一体，不仅能显示电量，还能实时检测空气中的 PM2.5、温湿度、TVOC、二氧化碳等参数，联动控制空调等系统。”

会客厅的屋顶采用六个不规则三角形，构建成一个自遮阳系统，整个屋面相当于一个 114kW 的小型发电站，每天可产生约 400kW 的清洁电力，每年可节约标煤 53 吨，减排二氧化碳 145 吨；在停车区域，小镇在连廊顶部铺设太阳能电子板，并设立新能源车辆充电桩，将太阳能转化成电能直接用于汽车充电，方便省时……会客厅是对绿色新能源小镇绿色建设理念、低碳生产生活方式的集中体现，在小镇内部，新能源应用、低碳生活随处可见。

小镇正充分发挥协鑫能源技术及规划优势，构建以新能源、可再生能源利用率及绿色建筑占比为核心的指标体系，形成绿色小镇的协鑫标准，并从新能源及清洁能源应用到能源服务、绿色建筑、绿色交通，提供全方位的绿色新能源应用示范场景。

回归田园，绿色生态让呼吸更“净”一步

“水满田畴稻叶齐，日光穿树晓烟低。”在小镇首届春耕节中，从田园种植、体验赶鸭，到古法制茶、儿时美食，等等，让游客们沉浸在归园田居的意境之中。

“生态”是小镇发展精髓之一，小镇布局了“一轴两心一带两园”：一条生态田园交通轴，串联东西两侧的小镇中心及次中心；一条农、养、乐、景相互交融的生态田园观光带，融汇四季皆景的田园及湿地公园。

在小镇一角，一排排的架子上，黄瓜、辣椒等蔬菜生长得郁郁葱葱、生机勃勃，与横向扩展的传统农业不同，这里的蔬菜瓜果“爬墙”走。这正是小镇打造现代科技的垂直农业，没有污染、没有虫害，植物根部浸没在营养液中，为生长提供最佳环境。而在一排排古色古香的住宅四周，木栅栏围着一块块黄土地，居民可以在此劳作，萤火虫、蚯蚓、蒲公英……这些大自然生态元素伴随着人们工作和生活。

小镇附近是赤山湖国家湿地公园。傍晚，微风拂面，散步其中，可以倾听大自然曼妙的声音，大口呼吸新鲜空气。这里湿地率达 89%，总面积约 1300 公顷，鸟类多达 120 余种，丰富的湖泊、河流、草木、鱼塘、水稻田等湿地类型，交织成秦淮河流域野生动植物的天堂。

在小镇不远处，东郊奥特莱斯为居民提供休闲娱乐好去处。这里提供数百间世界知名品牌折扣店、大型的美食广场，还配有烧烤、露营、木屋、垂钓、房车基地等慢生活设施及儿童游乐设施。

极目远眺，是万亩良田、水鸟耕牛，一幅绝美的自然画卷，身处其间，有着淳朴的邻里人情，长者老有所为、老有所依，孩童在自然的天地里快乐成长；在这里，所有人都褪去身份的矜持，回归自然，遇见更好的自己；在这里，相同的灵魂总会相遇，享受生活的便捷与惬意，离不开城市，亦回得去田园。当历史的春风拂过，经岁月的风霜洗礼，这片山水资源丰富，文化底蕴深厚，有着悠久历史的地方，青春勃发，焕然一新，正绽放出引人入胜的魅力。

泰州医药双创小镇

坚持新发展理念　致力高质量发展

泰州医药双创小镇是江苏省首批培育建设的特色小镇之一，是泰州医药高新区重点打造的生物医药产业核心区、综合改革试验区、转型升级先导区，是中国医药城产业发展的重要动力引擎。

医药双创小镇占据中国医药城的核心位置，小镇总面积 3.9 平方公里，其中核心区面积 1.6 平方公里。小镇产业特色鲜明、人文气息浓厚、生态环境优美、多种功能叠加、宜业宜居宜游的现代化小镇。

泰州医药双创小镇全景图

自然生态之美。小镇内绿化景观设计合理，融入地域特色，小镇内现状景观基本为人工景观，主要围绕自然及人工水系，以及高压走廊和泰州大道沿线布置。为了节约土地资源，在高压线下建了百草园，里面有三百多种中草药、观赏性植物及苗木。医药双创小镇利用中草药田，打造一个集种植观光、文化休闲为一体的微旅游目的地。

城乡宜居之美。小镇以药城大道为分割，形成“一心一片、南业北居”的总体布局。“一心”：即医药研发创新中心，位于药城大道以南，包含各类研发、中试、孵化、商务服务载体，是小镇产业发展的重要动力引擎，也是中国医药城新药研发的核心区域。“一片”：即医药人才生活休闲配套片。位于药城大道以北，包含人才公寓、专家公寓、风情商业街、规划城市综合体、社区中心等载体，为小镇人才提供居住及休闲娱乐功能。

人文特色之美。为营造小镇商业氛围，丰富、提升药城文化品位，医药双创小镇每年医博会期间在钟楼广场举办“医药双创小镇狂欢节”，狂欢节多姿多彩，展示了泰州市的风采与精神状态，吸引了不少参加医博会的观众前来参与，给医药双创小镇人带来了无尽的欢乐。

文明和谐之美。为进一步改善医药双创小镇投资环境和旅游环境，增加空间吸引力，小镇范围内正在全力推进夜景亮化工程，让小镇“亮”起来，使小镇呈现出生态之美、和谐之美、宜居之美。亮化工程主要是对小镇公共空间，包括标志性建筑、商业街区等人流量多的重要节点进行美化亮化，实行亮化点、线、面串联，在尽量保留原有格局的基础上，进一步优化提升，合理点缀、增加亮度、完善细节、提高品位，营造开放、包容、现代的亮化氛围。

绿色发展之美。医药双创小镇拥有绿色节能建筑、海绵城市技术、新能源汽车充电桩、光伏技术运用、资源循环化利用等技术。

（一）绿色节能技术

医药双创小镇被列为江苏省第一批“建筑节能和绿色建筑示范区”，建成绿色建筑 17 个，建筑面积达 110 万平方米，其中 CMC 综合办公楼、大学城图书馆、学生公寓、中试三期综合楼等 5 个项目为绿色建筑二星。

（二）海绵城市技术

医药双创小镇统筹协调生活、生产和生态用水，合理配置地表水与地下水、传统水源和非传统水源等多种水源，对需水要求与供水进行合理安排。

（三）新能源充电桩

结合公交、出租、环卫等公共服务领域专用停车场所，建设专用车充电设施，在居住小区内建设居民用户专用充电桩。在公共机构、企事业单位、写字楼、工业园区等单位内部停车场，建设用户专用充电桩。鼓励有条件的设施对社会公众开放。在交通枢纽、大型文体设施、城市绿地、大型建筑物配建停车场、路边停车位等城市公共停车场所，建设分散式公共充电桩。

（四）光伏技术运用

华电泰州医药城新能源有限公司 5MWp 屋顶光伏发电项目的站址位于四期标准厂房内，光伏组件主要布置于 25 座混凝土厂房屋面。

（五）资源循环化利用

医药双创小镇立足统筹区域资源，坚持以可再生能源、清洁能源利用为主，常规能源利用为辅的原则，针对不同用能特性分区建设了 6 个区域能源站。

小镇依托中国医药城的现有产业基础，以打造中国医药产业创新驱动中心为目标，以提升产业特色为关键，按照“产、城、人、文”融合发展的规划理念，努力实现“生产、生活、生态”三生一体和“产业、文化、旅游”融合发展。

泰州黄桥琴韵小镇

有“琴”有“韵” 打造美丽小镇的品质生活

黄桥镇是革命老区、千年古镇，是国家建制镇示范试点镇、国家新型城镇化综合试点镇、江苏省“强镇扩权”改革试点镇，辖1个省级经济开发区、65个村居，23万人口，176平方公里。黄桥镇坚持走“融合发展、特色发展、协同发展”的路子，致力打造“有琴有韵”的特色美丽小镇。

黄桥琴韵小镇全景图

坚持生态优先，彰显自然之美。构筑城市、城郊、农村多层面的绿化空间体系，分黄河、如泰运河、清华园河等景观工程建设完成，加快水环境综合整治等工程，疏通环城水系，凸显“水穿城过”“小桥绿水”的独特城市风貌。做好省首批试点祁巷村特色田园乡村建设，注重文化的挖掘和传承、特色产业的培育和发展、乡村活力的激发和营造，先行先试、总结经验、示范引领、逐步推开。依托省级乡村旅游示范点小南湖生态园、果园场生态园、农业科技园，大力发展生态旅游，将黄桥打造成周边五县的“后花园”。

坚持城乡一体，彰显宜居之美。按照“全镇一盘棋、规划一张图”的思路，构建以中心城区、副中心社区、新型农村为架构的“一城四翼多点”三级城乡建设框架。古镇、琴韵小镇、新城、园区之间通过立面颜色协调进行过渡，实现了新老相谐、产城相融、城乡相宜。2万平方米便民服务中心、二级甲等综合性医院、四星级酒店、二级汽车站、8 所小学、5 所初中、2 所四星级高中、2 个城市综合体、400 亩人工湖公园让城市公共服务越来越完善。碧桂园、佳源国际、上海花园等高品质、高颜值的高档小区相继入驻，提升了城市品质。祁巷村获评“中国美丽休闲乡村”“江苏最美乡村”，新洋村、双联村荣获省“美丽乡村”。

坚持地域特色，彰显人文之美。作为“中国历史文化名镇”，修复开放韩秋岩故居、裕泰和茶庄、朱履先中将府、丁文江纪念馆、何氏宗祠等古建筑，登上央视四套《记住乡愁》，获评“长三角最佳慢生活旅游目的地”和“第二届中国最具价值文化旅游目的地”，黄桥老街成为中国历史文化名街。作为“全国红色旅游经典景区”，认真保护好新四军苏北指挥部旧址、黄桥战役支前委员会旧址等文物古迹，新四军黄桥战役纪念馆成为国家 4A 级旅游景区，“黄桥烧饼”成功申报国家地理标志证明商标。作为“中国提琴产业之都”，先后举办四届“6·21”国际乐器演奏日、全国青少年器乐大赛等国家级活动。作为“国家文化产业示范基地”，产出《新黄桥烧饼歌》《寻觅》《剪去长发的姑娘》《城》等一批原创 MV、单曲。作为“全国音乐教育联盟示范基地”，培训各类音乐艺术人群 11000 多人次。

坚持文明实践，彰显和谐之美。镇村新时代文明实践所站全部建成，合理设置功能，配齐硬件设施，配备专职人员，常态化组织开展文明实践活动。结合党员冬训、“百姓名嘴”巡讲等，深入学习宣传习近平新时代中国特色社会主义思想，引导基层群众更好地领悟党的创新理论成果。依托红色旅游景点开展老党员讲革命、红色经典诵读等主题宣教活动，培育主流价值观。积极组织开展“最美志愿者”“最美庭院”“文明家庭”等先进典型评比活动。深化全面加强党的领导下的“便民服务一窗口、综合执法一队伍、镇村治理一网格、指挥调度一中心”的“1＋4”治理模式，社会治理水平不断提高。通过政治协商议事、村民大会、乡贤会、百姓议事堂等形式，收集社情民意，让百姓事百姓议，形成共商共建共治共享的良好氛围。黄桥镇成功获评全国重点镇、全国文明镇。

坚持绿色发展，彰显环境之美。深入践行生态优先发展理念，坚决打好污染防治攻坚战，不断壮大绿色产业、倡导绿色生活、守护绿色生态。镇生活污水处理厂、工业污水处理厂相继建成。认真做好“生态＋”文章，加快发展生态农业、生态工业、生态旅游等生态经济，努力将绿色资源变成市场接受的生态产品、生态服务，将生态优势转化为产业优势、经济优势，实现生态效益和经济效益双丰收。黄桥镇成功创建“省级生态文明示范乡镇”。黄桥现代农业产业园区成为首个省级现代农业产业园安全标准化示范区。

宿迁电商筑梦小镇

电商产业新高地　绿色发展新典范

自 2017 年 5 月入选全省首批 25 家特色小镇创建培育名单以来，电商筑梦小镇紧紧围绕《关于培育创建江苏特色小镇的指导意见》《关于印发〈关于培育创建江苏特色小镇的实施方案〉的通知》等文件要求，全面推进江苏特色小镇创建工作。小镇规划面积 3.26 平方公里，已开发面积约 1.8 平方公里，累计投入使用办公面积超过 40 万平方米，入驻了京东、当当、途牛、健安物流等企业 600 多家，从业人员超过 3 万人，获得国家电子商务示范基地、江苏省大众创业万众创新示范基地、江苏省生产性服务业集聚示范区、省级创业投资综合服务基地等省级以上品牌 22 个。

电商筑梦小镇全景图

小镇坚持“产、城、人、文”融合发展的规划理念，以打造淮海经济区电商产业中心为目标，发挥宿迁建设“电商名城”的基础条件，依靠宿迁电商产业园国家电子商务示范基地的发展优势，围绕京东做产业、围绕产业创特色、围绕特色创品牌，全力推进招商引资和创新创业，大力发展呼叫客服、电商运营、物流仓储和股权投资基金产业，重点培育信息服务、大数据、文创等新兴产业，促进产业链、创新链、人才链和资本链紧密耦合，构建富有特色的电商产业生态圈。2017 年至 2019 年，小镇分别实现电商网络销售额收入 401.4 亿元、

510.7 亿元、615 亿元，分别实现入库税收 9 亿元、12.01 亿元、15.93 亿元。2020 年 1—10 月，小镇实现电商网络销售额 616.78 亿元，入库税收 19.29 亿元。

小镇积极践行“生态优先、绿色发展”的发展理念，着力建设资源丰富、服务高效、环境优美的创新创业空间，不断完善人才居住及生活配套设施，全力吸引国内外知名电商龙头企业、配套企业、公共平台及高层次人才落户小镇。

生态更优良。小镇生态系统富有活力，生态设施齐备完善，生态空间宽松富余，小镇规划绿地与广场用地达到 58.51 公顷，其中公园绿地面积 12.33 公顷，防护绿地面积42.58 公顷，广场用地 3.6 公顷，水域面积 28.05 亩，实现人与自然和谐共生；系统实施水气土等重点领域污染治理，深入开展植树造林等国土绿化活动，加快清风廊道、污水处理设施等生态工程建设，不断提升小镇生态环境容量和质量；坚持以水为脉，高水平推进小镇生态景观提升工程，让小镇更加美丽宜居。

工作更舒心。小镇践行“两山”理念，打造绿色发展示范区，积极开展海绵城市建设试点、绿色建筑评价标识等项目工程，生态资源得到有效挖掘和利用，“生态优”和“百姓富”实现互促共赢。目前，电商第一街商务办公楼已建成和封顶 32 栋，筑梦金融街区、智慧云谷、快递配送中心暨质押仓库等项目已投入使用，小镇承载力得到大大的加强。京东城市之家、南京外国语仙林分校宿迁学校、公共体育运动中心、宿豫大剧院、立体停车楼等生活配套设施投入使用，进一步满足了小镇企业职工生活需求。

生活更美好。小镇科学谋划“生态＋文化”“生态＋旅游”项目，充分挖掘京东文化、电商文化，强化旅游功能，统一塑造小镇景观形态风貌。同时，不断丰富小镇客厅展示内容，集中展示小镇产业、文化、生态特色，打造创意与生活的融合，艺术与科技的体验，形成以创意、科技、生态、自然为目标的小镇活力门户。小镇定期举办绿色马拉松荧光跑、骑共享单车游小镇、“筑梦杯”篮球、足球赛等活动，组织企业负责人开展拓展训练，吸引了大量小镇企业职工参与，进一步提升了小镇内在活力。针对政府领导、学生、企业老总等不同群体，小镇专门打造了 6 条生态绿色宜游路线，满足大家不同的需求，吸引了国内外相关单位领导、企业家和普通游客前来参观学习，实现“生产、生活、生态”三生一体和“产业、文化、旅游”融合发展，在全国同类发展平台中具备较强影响力，形成了专业化品牌电商企业集聚基地、宜居宜业的互联网创新生态街区、京东电商文化体验旅游目的地，打造宿迁特色、中国一流、世界知名的电商小镇。

第二批小镇(28家)

编者按:特色小镇生于改革,也只能成于改革。改革发展,创新为先。近两年来,江苏第二批特色小镇在创新路上先行先试、大步前行,推动特色产业持续做强,高端要素加速集聚,服务功能日益完善,体制机制加快创新,让一批改革创新成果在特色小镇得到实践。

江宁生命科技小镇

用好改革创新“关键招” 让创新活力竞相迸发

在风景秀丽的方山脚下,有这样一片热土——这里是南京江宁高新区生命科学产业发展的载体;是企业协同创新、合作共赢的社区;是以企业为主体、市场化运作、四至范围明晰的创新创业空间,这里就是江宁生命科技小镇。

围绕打造生命科学特色产业,塑造小镇特色形态,完善小镇特色功能,创新探索小镇运行特色机制,小镇致力建设成为集绿色生态、研发孵化和休闲生活等功能于一体的知名特色小镇。

江宁生命科技小镇全景图

市场化运作下,生命科学类项目百花齐放

江宁生命科技小镇建设开发主体是国资平台南京江宁(大学)科教创新园有限公司,

主要由南京市江宁区人民政府、中国核工业华兴建设有限公司、上海国际信托有限公司、民生加银资产管理有限公司等单位出资，专门从事小镇的开发运营。在后续的运作中，政府负责小镇前期规划和完善配套，社会企业主导小镇的开发和建设。

与一般的大学实验室不同，市场化运作要求企业更加追求效率，每一项实验都与一种新药研发进度密切相关。小镇 CRO 企业米度（南京）生物技术公司，通过近千只实验动物，已实施了 172 项试验，协助完成 60 个新药申报项目，其中江苏省新药研究项目就有 12 个，还有 14 项是向全球标准最为严苛的美国 FDA 申报。米度的客户，现已覆盖礼来、默克、雅培、辉瑞等国际医药巨头。

“研发一款创新药少说要十几年，中间全是‘烧钱’不赚钱，随时都有可能死掉，融资比较困难。”这是小镇企业前沿生物药业（南京）股份有限公司在新药研制过程中的真实写照，关键时刻，依靠江宁区政府以股权投资的方式注入的 7000 万元支持资金，公司发展迎来重大转折点。2018 年 6 月 5 日，前沿生物宣布其自主研发的国家一类新药艾可宁（注射用艾博韦泰）获得国家药品监督管理局批准上市。艾可宁是全球第一个长效 HIV－1 融合抑制剂、中国第一个自主研发原创抗艾新药，由前沿生物自主研发成功，拥有全球知识产权，属真正意义上的“江宁造”。2020 年 10 月 28 日上午 9 点 30 分，伴随着一声响亮浑厚的锣声，前沿生物在上海证券交易所上市交易，成为江苏省第 38 家登陆科创板上市的公司、南京市首家第五套标准的科创板 IPO 企业。

“一花独放不是春，百花齐放春满园”，江宁生命科技小镇这片面积仅 3.79 平方公里的土地上，目前已累计引进和培育企业 150 家，自主培养上市 7 家（金斯瑞生物科技、凯基生物、生兴有害生物、海融医药、济群医药、传奇生物、前沿生物），规上企业 19 家。生命科学产业方向汇聚院士 3 名、国家级领军人才 33 名、省双创人才 15 名、省级团队 3 个、省市级创业家 11 名、市及区级高层次创业人才 152 名。不断实现新药研发的重大突破，不断打破欧美国家的技术垄断……江宁高新区趁势打造的省级生命科技小镇特色品牌，随着传奇生物、前沿生物药业等一批园区企业的科研之花昂然怒放，小镇的品牌在国际国内的影响力也正不断扩大。

双创潮驱动下，孵化平台良苗怀新

小镇搭建创新综合投融资平台，由小镇联合南京江宁科技创业投资集团有限公司及各民营投资人共同成立生命科学种子基金，其基金规模 1.2 亿元，至今已投资 23 家企业。2018 年又联合南京江宁科技创业投资集团有限公司及各民营投资人共同成立首期规模达 3 亿元的创投基金，后期总规模将达到 10 亿元。2019 年小镇新引进中融协众资本管理有限公司，公司入驻后将结合中融协众强大的股东资源，一方面为小镇招商引资提供帮助，另一方面积极参与小镇现有产业的升级发展工作。

小镇搭建创新运作平台，其中有南京生物诊断和转化医学公共技术服务平台、天印健华新药创制转化与公共技术服务平台、国家级科技企业孵化器——南京生命科技创新园生物医药孵化器、国家级众创空间——NLSP 创新驿站等创新创业平台。2019 年新引进国家级科技企业孵化器——南京江宁高新技术创业服务中心，市级众创空间——北京大学创业训练营南京众创空间，为小镇内企业创新创业提供丰沃土壤。

2019 年度，小镇孵化器内在孵企业 51 家，年度在孵企业总收入共计 2.24 亿元。当年获得投融资企业 4 家，风险投资额共计 2285 万元；申请知识产权数 140 项，获得区级以上政府资助项目 14 项，政府资金扶持共计 685.7 万元，较前一年同期增长约 77%。当年毕业企业 3 家，累计毕业企业 26 家，其中南京市瞪羚企业 2 家、独角兽企业 1 家、上市(挂牌)企业 5 家。孵化器年度新增高新技术企业 5 家，获得 2019 年度市级培育高成长性企业奖励 100 万元。

孵化器与前端“国家级备案众创空间——NLSP 创新驿站”、中端加速器、后端“产业集中区”形成了“众创空间—核心创新区(孵化器)—加速器(包含中试基地)—产业集中区”创新孵化链条，促进了区域生物医药产业集聚。

大局观引领下，危废收贮创新改革

小镇主要围绕战略型新兴产业生命科学包括基因工程、抗体工程、发展生物医学工程、生物服务外包、生物信息、生物环保等产业的研发和孵化。核心研发区内企业基本都为生物医药战略型新兴产业，所产生的危险废物类别相似，主要是实验室废物(HW06/HW49)。同时由于小镇内企业数量多且产废量小，自行配置危废转移库房难度较大，危废转移处置面临诸多困难，成为困扰小镇环境管理与安全管理的一大难题，在全省并没有先行案例。小镇运营单位本着一切为企业服务的初心，改革创新的决心，先后多次邀请省、市、区环保部门实地指导工作，积极探索小镇与专业环境服务机构合作机制。

省生态环境厅在前期调研的基础上，出台了《关于印发江苏省工业园区危险废物集中收集贮存试点工作方案的通知》，小镇主动对接，并立即启动申报试点改革的相关工作，一方面积极向省厅申报试点，一方面积极创造相关条件。经过两年来的努力，先后在三个片区按照危险废物贮存库的标准要求，配套建成了两个危废库房，并引进长期从事环境管理和危险废物管理的专业团队和人员，组建了由小镇运营单位参股的南京伊环环境服务有限公司，专门为小镇的区域集中收集试点工作提供服务。该公司目前已正式投入运营。

江宁生命科技小镇危废品区域集中收集贮存试点是江苏省生态环境厅授予的全省第二家试点单位，也是第一家以生物医药为主导产业的特色小镇的试点单位，为小镇内生物医药企业的发展提供了强有力支持，获得省、市、区级生态环保部门一致认可。

1800 年前，生活在这里的东吴人凭借着“誓把山河重安排”的气魄在方山凿山断垄，修筑了翻越岗坡的运河“破岗渎”，如今生活在小镇的人们，也正在通过自己不懈的努力，让生命科学的文化沿着现代医学的长河积厚流光。

溧水空港会展小镇

共生共融　打造“产业会展联动”标杆

作为中国首个提出“会展小镇”概念的项目，溧水空港会展小镇从规划之初，即以其全新的规划和运营理念，备受行业瞩目。

2020 年 5 月 9 日，南京市首届地产汽车应用推介会在南京空港国际博览中心举办，完成了溧水空港会展小镇的首秀。

在新冠疫情影响之下，会展小镇的建设发展和各类活动的举办依然呈现欣欣向荣之象。到 2020 年底，南京空港国际博览中心共举办各类展会活动 22 场，其中专业类展会 10 场、消费类展会 2 场、赛事活动 4 场、专业会议 3 场，其他活动 3 场，租赁面积超过 3 万平方米的项目 3 个，全年总展览面积预计超过 120 万平方米，出租率超过 20%，预计全年参观人次超过 20 万；初步形成展会赛演共同发展的良好格局和健康有序的展会结构，也为今后空港国博展会排期的丰富性和多样性奠定良好的基础。

溧水空港会展小镇鸟瞰图

围绕产业抓重点项目，实现展产融合

坚持以溧水区产业发展现状为蓝本，积极发挥华夏幸福产业发展能力和展城融合建设能力，根据溧水区产业布局，落实有针对性的建设目标和实施方案。积极引进国家级会展项目落地，打造知名会展小镇品牌，把空港国博建设成为“会展拉动产业，产业助力会

展”的高质量、共生性、创新型的生态会展目的地。

聚焦溧水区“3+1”重点产业，打造“产业会展联动”标杆 IP。培育引进高端“生根型”会展项目，永久落户溧水。发挥新能源车产业、临空产业、大健康、人工智能等产业优势，在每个优势产业领域开发引进或培育 1—2 个大型会议或展览项目作为展馆核心业务，形成优质资源平台反推相关产业发展。

以新能源汽车产业为例，从首秀的南京地产汽车推介会到 9 月 20 日万众瞩目的“全球智慧出行大会暨中国（南京）国际新能源和智能网联汽车展览会”、11 月 12 日的“2020 中国智慧企业发展论坛”，再到 2021 年 6 月即将举办的“EVS34 电动车大会”，每一场展会都带动着行业顶尖企业、专家团队、投资团队、意向领袖在南京溧水、在空港国博交汇聚与交流，共同促进南京溧水的新能源汽车行业的长足发展。

着力培育“重量级”展会项目，树立行业风向标。发展一定数量和规模的展会项目是专业展览场地的必经道路，维护一定数量级和规模的展会项目、建立长期战略伙伴关系，可成为展馆的核心业务组成。开业前期大力招引“重量级”展会不仅有助于夯实展览市场，更能在会展行业中起到示范引领作用。

与此同时，引进业内知名行业交流活动，塑造会展行业交流基地，在业内形成集聚效应。

坚持多元化经营，实现展城融合

依托南京空港区位优势、溧水区会展扶持政策优势，积极招引国家级知名展会项目、行业内专业展会项目，根植溧水区优势产业资源打造自联办项目。通过品牌推广带动项目引入，项目运作完善小镇品牌树立，通过高端推介活动、媒体合作、点对点宣传，全方位、立体化呈现会展小镇展城融合整体形象，全国首个会展小镇品牌形象深入人心，展览、会议、演艺、赛事等项目及人群直接转化。

切实把会展场馆运营起来，场地运营好，在展会开办的同时点燃会展小镇核心区，带动溧水全区酒店、餐饮、交通、旅游等行业流量攀升、业绩提升。2020 年 9—10 月空港国博举办了 8 场展会及活动，在引入客流方面，到场人数超过 6.5 万人次，其中外地访客超过 80%。本地消费方面，酒店、餐饮消费约 3500 万元（数据来源：本地酒店商家）。交通出行方面，10 月 1—7 日地铁 S7 号线乘客总数 9.1 万人，日均乘客 1.3 万人，超过平日人均乘车数量 1 万人的 30%（数据来源：南京地铁）；空港国博停车数量峰值达到 1000 辆/天。

坚持品牌先行，实现会展提升城市形象

建立完整品牌体系，包括统一理念和视觉形象。建立健全内容标准库、内容生产平台、内容审核体系、公关处置全流程等一整套安全、统一、稳定的内容输出体系。建立信息发布、品牌露出稳定体系。2020 年 9 月，空港国博在新街口、珠江路、河西金鹰、溧水海乐城等商圈 7 屏联动，宣传展会项目信息，吸引了大批的南京地缘客户到访展会，提升地域人气。

行业推介实现国内活动重点覆盖、国际活动局面打开，与各类行业协会、UFI、UCC 等国际联盟建立良好合作关系。

积极申报荣誉奖项。申报 UFI 会员、展馆管理金手指等各专业奖项，助推会展城市建设。2020 年共获得行业奖项 5 个。

南京江北设计小镇

K 空间与小镇共著“双城记”

在江北设计小镇江北国际智谷 8 楼，K 空间国际加速器已经营运 4 个多月。推门而入，浓郁的咖啡香扑鼻而来，创业人才正在开放会客空间与客户交流产品市场前景。往里走，现代感十足的共享办公区域不时传来键盘敲击的声音，60 多组工位承载着一个个跨越山海的梦想。楼上，11 间独立办公室为规模稍大的初创企业量身定制。

江北设计小镇鸟瞰图

这是南京第一个专注于服务海外创新项目的加速器，K 空间的不同之处，在于其一站式解决国际项目落地中国后各种“水土不服”的服务体系。

K 空间的英文为 Kangroo-Pouch，也就是袋鼠的“育儿袋”。通过升级版的“金牌服务”，空间将为落地江北设计小镇项目产业化提供全方位支撑，未来这里既是浦口“生根出访”澳大利亚合作成果的“集散地”，也是连线国际科技前沿的“始发站”。

能为客户提供个性化服务的数字化银行理财平台、快速核实用户信用状况的大数据信誉平台、已经拥有 3 万用户的移动智能理财平台……2020 年 9 月 15 日上午，6 个来自墨尔本的科技金融类项目通过视频会议系统“云路演”，江北设计小镇用一场别开生面的中澳元创赛事，开启“金洽会时间”。

这场“云路演”，并不是金洽会的“应景之作”。2020 年，浦口区依托墨尔本和悉尼两个海外协同创新中心，在澳大利亚架起优质项目的“搜索雷达”，按照不同行业进行视频路演。中澳双方各自聘请专家评委现场打分，优胜项目可落户 K 空间，享受江北设计小镇全方位的政策扶持。

项目成熟度决定孵化成功率。江北设计小镇对项目的海选导向“旗帜鲜明”——契合主导产业、已有风投关注、与中国有一定业务往来。门槛虽然不低，但海外人才的创业热情更高。

2020 年以来，路演以两周一次的节奏，连续举办了十多场，场场爆满，已经成为澳洲项目打开国际市场的“第一通道”。目前，已经有 35 个项目与 K 空间签署落地协议，余艾冰、罗德平等 5 个院士工作站相继进驻。

与本土创业项目不同，国际项目落地后，还有更多的环节需要打通。海外创业通常会面临市场方向、融资渠道、配套企业和人才招聘四个“不知道”。江北设计小镇的“金牌服务”解决了前端问题，但治疗海外资源落地后的“水土不服”，需要 K 空间不仅能望闻问切“开方”，还要凭借自身资源精准“抓药”：对接市场需求，空间链接了头部企业资源，让产品技术迅速找到应用场景；引流“资本活水”，空间联合多只风投基金，以市场化手段降低融资成本；围绕产品生产，空间织密加工企业网络，促成研发与生产无缝衔接；解决人才招聘，空间和多所高校建立战略合作，既满足企业需求，也扩大就业。

墨尔本、悉尼两个海外协同创新中心高效运转，中澳元创系列赛事激情延续，K 空间国际加速器虚席以待……2018 年底启动“生根出访”以来，江北设计小镇所处的浦口高新区与澳大利亚频繁互动，一项项成果瓜熟蒂落，立起南京开放创新的标杆。

与君远相知，不道云海深。“中澳两国通过城市合作，打造了创业社区互通互联的绝佳典范，这是企业重要的贸易和投资机会，同时也促进了双方在医疗、教育、金融等多个领域的知识共享！”9 月 15 日的路演，墨尔本市市长萨莉・凯普通过视频为两座城市的合作点赞，这已经是她 2020 年第三次“云出席”两地经贸交流活动。

萨莉・凯普的重视，背后是墨尔本的迫切需求。疫情冲击之下，澳大利亚中小企业和创业人才正承受着前所未有的生存压力，登陆中国市场是他们最便捷也最可行的路径。而二次创业的浦口，同样渴求来自全球的高端科研人才、技术，提升区域创新供给能力。“生根出访”架起的友谊之桥，战略地位愈发重要。

短短两年不到，浦口高新区“生根出访”渐入佳境，高潮迭起。从华人科学家圈，到知名高校圈，再到主流创新圈，浦口在南半球的“影响力涟漪”迅速放大，创新周期间举办的中澳元创赛事，来自美国、新加坡的人才项目慕名而来。

共同需求之下，双方的配合愈发默契。K 空间对海外项目的 10 条扶持政策中，核心员工享受半年工资补贴极具吸引力，这一创新其实来自墨尔本。“墨尔本对优秀创新创业团队有半年工资补贴的政策，K 空间接过这根接力棒，把支持期限延长到一年！”相关负责人说，落地 1 年内没能在 K 空间毕业的项目，只要通过相关审核，还能获得为期 6 个月的再孵化机会。

曾经，杭州 G5 是澳大利亚创新资源进入中国最有影响力的平台，江北设计小镇 K 空间正在迎头赶上。从项目搜索评估到路演筛选，从落地孵化到加速升级，一个创新成果产业化的国际合作闭环已然成形，两地政府将持续发力，聚焦人才项目落地需求，不断优化合作机制，共同谱写新时代的宁墨协同创新的“双城记”。

南京栖霞山非遗文创小镇

以“生长”理念打造古风文创小镇

栖霞山非遗文创小镇位于栖霞山风景区，北眺长江，南望仙林科学城，与华侨城、万达茂呈三角之势。小镇总面积 2.62 平方公里，其中核心区面积 1.04 平方公里；将依托“古寺禅心”“缘觉老街”“九乡渡河”“佛照广厅”“五福家园”五大功能板块，以传扬栖霞传统文化为己任，发展旅游服务业、特色文化产业、非物质文化遗产相关产业、演艺服务、度假产业等特色文化旅游产业，实现产业、文化、旅游和社区功能的有机融合，建设成为产、城、人、文、旅融合发展的开放型特色文旅小镇。

栖霞非遗文创小镇结构图

深挖小镇“家底”——梳理小镇历史脉络

7000 多年前，栖霞山地区已有先民活动，并创造了农业文明。公元前 20 世纪至前 17 世纪，栖霞山境内开始出沿江聚落。春秋战国时期，“周武王有天下，封周章于其地”，栖霞山地区先属吴，继属越，再属楚。秦始皇三十七年（前 210 年），秦始皇第五次东巡经此北归，登临栖霞山，并设置江乘县。时江乘县境域广阔，西起南京石头城、白石垒沿江而东至句容市下蜀镇，再南折至江宁区淳化街道，连同今南京市鼓楼区、建邺区、秦淮区、雨花台区统在其领属之下。至南朝齐武帝永明七年，山东高士明僧绍，史称明征君，在摄山（今栖霞山）结庐隐居，后舍宅为寺，名为“栖霞精舍”，即今栖霞寺，栖霞始得以冠名至今。

栖霞山地区历史悠久，人文荟萃，文化积淀丰厚，文化遗存众多，向为旅游胜地。这里的山川形胜，栖霞山氤氲缭绕，扬子江惊涛拍岸。这里的物产丰富，陆羽在这里采茶写《茶经》，葛洪在这里采药摄身心。这里的俊杰满目，从秦始皇到乾隆帝，五王十四帝登临；从明僧绍到王安石，无数高人流连于此；从天下四大丛林到中国佛学院栖霞山分院，佛学底蕴源远流长；从袁了凡到黄质夫，教育的文脉在此延展；从孙中山到高奇峰，民国的风采在此绽放；从辛德贝格到寂然法师，民国的苦难由此抚慰。古往今来，无数的风流人物均曾在此驻足流连，建功立业。

“一座栖霞山，半部金陵史”，成为史学界一种共识。栖霞山非遗文创小镇正在这片热土上蓬勃生长。

再现小镇记忆——以“生长”为脉络的小镇发展原则

文化研究先行，策划与规划统筹考虑。栖霞山非遗文创小镇从顶层设计，到谋划、策划，层层扎实推进。从本土文化研究开始，对历史上小镇的发展、嬗变、毁坏和复兴做了详细的研究；对小镇的生长规律，小镇的未来模样，小镇的元素传承，做了充分的想象；对小镇的产业，运营模式，业态产品做了务实的策划。在规划过程中，栖霞山非遗文创小镇持续研究业态产品、活动，与规划设计互动，同时将来在小镇上创业的商户们商业需求，策划指导规划，规划实践策划，小镇的建设符合历史与文化，满足商业经营的需求。

行业权威执笔，生长与个性互为表里。栖霞山非遗文创小镇先后延请国内外大师亲自操刀小镇设计，同时吸引多家国内顶级设计院参与规划设计工作。小镇将全过程突出小镇的生长性，谋划严格遵循上位规划的生长性，策划从小镇的厚重底蕴提取历史的生长性，规划高标准小镇设计，遵守小镇肌理的生长性。建筑设计上，充分考虑小镇的个性，重构小镇历史变迁，山野构筑、禅意古居、现代居所、景观设施、佛家建筑、千年商街、现代商业共同构建小镇的混搭建筑风格。同时小镇未来将通过水系、桥、廊、码头、塔、古树名木等历史元素的保持，留存小镇历史记忆。

助力非遗“重生”——以“金陵折扇”为例

金陵折扇在南京已经有一千多年的历史。早在宋代，南京的制扇业就名盛一时，曾深受明成祖朱棣的赏识。金陵折扇是江南文化的一张名片，秦淮文化的代表符号。从20世纪五六十年代起，南京金陵扇厂曾经缔造过辉煌的业绩。各种折扇中，普通的以竹为扇骨，高档的以檀香、桃丝、乌木为扇骨。当时厂里开发的一款大挂扇曾经创下一年销往国外1.5万把的纪录。不过从20世纪90年代起，由于企业改制加上经营管理不善，金陵扇厂的发展开始走下坡路。2002年金陵折扇厂更是彻底关张。

为了传承传统工艺，不让这门艺术没落，当前在国家非遗政策的扶持、引领下，在市、区、街道共同努力下，以南京栖霞山非遗文创小镇为载体，初步形成了南京“金陵折扇”的研究、设计、制造、学术交流和工艺技术传承的格局。金陵折扇工艺研究所作为南京唯一的金陵折扇生产和研究机构，坚持秉承传统的手工技艺来生产金陵折扇，在栖霞山非遗文创小镇的助力下，老树重生，进一步传承和发扬了金陵折扇这一非遗文化。

无锡广益家艺小镇

强化党建引领，推动特色小镇高质量发展

广益家艺小镇通过把党建和小镇建设的深度融合作为切入点，以助力企业发展和提升群众幸福指数作为建设目标，围绕“集市广益”这一小镇党建品牌，通过组织融合、资源融合、服务融合，构建“市场＋党建”“产业＋党建”“信息化平台＋党建”三位一体新模式，打造党建引领小镇建设新格局。

广益家艺小镇鸟瞰图

市场＋党建：点亮小镇“红炬阵”

在街道党组织的领导下，广益家艺小镇商业管理有限公司党支部统筹小镇区域内党建工作，确保小镇规模家居市场实现党组织全覆盖；成立“家艺小镇党组织孵化中心”，聘任街道 25 名青年党支部党员和 12 名离退休老干部担任小镇党建“兼职组织员”，摸清市场党组织和党员基本情况。现小镇共有党组织 18 个，其中两新党组织 14 个、党员 163 名，其余 4 个为社区党组织。下一步，小镇将围绕“家艺红色炬阵”，强化统筹市场范围党建工作，探索成立广益家艺小镇非建制性党委，以“大党委”串联家居产业党建资源，建好管理

型、服务型、流动型、活动型四类党支部，进一步实现小镇党组织的有效覆盖和顺畅运作。

“市场＋党建”模式，有效破解了街道社区、驻区单位与市场党组织关系相对封闭独立、缺乏联系纽带的格局，进一步提升了基层党组织覆盖力和凝聚力，把市场商圈和市场从业人员紧密地团结在党的周围，团结在举全小镇之力打造特色小镇上。

产业＋党建：打造小镇“红联盟”

围绕小镇的产业特色和融合发展的需求，推倒“单位”围墙，启动“产业＋党建联盟”凝聚力工程，以“两学一做”大走访大调研活动为契机，对区域内医疗、教育、金融、民生、稳定等领域的 48 家单位进行了全面走访，成立“星光熠益”小镇党建联盟；通过产业党建联盟的设立，实现市场主体与驻区单位党组织、企业与政府公共服务部门党组织、企业与社区党组织之间的深度融合，实现党员联动、活动联办、资源联用。小镇家居产业相关党组织分别与南京大学、无锡太湖学院、国土资源局梁溪分局等单位签订共建服务项目 12 个。联盟主动向市场发出《守法诚信倡议书》，积极开展争创“党员先锋示范岗”“党员示范经营户”等各类市场主题党建活动。

“产业＋党建”旨在通过党建联盟的引领，整合区域内外资源，构建各利益主体共同参与、合作互动、共建共享，市场主体间黏性有效增强，融合度不断提升，家艺小镇共同体意识不断深化。

信息化平台＋党建：凝聚小镇“红动力”

开通各类信息直通车，建立日常多渠道联系走访机制，通过微信公众号“主动推送”小镇重要信息，通过小镇企业家群“分层推送”人才政策及各类培训信息，通过政策宣讲季、主题活动等“主题推送”招商、招聘等信息。组织精准服务团，用活联盟资源，针对企业发展个性化需求，打破行业和部门壁垒，为市场企业党组织提供精准服务。打造联盟朋友圈，成立“设计师联盟”等联盟自组织 5 家，开展“青年说”“拓展运动会”“才聚小镇双招双引”等系列活动，实现工作跨界交流，为区域产业发展建言献策。

“信息化平台＋党建”通过将市场党组织的组织资源转化为推动发展资源、组织优势转化为推动发展优势，组织活力转化为推动发展活力，为深化家艺小镇内涵建设提供了坚强的组织保障。良好的产业环境和集聚的创新要素也吸引了优质的家艺企业和项目落地小镇，进一步推动了小镇品牌集聚和商圈繁荣。

保障＋党建：“四位一体”助发展

以夯实党建工作促进机制改革，充分发挥好“集市广益”小镇党建品牌，解决创建过程中暴露的一些软性问题。行业协会支持：充分发挥无锡市建材行业协会的协调作用和服务作用，通过协会牵头，实现政企沟通、资源共享、优势互补、品牌推广，不断提升小镇服务水平。高校协同：与包括苏州大学、南京大学、南京林业大学、江南大学在内的全国知名高校合作，促进家居设计、人才、技术、信息等要素流通，协同创新，实现产学研合作。双创空间落地：梁溪电商园作为广益家艺小镇公司下属子公司，直接承接小镇创新创业人才和项目落地，空间营造了产业孵化、人才服务等良好生态，获评省级创业示范基地、省级科技企业孵化器、省级电子商务示范基地、省级首批电子商务众创空间，为入驻企业提供了商务办公、人才培训、产品展示、技术交流、创业融资、生活配套等集成性服务。

“保障＋党建”通过党建引领、协会支持、高效协同、双创落地服务的“四位一体”协同助力，驱动各种要素集聚发展，保障并加快推进了特色小镇高水平运行。

徐州铜山云谷小镇

“云”中漫步　三“生”融合　打造淮海经济区硅谷

铜山云谷小镇位于徐州国家级高新区，云龙湖风景区南畔，总规划面积约 2 平方公里。四周群山环绕，风景秀丽，交通便捷。定位为高端产业、研发、高层次人次集聚区。2018 年 7 月，云谷小镇正式列入江苏省第二批特色小镇创建名单。

铜山云谷小镇鸟瞰图

设立投资基金，推动小镇科创事业高质量发展

为支持新型研发机构建设与创新型中小企业培育，铜山云谷小镇正探索建立小镇首支以政府资金为基础，联合专业投资机构共同投入的天使基金，发挥借贷、投资等功能，为小镇中小企业及创业项目提供便捷的投融资渠道。

2019 年 3 月，北京焰石资本、徐州国盛鸿运投资公司、铜山区金融局、铜山区国资公司、徐州高新区科技局等单位的代表出席了云谷小镇天使投资基金筹备座谈会，就该支基金的成立背景、设立目的、投资方向与管理团队进行了协商。

基金规模为 2 亿元，前期投资 1 亿，其中 50％为国有资本，50％为社会投资。基金的投资方向计划 75％用于小镇内创业团队与创新型中小企业，25％用于引入外部优势企业落地。此外，基金将联合徐州高新区大学创业园有限公司成立一家混合所有制公司，用于培养优秀的金融人才，形成品牌化，打造规范的金融模式，执行具体的管理业务。

在小镇科创事业取得不错成果的背景下，设立这样一支天使基金正当时。既能拓宽融资渠道，吸引更多企业入园，还可以帮助企业在一定程度上解决融资难问题，尤其对于初创型企业，减轻了前期基础设施建设的资金压力。基金为企业提供多样性的增值服务，包括为企业的战略引导、规范运作、上市准备、市场开拓等提供多方面的专业服务，也必将开阔企业的战略视野，增强企业管理能力，增加社会关注度，从而提升企业价值。

举办“双创”大赛，激发小镇创新创业活力

2020 年 8 月 11 日，第八届“创响徐州”科技创新创业大赛新一代信息技术行业赛在铜山云谷小镇拉开帷幕。云谷小镇共有 2 家企业入围“创响徐州”科技创新创业大赛新一代信息技术行业赛，分别是江苏数链建筑科学研究院有限公司和徐州帝亨网络科技有限公司。

此次大赛启动以来，共征集了来自新一代信息技术、新材料、高端装备制造、节能环保、生物、新能源、新能源汽车等七大行业参赛项目共 410 个。新一代信息技术行业报名项目共 137 个，经过专家网络评审，共有 25 个项目脱颖而出晋级行业赛。

本次行业赛采取路演 7 分钟 PPT 展示和 3 分钟评委提问两个环节进行，3 名评委对成长企业组、初创企业组和团队组连续进行评审，评委对参赛项目现场打分，总分数的平均分为该项目比赛最终得分。众多参赛选手将通过行业赛、巅峰对决赛等环节，同台竞技，优选产生一二三等奖，代表徐州科技创新最高水平出征“创业江苏”科技创新赛。

成立小镇文联，促进产城人文融合发展

为丰富云谷小镇文化生活、活跃小镇艺术氛围，做好立足文联小平台、做好大服务、架起小镇园企的桥梁纽带，2019 年 8 月 8 日，铜山云谷小镇文联成立作家、摄影、美术、书法等四个协会组织。云谷小镇物管公司天润物业总经理孟昭祥当选首届铜山云谷小镇文联主席。

据介绍，位于大学路上的徐州科技创新谷，是徐州高标准打造科技创新核心区“一城一院一谷一区”规划中，作为“一谷”的重要战略组成，在创新谷的核心区“云谷小镇”，人才、资源、产业、配套设施快速集聚。在追求经济发展的同时，园区的精神文明建设，日益成为促进园区发展的迫切需要，园区的广大企业需要文化砥砺，园区的各项事业发展需要文化支撑，职工的文化追求更需要文化熏陶，在此新时代大发展的背景下，铜山云谷小镇文联应运而生。

铜山云谷小镇文联主管部门为铜山区文联，将成为徐州科技创新谷的一道亮丽的文化风景线。依托云谷小镇“产、城、人、文、智”的建设理念，小镇文联四大协会的成立将为促进产城人文融合发展，打造成宜产、宜居、宜游的科技小镇注入新动力。

新当选的铜山云谷小镇文联主席孟昭祥表示，文学艺术是人们对社会生活的生动反映，是文化建设的重要组成部分，铜山云谷小镇文联成立后，将积极开展业务培训和学术研究，为会员全面提供信息服务。组织各种类型的民间文学艺术、书法、美术、摄影等比赛，作品展览、学术交流、观摩活动等，努力提高会员的艺术水平，为徐州科技创新谷各企业的发展提供精神动力和智力支持。

徐州大黄山硅科技小镇

围绕“硅科技”特色　打造淮海科创中心、宜居宜业福地

徐州大黄山硅科技小镇是高端制造类小镇，总规划面积约3.5平方公里，地处徐州经济技术开发区东，东靠清风路，南至阳光路，西临高新路，北依京杭大运河，距徐州东站仅5公里，周围路网健全，交通十分便捷。

小镇注重三生融合发展，以“淮海科创中心、宜居宜业福地”为战略定位，打造集硅材料产研高地、新能源应用基地、田园休闲康养、宜业宜居宜游于一体的低碳智慧小镇。

大黄山硅科技小镇鸟瞰图

围绕硅产业链挖掘，做强集群式发展

大黄山硅科技小镇依托优越的地理位置和良好的生态环境，正逐步发展成为国内新能源产业龙头企业的集聚地。在产业布局方面，小镇紧紧围绕“硅科技”特色，从经开区硅材料产业基础研究入手，在空间上布局与硅科技相关的科技创新与研发、生产用地，通过着力壮大主导产业、构建协同体系、围绕产业链挖潜增效、优化营商环境、推进改革创新、做强集群式发展，推动高质量发展步伐，打造“科创硅谷”。

协鑫半导体大硅片项目是小镇率先布局的产业项目，作为江苏省委、省政府确定的全省16个重大项目之一，该项目是协鑫与国家集成电路产业投资基金合作在半导体材料领域进行的前瞻性布局，规划建设8英寸及12英寸半导体级大硅片生产基地，定位打造全球一流的研发、生产基地，建成后将对我国半导体制造业提供关键的原材料支撑，彻底打

破国外对高技术原材料产品的长期垄断。此外，半导体单晶炉及相关装备研发制造项目、大尺寸半导体晶圆再生项目、碳硅材料深加工项目等多个特色产业项目落地生根，小镇在传统产业稳定发展的基础上，大力推进高端装备、新材料新能源等产业，产业链上下游配套齐全，产业集群集聚明显。截至 2020 年 6 月，小镇已累计完成投资额近 70 亿元。

科技创新铺就转型路，了不起的徐州制造

把握前沿趋势，围绕重大科技攻关、生产方式变革等多个领域深化创新驱动，实现技术研发、成果运用、服务产业有机衔接的创新路径，协鑫不断以技术突破完善产业链，交出点赞成绩单。

硅片是芯片制造的最关键基础材料，长期以来我国的 12 寸大硅片基本依赖进口，而以美欧为主的国家在 2020 年 1 月新修订的《瓦森纳协定》中针对 14 nm 以下芯片制造所需的大硅片对中国进行出口管制，实际上就是制约我国的先进芯片制造技术。

我国企业在 12 寸硅片正片领域至今没有大规模量产的企业，鑫晶半导体聚焦在 28 nm、14 nm 以及更先进的 10 nm 芯片制造所需的硅片工艺研发和制造，协鑫半导体大硅片项目首批 12 英寸半导体大硅片成功下线，这是我国半导体制造工艺的又一重大突破，也为“徐州制造”增添了浓墨重彩的一笔。

同时，全球单体最大规模颗粒硅项目——保利协鑫旗下江苏中能规划产能 10 万吨、首期 5.4 万吨颗粒硅项目正式开工扩建。这标志着保利协鑫全面进入“技术流程更优、装备智能更新、生产工艺更精、制造成本更低”的颗粒硅产品智能制造新时代，为中国光伏平价上网提供鑫动能。

协鑫集团将每年 3%的销售收入投入研发，致力于全面打通新能源发电、储能、用能、梯级回收在应用的全产业链，解决“最先一公里”的生产制造和“最后一公里”的高效应用。唯有创新使命时刻迫在眉睫，在身后催马扬鞭，拓展绿色能源版图的目标才能捷足先得、步伐行稳致远。

三生融合发展，众望所“硅”的美好家园

大黄山硅科技小镇致力打造宜居、宜业、宜游的生活环境，结合大黄山人文历史、民俗民风、建筑现状和产业业态，以集聚、集群、集约促进空间布局优化、资源集约利用、功能集合构建，通过前沿科技和现代化管理的加持，致力让这里成为承载美好生活的理想国，让人们生活在更加优越的居住环境中，实现生活、学习、工作和休闲。

生活板块的开发，从规划角度设置一定比例的硅科技应用指标，布设“多位一体微能源网”，通过低位热能、天然气热电冷系统、光伏发电、风能发电、节能技术、储能技术等，把清洁能源更广泛地应用于交通、人居、通讯等各个领域。这里倡导光伏发电、雨水回收、中水回用、低碳交通、绿色住区,并通过小镇生活配套的规划整体提升大黄山服务能级,实现高质量城镇化。

生态板块的优化,则通过不同规模的空间打造层次化和网络化的生态开放体系,为人们提供健康、适用、高效及智慧的使用空间,与自然和谐共生的环境。考虑农业与硅科技的结合,依托大黄山森林公园周围农业及渔光互补项目,打造硅科技应用与农耕体验旅游目的地,实现农光旅一体化,助力大黄山森林公园达到 3A 级景区标准;着力山水生态空间打造,利用生态廊道连通南侧安然山与北侧运河公园,实现小镇处处见绿。

大黄山硅科技小镇,将秉持生产、生活、生态“融合发展”和产、城、文、旅、智“五位一体”的理念,以硅科技为主线,打造一片清洁能源全覆盖的绿色净土、一处技术创新人才会聚的产业高地、一个自由开放兼容并蓄的共享平台、一张宜居宜业充满活力的美好蓝图。

新沂智慧健康小镇

唤醒沉睡资源，凝心聚力攻坚

新沂市，东临东海之滨，西界大运河畔，是东陇海产业带中心城市、全国县域首屈一指的区域性交通枢纽，拥有四通八达的综合运输网络。

新沂智慧健康小镇，位于新沂经开区西南部，紧邻综合保税物流中心、新戴运河、新沂港口、高速出入口及高铁南站，境内城市主干道纵横交错，区位优势得天独厚。

新沂智慧健康小镇鸟瞰图

小镇创建初期，产业基础薄弱、产业人才匮乏、配套设施不足，对高科技企业的吸附能力不强。为此，新沂市政府出台了系列扶持政策，为小镇发展提供有力支撑。

必康新医药产业综合体项目，是必康公司作为小镇龙头企业与政府共同规划建设的重点项目，包含新医药、护理品、智慧体验、大数据、仓储及冷链物流等业态。新沂经开区成立服务专班，推进项目建设进展，护理品、制药、物流等业态已投产运营。

然而，智慧健康小镇创建之路却又曲折多艰。

2018 年必康集团公司身陷信贷泥潭，综合体项目推进受阻。经开区也曾进行“输血式”帮扶，竭力支持其建设运行。但因综合体体量大、面临严重的资金流动性危机等原因，导致企业优势产业项目生产步履维艰，多个建设项目被迫中止，土地厂房等资源长时间闲置，小镇发展一度陷入困境……

资产盘活，破解小镇发展难题

2019 年，新沂经开区进入产业转型升级发展的新时期，土地资源需求明显增加。

经过统筹部署和谋划，小镇坚持“政府主导、市场运作、政策倒逼、稳妥推进”的原则，加快低效用地盘活，推动存量资源市场化流转。充分发挥区平台公司作用，先后完成必康饮品、化妆品项目、保税物流中心、生活区和运动中心在建工程等重大资产进行市场化收购重组，释放土地 2600 余亩，盘活房产 113 万平方米，统筹化解了必康公司的危机及资金纾困，帮助其集中资源发展优质主导产业，同时也缓解了国有资金债务压力，有效化解了社会矛盾。

腾笼换凤，推动产业提质升级

面对着日趋紧张的工业用地指标，小镇积极探索新模式，推进节约集约用地，打破“招商引资、土地先行”的传统观念，依靠存量引增量，在不增加用地的情况下实现新项目落地。

科创园、对外贸易产业园、医药大健康产业园多功能标房及医药城厂房及配套建筑拔地而起，生产区、生活区基础设施日趋完善，生态环境不断优化，宜居宜业宜游的产业新城逐渐呈现秀美的风貌。目前，一批优质项目已经入驻小镇拓展区，为小镇的发展注入了新鲜血液。这样既挖掘了沉睡资源的潜力，提供了产业载体平台，又吸引了大批新产业项目入驻，最大限度发挥每一寸土地的经济效益和社会效益，为产业可持续发展、打造新发展理念崭新样板提供了坚实支撑。

多元投融资，加快产业平台建设

在资产盘活利用的过程中，园区积极拓展融资渠道，成立专门公司作为精准融资主体，致力于创新运用融资模式，支持特色小镇与各类金融机构和社会资本开展战略合作，推进差别化投融资创新，协调解决重难点问题，推进项目建设。

截至目前，推进落实的融资项目包括：资产盘活并购贷、社区建私募债、科创园和医药产业园项目贷、标房项目收益债等。

精准招商，促进产业链健康发展

立足点面结合、定向匹配的原则，小镇紧紧围绕规划部署，全力做好已盘活资源的统筹再利用。一是搭建了医药城、保税物流中心（B 型）等特色产业载体平台，全力开启平台招商；二是定向招引了总投资达 110 亿元的水性超纤新材料项目和产业研究院；三是全面围绕产业链长制工作部署，打造高经济密度的产业高质量发展新标杆。加快集群发展，推动土地复合利用，提升工业发展亩均效益。严格项目准入门槛，重点保障医药健康、先进材料、智能制造等产业链项目用地；积极引导先进制造业、战新产业、高新产业项目进驻集聚发展。

改革创新谋发展,凝心聚力再出发。小镇通过对闲置资产的盘活利用和多元投融资方式的灵活运用,为后续发展储备了优质的资源要素,也为产业的健康可持续发展预留了宝贵的发展平台和空间。

常州别桥无人机小镇

"红色引擎"+特色小镇,特色党建助力特色发展

别桥无人机小镇坐落于江苏省溧阳市别桥镇,属于高端制造类小镇,规划面积 3.78 平方公里,同时也是江苏省大众创业万众创新示范基地。小镇按照"产城融合、创新驱动、集聚发展"的理念,贯彻"产业才是小镇灵魂"的宗旨,重点推动军用级、工业级无人机产业集聚。随着通用机场的开建、南航无人机研究院的落地、航空职业培训学校的开学以及 20 余家无人机企业相继入驻,别桥无人机小镇正向着中国无人机产业主要集聚区蓄势腾飞。

别桥无人机小镇全景图

目前小镇已集聚 20 余家无人机企业,规模初显;与波音公司、商鲲教育集团、常州科技经贸技工学校开办航空特色的培训基地、学校,人才培育体系日趋完善;与中航科技、科工集团、深圳市无人机行业协会等国内知名航空航天单位合作举办大型活动,产业发展氛围不断浓厚。

别桥镇党委结合无人机小镇实际情况,从汇力、汇优、汇才、汇心四方面发力,打造强力"红色引擎",实现党建工作对无人机小镇发展的助力。

一是"汇力"。通过小镇党组织起牵头引领作用,以实现资源共享的方式组建行业型党支部,选取东翼、汉和等已成规模的代表企业进行试点。同时,重点是采取"1+1"模式强化党务力量,即由镇党委安排一名组工线的干部和一名企业党务工作者,共同开展小镇

党建工作。

二是"汇优"。以"龙头企业＋""区域＋"等方式，线上线下同步开展党务活动。重点是发挥组织优势，搭建国字头大院大所如中国航空工业集团、北航、南航、西工大，以及国内影响力大的行业协会、规模以上无人机企业和小微孵化企业之间交流的桥梁，实现资源共享、信息共通，助推小微企业成长。

三是"汇才"。主要通过"支部＋群团""支部＋社团"等方式，因地制宜地开展党员教育管理工作。同时推行"菜单式"组织生活，提升党建活动效率，增强党员参与的积极性。重点是建立小镇人才服务联盟，目前与中国最大的民营职业教育机构——商鲲教育控股集团建立了人才培养、输送合作关系，为小镇党员提供发展指导，也为企业注入新鲜血液。

四是"汇心"。充分整合小镇周边社区活动资源，开展结对共建，重点是借助当地的统筹优势，主动为小镇企业在员工子女就学、家属就业，企业缴税等全方位提供优质服务，让小镇的企业党员有归属感。目前溧阳市已发布新一轮"天目英才榜"，从购房、教育、医疗等要素全力保障企业员工当地的生活需求。

9 月 23 日，总投资 10 亿元的无人机小微企业产业园在溧阳市别桥镇奠基开工。奠基开工后，有 8 个项目与园区集中签约，这批项目的进驻，将提升无人机产业集聚度，增强无人机研发与制造实力，促进别桥由无人机特色小镇向航空新城跨越。

据了解，2020 年以来，别桥镇力克疫情影响，通过党政主要领导带队外出招商，有效洽谈项目 70 多个，实现签约 5000 万元以上重点项目 10 个，总投资 41.1 亿元。其中投资 10 亿元项目 2 个，投资 5 亿元项目 3 个，先后 4 次在溧阳 2020 年重大项目招引"月通报、夺红旗"角逐中被评为招商引资优胜单位。

常州西夏墅工具智造小镇

刀具之光闪耀　工具精神传承

西夏墅工具智造小镇以工具产业为基础，打造了集科技研发、产业服务、智慧管理、人才引领于一体，形成产业优势独特、生态优美宜居、发展优质可持续的江南特色小镇。2018 年 7 月，西夏墅工具智造小镇被列入江苏第二省级特色小镇。

以改革创新的精神助力小镇发展，西夏墅工具智造小镇做大做强核心产业，形成了“一轴两心两带五区”的总体布局，小镇以工具产业为基础，打造集科技研发、产业服务、智慧管理、人才引领于一体的现代化产业中心。

不久的将来，一座产业优势独特、生态优美宜居、发展优质可持续的江南特色小镇即将建成。

西夏墅工具智造小镇鸟瞰图

三代匠心传承，推动高端发展

从 2001 年开始，西夏墅镇开始建设工具产业集聚园区，伴随着国内机械加工行业的繁荣，刀具的需求与日俱增，西夏墅的刀具行业也迎来快速增长期。2007 年，西夏墅政府在工具企业的倡导下，相继成立了常州西夏墅工具产业生产力促进中心和常州西夏墅工具协会，这是西夏墅刀具发展历程中十分重要的里程碑。提出了“立足刀具、提升刀具、突破刀具"的发展战略，引导刀具企业集中进入产业园区，资源共享，集约发展，西夏墅刀具产业集群实现了新的飞跃。

2011 年，进入优化发展阶段，加快推进城镇集中区、功能区基础设施和配套设施的完善和提升。刀工具企业每年投入 2.5 亿元左右进口高端装备，政府坚决贯彻设备抵扣的税收政策，积极鼓励企业加大科技创新力度，增强核心竞争力。2018 年夏天，西夏墅镇迈进了特色发展阶段，以创建特色小镇为抓手，推进产业、生态、文化、旅游全面融合发展。如今，西夏墅刀工具企业引进各类加工设备及检测设备 1200 余台，累计总投入已达 15 亿元。2019 年刀工具产业实现总产值 29.4 亿元，销售超千万刀工具企业达 60 余家，海力、恒晁两家工具企业销售突破 5000 万元。

美丽乡村"优生态"，打造小镇"后花园"

走在西夏墅镇梅林、东南村中，平坦笔直的道路上，满目天蓝水清草绿，微风吹动稻田一浪接着一浪，清新的空气中弥漫着稻花的香气。一幢幢整齐简约的小楼，村民安居乐业。曾经地处偏僻的贫困村，变成了远近闻名的精美乡村，堪称西夏墅的"后花园"。

梅林夏家、东南大薛家、韩村进入省第三批特色田园乡村建设试点。继续深化"梅林—东南"美丽乡村建设，高新纺织与融商智投深入合作，加快东南小院、西金小院的后续建设，逐步开放试运营。创办乡村振兴学习社，实现基层党建、美丽乡村与农村经济发展同频共振。落实全域土地整治要求，梅林、东南村率先推进全域土地综合整治试点工作，推进"多规合一"，美丽乡村布局不断优化。

研发平台日益完善，产学研协同步伐加快

海力工具，西夏墅刀具企业的领跑者。"经济发展新常态下，一味依赖规模扩张无法维持企业的长远发展，只有厚植创新和人才的土壤，才能始终掌握主动。"常州市海力工具有限公司总经理马海善对工具产业发展的思路非常清晰。"未来海力会发展一个以研发为主的研究院。"马海善说，西夏墅镇工具制造小镇建设以来，海力在镇政府的支持下，正着手实施一项全新的人才引进计划。已经跟国内多家高校达成协议。高校教授老师愿意到西夏墅当"工人"，一方面缘于如今科研理念的转变，他们渴望在企业、在专业领域走得更远，另一方面也缘于西夏墅镇工具产业对人才的诚意邀请和良好机制。

马海善作为行业的领军人，深深地体会到行业急速发展最需要的是人才。"西夏墅的刀工具从小米加步枪开始的，从手工开始一步步做过来，90 年代还是简单的机械设备，2003 年才有五轴，现在在追赶欧美国家的品质，我们必须在制造工艺的研发上投入更大。"

苏州金融小镇

服务升级 全面开“花” 促进金融与产业深度融合

苏州金融小镇以改革创新的精神推进特色小镇建设，在投融资领域、存量资产盘活、小镇运营管理、产城融合、产业升级等方面积极探索，取得良好的经济效益和社会效益。

苏州金融小镇航拍图

央地双方创新合作、互利共赢

苏州金融小镇由苏州高新区联合招商局集团共同打造，双方通过市场化方式共同成立小镇投资开发主体公司，一体推进小镇开发建设和运营管理。同时双方联合发起设立城市发展基金和产业发展基金，分别为小镇基础设施开发建设和创新产业培育发展提供支持资金支持。央地双方创新合作模式，实现地方与央企共同发展，成为互利共赢的合作典范。作为苏州市重点项目，小镇还获得国家开发银行 5000 万元（期限 8 年、年利率 1.2%）的重大项目专项建设基金的融资支持，通过开发性金融合作进行项目培育，保障项目顺利实施，最终实现共赢。

存量资产激活盘活、发展提速

小镇核心发展区域（一期、二期）所在地原为苏州市小茅山铜矿厂区和办公生活区，由一家具有 50 多年历史的老国企经营，因矿源枯竭业务持续萎缩，经营模式相对单一，后续发展遭遇瓶颈。借助小镇整体规划建设，地方政府对上述区域重新规划功能定位，目前已建成小镇商务办公区和小镇客厅，一大批投资基金相继入驻办公，亩均税收已超 600 万元，在带动高端产业发展的同时盘活了存量土地资源，有效促进了土地资源的优化配置和高效利用。

小镇服务提质增效、贴心暖心

小镇不断优化服务举措，联合相关政府职能部门和金融服务外包机构，打造包括全程代办工商注册、基金开户与托管、政策申报代理、基金登记备案、基金估值测算等服务在内的一站式、标准化基金专业服务体系。与此同时，小镇还紧密协同苏高新金控、招商局集团以及区域各创新载体，深挖小镇机构资源，以金融小镇为基地，以投融资沙龙、企业及机构路演、金融论坛峰会、金融机构培训等活动为抓手，充分整合太湖金谷“新三板”企业流量入口、苏南科技金融路演中心优秀科技企业、江苏—维州研创中心海外优质项目、省创新创业大赛早期项目、太湖数谷大数据平台以及各私募基金、非银金融服务平台等丰富资源，发挥金融小镇机构资源集聚和配套设施完善优势，搭建资本与项目线上线下一体的互动对接平台，助推资本与项目批量、高效对接，进一步完善小镇金融服务产业链，构建起小镇开放共享、多元互动的金融生态体系。

金融与产业深度融合、要素集聚

小镇以金融产业为内核，导入资本、技术、人才等高端要素，促进金融与产业深度融合，服务区域战略性新兴产业发展，着力助推新一代信息技术和生物医药医疗器械产业发展。小镇西北片区的信息智慧谷，已打造出山石网科、蓝海彤翔、天弓信息、伏泰科技等一批明星企业，引领发展新一代信息技术、云计算等战略性新兴产业。小镇东南侧的江苏医疗器械产业园，聚集了上市公司鱼跃医疗、中生北控，国际著名企业卡瓦科尔、法兰克曼为引领的百余家知名企业。布局产业发展的同时，小镇还配套建设“绿色办公、特色商业、人才居所、生态休旅”四类服务载体，大力引入海内外技术专家、极客和工程师、青年创业家、服务业金领等高端人才，为区域集聚高端要素，发展高端产业，培育创新业态，营造创新生态，重塑城市发展新格局，激发城市发展活力。

常熟云裳小镇

以"企业园区化"推动城市更新,以"生态链重构"实现产业创新

"云想衣裳花想容",常熟云裳小镇总规划面积3.62平方公里,北依千亿级市场中国常熟服装城,东临风光秀丽的昆承湖,西近5A级景区尚湖度假区,小镇以推动常熟纺织服装产业生态重构为己任,助推传统服装产业向"技术密集型和时尚创意型"转型升级,小镇先后被列入工信部第一批纺织服装创意示范区、江苏第二批省级特色小镇创建单位。

常熟云裳小镇全景图

常熟云裳小镇前身是服装城前店后厂"厂"的部分,集聚着大量的小微生产企业,产业低端、人口结构低端、消防安全隐患严重。为了改变区域形象和推动产业转型升级,小镇通过"产业创新+城市更新"的方式,重点发展时尚创意产业,集聚"品牌、设计、平台"等四新经济新业态,加快融入"长三角时尚产业一体化",推动上海策源、常熟转化、全球营销,服务国家战略,让国潮崛起、文化出海。2018年小镇与阿里直播进行了产业带合作,2020年已经完成产业带直播30亿元;2019年与抖音开展短视频直播产业带合作,2020年已经完成产业带直播35亿元;2020年常熟时装周与上海国际时装周合作打造"中国男装商业潮流原点";常熟杯潮流服饰组合大赛与"中华杯"合作全球邀约设计师参赛,共收到投稿1215份,覆盖29个省市,253个城市,海外职业设计师投稿20位,国内职业设计师投稿216位。

云裳小镇从建立之初就始终致力于发展生产性服务业,和服装城错位发展,服装城重点展贸,云裳小镇重点发展生产型服务业,聚焦于"品牌、设计、平台"等,拉高微笑曲线两

端，提升产业附加值。随着 2015 年始的 2.5 产业园建设到如今的特色小镇打造，莫城电商园、盛豪电商园、江南时尚设计园、金剪刀高定街区（国风服饰文化创新平台）、忆景国际、中州国际、可美大厦、摄影基地、缝机谷等一批特色园区相继建成或启动建设，云裳小镇生产性服务业从空间布局上开始趋向集中，发展的门类、领域和专业化程度持续在拓展，态势向好。

当前云裳小镇正按照服装城“一城一镇五片区”的发展战略，在小镇范围内依托 69 家房东推动 78 万平方米老厂房改建，探索“企业园区化”，鼓励他们将老厂房活化，改建成为各类品牌园区、设计师园区、电商园区、文创园区、科创园区和高品生产基地，进一步集聚品牌、平台和人才等高端要素，打造一个以时尚创意产业为引领的现代服务业集聚区，用产业推动城市更新，打造常熟城市南大门。

经过努力，小镇内拥已有省级科技孵化器 2 家、省级制造业双创平台 1 家、江苏省众创空间 1 家、常熟市级孵化器 1 家；累计完成 16 家特色园区（楼宇）打造，其中品牌园区 4 家、电商园区 6 家、设计师园区 2 家、文创园区 1 家、公共服务型园区 1 家、高品生产基地 2 家，形成 1 条特色设备销售街区，2 个生活配套片区，打造特色园区 27.9 万平方；冰洁、康博、阿仕顿、金剪刀、EDCO、优构思、祖艾妈、微念、徽皖文化、雪中飞、七匹狼直播电商、阿里巴巴常熟服务中心等一批企业落户；梦想小店、唐贸羽绒城、全球货仓、云微坊、牛品云等互联网创新平台蓬勃发展；宜布网、品信科技、联领智造、益智大数据、铭达软件等生产性服务业入驻小镇，集聚了 14 家互联网创新平台、41 家创意设计机构、67 个服装类品牌、84 家电子商务企业、131 名服装创意设计师、12000 名行业从业人员；基本形成了从源头面料研发，到创意设计、小单快反，电商、播商等新渠道营销的产业闭环。

集聚新业态、新模式、新技术、新产业，云裳小镇的“新笔法”正让“老画像”焕发新颜，在推动常熟纺织服装生产生态重构中延伸、拓展服装行业上下游中，创造更高的产业附加值。

海门叠石桥家纺小镇

展会常态化　市场国际化　会展经济下架起“丝路金桥”

海门叠石桥家纺小镇，一座国内外知名的家纺之城，是通往世界 130 多个国家的国际纺织贸易“丝路起点”，一座用时尚家纺连通中国与世界的贸易之“桥”。

在全力推进家纺小镇建设发展之时，这座国际纺织城正面向未来积极探索外贸发展新方式，面向世界大力发展会展经济，走出一条轰轰烈烈的行业变革、转型新生之路。

如今的叠石桥家纺市场，占地面积 2000 亩，经营商铺 2 万多间，覆盖周边 200 多平方公里。国际国内的家纺品牌纷纷入驻，在这里经营着 200 多个系列、600 多个品牌、1000 多种家纺产品。在市场周边，6500 多家生产企业与之相配套，带动 50 多万从事家纺行业相关工作，真正成为当地人的“致富之桥”。

海门叠石桥家纺小镇核心区

展会上搭建起贸易金桥

兴商贸易，最关键的就是展示与交流。从这个思维入手，叠石桥家纺小镇在充分调研论证基础上创新思维，决定将会展作为助力叠石桥家纺产业加速转型升级，全方位提升叠石桥家纺产业集群与区域经济核心竞争力的重要举措。依托叠石桥家纺市场，小镇成功举办了四次大型国际会展和两次大型贸易对接会，有效提升了叠石桥的国际知名度。随着长三角一体化战略的实施，给叠石桥家纺产业大发展带来了千载难逢的良机。小镇专门成立会展办，大力发展会展经济，来推进家纺产业的国际化。

从 2018 年开始，叠石桥每年都要在“家门口”为家纺产业集群筹办“一带一路”叠石桥进出口商品交易会、“叠石桥家纺国际博览会”等大型展会和数场有针对性的对接活动，为当地商户搭建起商品展销、贸易洽谈的平台。原先一些不具备外贸自营出口权、无法直接参与国际贸易、没有资格参展广交会的小企业、加工作坊等业主，因为在家门口参展与对接尝到了外贸甜头，发展外贸的积极性得到最大程度激发激活。

酒香不怕巷子深，叠石桥的“会展经济”口口相传，在国内外都产生了回响。近年来，河北高阳毛巾产业集群、河北白沟箱包产业集群、广州花都圣地箱包集团等国内企业团体每年都踊跃报名参展。展会也时常迎来慕名而来的外国客商。如今，展会已成为叠石桥家纺小镇的一面旗帜、一面招牌。小镇组建成立的“会展工作办公室”将招商、服务、宣传等各项工作统筹协调，不断拓展专业市场会展综合服务功能，目标要把叠石桥的会展做成“永不闭馆的广交会”，持续提升叠石桥品牌的影响力与知名度，让叠石桥成为一座“贸易金桥”。

贸易改革中迈出国际化脚步

随着“一带一路”倡议的影响力不断扩大，叠石桥也迎来了全新的发展机遇和更广阔的发展空间。2018 年，叠石桥实现进出口总额 30.5 亿美元，比 2015 年的 3 亿美元增加了 27.5 亿美元，涨幅超过了 900％，产品远销五大洲 130 多个国家和地区，国际贸易正成为叠石桥改革的重要发展方向。

天时地利，都在助推叠石桥家纺小镇迈出国际化的脚步。小镇未雨绸缪，提早谋划，不断根据叠石桥家纺产业与市场国际贸易发展实际现状，借鉴学习义乌等其他试点地区先进经验，持续规范贸易改革试点，在探索中，创新性地将市场采购与跨境电商融合，不断做优贸易改革。

截至目前，叠石桥市场采购贸易方式试点累计通关出口额突破 400 亿元，占海门全市外贸出口 7.47％，成为叠石桥外贸出口的有效新渠道。与此同时，叠石桥贸易中心在海关等部门指导下全面推进跨境电商与市场采购融合发展，先后成功引进深圳浩方、阿里巴巴等十多家第三方外贸综合服务平台，为外贸融合创新发展奠定了坚实基础。为进一步推动家纺小镇走出去步伐，小镇将原有叠石桥贸易公司国有企业机构进一步做实，专门高薪聘请专业专职的职业经理人，组建专门国际贸易运营工作团队，全面负责实施“走出去”与“请进来”一系列外贸创新发展战略。

公司面向叠石桥家纺集群区提供服务贸易，并自行开发家纺外贸新产品，引领集群家纺企业抢占国际高端市场，公司运行一年来先后赴土耳其、波兰、俄罗斯、墨西哥等地参展境外纺织专题展会，以及参展广交会、家博会、纺博会、义博会等国内关联性国际会展，通过频繁境内外参展观展，扩大了叠石桥的影响力，提升了叠石桥的知名度。

在近年来大力发展会展经济的基础上，贸易模式创新、展会平台搭建、家门口贸易对接、尝试跨境电商等举措大大丰富了叠石桥地区外贸发展新形式、新模式、新业态，众多家纺外贸企业与外国客商接洽的时间、地点、方式、途径等都在发生着深刻变化，因此带来的政策红利、创新效应显而易见，越来越多的外国客商获悉叠石桥，逐渐将贸易视点从原先单纯的广交会、义乌市场陆续转移至叠石桥。

数据显示，从 2015 年开始至今，到访叠石桥市场区域的外国客商数量呈现显著的逐年增长态势，2015 年全年入驻叠石桥地区酒店的外国客商为 1452 人次，到 2017 年度突破 2000 人次，达到 2362 人次，2019 年数据还在持续上升。在持续推进的贸易改革中，叠石桥正大步迈出国际化的步伐。2020 年，因受疫情影响，叠石桥家纺小镇借助现代互联网技术，将交易会搬到线上，“一带一路叠石桥家纺直播节”的成功举办，掀起网购的新浪潮，来自世界各地精准采购商，实现线上线下一体化、展示洽谈远程化、国内国外同步化，在叠石桥家纺市场打造了真正的智能化会展新平台。

如皋氢能小镇

创新科技服务　助力产业培育

近年来，如皋氢能小镇围绕《江苏省贯彻国家创新驱动发展战略纲要实施方案》，深入实施创新驱动发展战略，提升科技创新型城市建设水平，加快打造区域科技创新生态体系。通过明确产业发展方向，抢抓机遇，积极探索建设科技创新服务平台，为引领经济转型发展创造新格局。

如皋氢能小镇核心区

实施有效激励机制，激发企业创新活力

就经济高质量发展相继出台了皋办发〔2020〕6 号《关于 2020 年推动经济高质量发展的激励意见》、皋开发〔2019〕47 号《关于进一步推动经济高质量发展的激励意见》，调动和激发全社会创新创业活力，充分发挥财政资金的导向和激励作用，加快经济转型升级步伐，推动如皋氢能小镇高质量建设、可持续发展。

多载体协同发力，构建高效服务平台

小镇所在区内建有 2.7 万平方米的科创中心，集办公、研发、展示、创新创业、商务配套等多功能化于一体；建有 10 万平方米的国家级科技企业孵化器；建有吉林大学（如皋）新能源汽车产业研究院等政产学研合作平台，初步形成“产学研合作平台＋众创空间＋孵化器＋产业化园区”的全链条创新孵化体系。在上海设有金皋科技研发中心，初步建立沪皋人才双向交流机制。具有完善的知识产权公共服务平台，鼓励企业利用平台开展专利挖掘与布局、创造与运用、维权和管理等工作；鼓励高企单位与江苏银行、农行开展苏科

贷、如科贷；鼓励科技型企业开展知识产权质押融资，提高知识产权运用价值，提升小镇知识产权金融服务能力，帮助小镇企业解决燃眉之急。搭建小升规、规改股、股上市成长阶梯，建立从小微企业、科技型中小企业、高新技术企业、“专精特新”小巨人、科技型上市培育入库到龙头企业的创新主体培育体系。

发挥国合基地作用，积极开展国际合作

加大氢能、新能源汽车、先进制造、新材料产业领域参与国际科技合作力度，充分利用全球优势资源，建成中国最具影响力的新能源汽车产业基地。依托氢能产业园发展平台，积极助推国际合作，先后举办了四届国际氢能与燃料电池产业大会，着力宣传发挥氢能产业优势，打响产业品牌，招引国际知名企业入驻合作，推动先进制造产业高端化发展，推进新材料产业转型升级。充分发挥国合基地作用，积极参与国际分工，努力打造成为国际技术转移、承载和创新的科技合作基地，引导企业通过自主研发创新、与高校院所开展产学研合作以及进口产品引进后再开展国产化替代等路径，不断提升优化自身产品技术水平，招引神华集团、美国安思卓、新加坡清能、加拿大 SOS 公司等具备氢能产业前沿技术的企业落户，努力引进、消化、吸收再创新国外先进技术和科技成果。

引入数字化管理，优化科技人才服务

利用大数据技术的深度和广泛应用，消除人才信息流通中的“孤岛现象”，进一步形成各方面、各环节、各渠道人才信息共享、良性互动的新局面。依托大数据技术建立相应的技术共享数据库，推动大数据技术在人才信息管理方面的应用，全面提人才服务水平。我区通过打造人才服务信息化平台，对区内人才进行备案管理，并针对不同产业链实时推送相关人才服务信息，加强人才岗位匹配度。通过产业链信息化，引入高层次人才，近年来共引进国家“千人计划”专家 5 人，每年入选江苏省“双创人才”2 人以上、市“雉水英才”6 人以上。

此外，充分利用中介体系，提升科技服务水平。一方面，注重加强技术经纪人的培育工作，加快推进“科技专员＋技术经纪人”队伍结构优化，推动科技专员向技术经纪人发展，建立一支既懂经济又懂科技的复合型、高层次专业技术经纪人才队伍，提升整体科技服务能力和水平；另一方面，加强企业科技人才服务网络建设，为科技人才专员的挂靠、活动、工作、政策申报等提供网络平台，助力科技人才专员队伍的建设。

如皋氢能小镇贯彻“整合与共享、完善与提高、创新与服务”的平台建设方针，为项目、为企业、为人才搭建高效的资源共享平台，下一步将继续优化各个平台数据，依托“互联网＋”构建创业创新服务平台、安全数据平台等，推动工艺改进、产品开发、成果推广等，从而为小镇企业带来更可观的经济效益。

海州生物益苗小镇

着力推进机制服务建设　聚优做强打造双创高地

海州生物益苗小镇于2018年成功入选江苏省第二批省级特色小镇名单。小镇以打造高质量宜居宜业宜游特色小镇为核心，初步形成特色产业、小镇人文文化、设施设备多种功能叠加的特色生物疫苗小镇。

在“创新驱动发展”的时代背景下，海州生物益苗小镇借势“双创”深入产业的浪潮，开启了新一轮小镇特色形态，转型升级的发展之路，致力打造江苏生物疫苗产业发展示范区、宜居宜业宜游特色小镇。

海州生物益苗小镇鸟瞰图

产业布局，打造新型创新创业平台

小镇着力打造专业服务机构，建设企业办公载体，承担中小企业办公功能，发挥聚集、研发、孵化、产业化、展示、中介、服务等综合功能，全面打造新型创新创业平台。

对入驻小镇的生命健康相关企业、人才给予一定的优惠政策和奖励津贴。

小镇积极为入驻企业提供良好的创业环境、创业辅导、资金支持、配套服务，打造从创业期、孵化期、融资期到上市期的创业链条全程服务，助力小微企业发展为上市公司。

小镇在海州区委组织部、区人才办等上级部门指导下，建设了昊海智汇谷创新创业基地。基地总占地面积 140 亩，建筑面积约 17 万平方米，总投资约 14 亿元，规划建设了“四区一中心”。

创业孵化区：以打造高层次人才创新创业、科技企业创新孵化载体，总建筑面积近 5 万平方米，包括昊海智汇谷、企鹅新媒体学院。

科技服务区：主要为企业提供项目备案、工商注册、行政审批、党群服务等政务服务，建筑面积 1 万平方米。

科技商务区：主要为产业互联网、工业电商、文化创意等科技型企业提供总部办公、商务和酒店服务，包括由中关村软件园建设的 5.4 万平方米的智谷中心和 3.2 万平方米的总部商务大厦。

人才公寓区：主要为高层次人才提供生活居住配套服务，共 19 层，建筑面积 2.2 万平方米，建设有面积 40—80 平方米不等的人才公寓 272 套。

百强云集，共创企业健康生态链

海州生物益苗小镇拥有 132 家企业，集聚了正大天晴、鹰游集团、天明装备、远洋流体等为代表的一批龙头企业，现已形成医药健康、智能制造两大主导产业发展格局。

近年来，海州生物益苗小镇实施转型升级和提升工程，加速各项目发展进程。

目前重点在谈项目 43 个，总投资约 283.94 亿元，包括总投资 30 亿元的，由中国电子牵头投资的中电智谷产业园项目、总投资 15 亿元的奋荣电竞产业园项目、总投资 20 亿元的哈工大机器人集团医养康助机器人科创中心项目等。

小镇在推进中联智谷项目，培育网络信息、人工智能等朝阳产业的同时，全力推动腾讯企鹅新媒体学院的战略性新兴产业项目，让产业既“长个头”更“增质量”。

“我们把企业设在海州生物益苗小镇上，主要考虑周边的商业综合体，它们是年轻人的集聚地。”新丝路网络科技有限公司负责人浦亚坦言，作为一家以年轻客户群体为主的公司，他们十分青睐海州生物益苗小镇周边的综合配套设施。

这几年，海州生物益苗小镇牢固树立“亩均税收为王”的理念，以有限的土地空间创造无限的效益空间。小镇梳理闲置土地和低效企业，实现物理整合到化学反应。鼓励企业“退二进三”，围绕科技创新基地、昊海大厦、兴亿达大厦大力发展楼宇经济和园中园，着力培育千万级纳税、亿元级产值的“空中小镇”，助力新兴产业落地、腾飞。

招贤纳士，扶持特色产业重点企业

小镇年度研发经费支出占比 11%，截至 2019 年 12 月底从业人数 2153 人，硕士及以上学历人数 217 人，中高级技术职称人数 621 人，领军人才数 23 人。同时小镇积极与北京、上海、南京等高端院校进行人才配对，为小镇企业输送人才，并与多家金融机构对接，成立小镇专项投资基金，对小镇高端医药、医疗等企业进行股权投资扶持。

连云港花果山丝路智能小镇

大平台、大孵化、大协作　让人工智能服务于美好生活

花果山丝路智能小镇坐落在连云港高新区，是江苏省第二批省级特色小镇。小镇以“产城融合、智慧城市、绿色低碳和三生共创”为规划理念；以高级人工智能为特色产业，以“总部经济”和“双创文化”为产业依托，实现大平台、大孵化、大协作；以人工智能产业生态系统、智能购物、智能生活、智能文化与西游风情为核心元素，集产业、商业、生活、旅游、人文于一体，全力打造新城发展内核，加速占领 AI 战略高地。

花果山丝路智能小镇全景图

构筑高端人工智能产业生态体系

2018 年连云港高新区花果山丝路智能小镇列入第二批省特色小镇创建名单。小镇特色产业定位以新一代信息技术的“高端人工智能”，以机器人、智慧海洋、智能交通、智慧医疗、智慧安防为主攻方向，以软件及信息技术为发展重点，以科技服务业为强力支撑的高端人工智能产业生态体系，构建高级人工智能研发基地、双创平台和生态链，打造国内领先的“智能制造示范平台”。2018 年完成投资 11.8 亿元，实现营业收入 47.8 亿元，同比增长 20%，其中特色产业营业收入 35.9 亿元，同比增长 21%。2019 年度新增投资额 17.84 亿元，其中特色产业投资占比 81.3%。自创建以来累计新增投资额 29.64 亿元，2019 年度总产值 52 亿元，其中特色产业主营业务收入 39.2 亿元。

建设有“一带一路”大数据中心，以七一六研究所、江苏海洋大学（海工装备）等主体企业和科研院所，发展高级人工智能产业。已集聚高级人工智能设备研发、软件信息、大数据开发与应用企业120余家，以杰瑞电子、金鸽网络等为代表的软硬件生产、研发、服务知名企业呈现较快发展。小镇现有人工智能龙头企业展示——杰瑞科技，重点企业斯克斯、库伯三维、龙威中科；有鸿奥信息、金鸽网络等近50家新一代信息技术优秀企业。

推动智能产业技术、品牌、模式创新

小镇紧抓大数据产业发展机遇，强化产业集聚、突出产业特色、培育大数据产业发展新模式新业态，成功获批江苏省大数据产业园，现代科技服务产业园成功获批第四批省级生产性服务业集聚示范区。顺应“互联网＋”发展趋势，重点发展研发外包、软件开发、电子商务、文化创意、工业设计、物联网、科技服务等产业，形成产业集群。江苏海洋大学所属江苏省海洋药用资源开发工程研究中心、连云港杰瑞电子有限公司所属江苏省军民两用模块电源工程研究中心成功获批省级工程研究中心。依托小镇智能产业优势，通过技术、品牌、模式的创新，不断优化提炼组织架构和运营管理能力，加强服务要素在投入和产出中的比重。推动以科技服务为主向生产性服务业带动制造业转型升级，从提供产品到提供整体解决方案的转型，形成核心竞争力，塑造品牌化，促进价值链高攀，提高企业的市场占有率和竞争力。经过5—10年努力，基本形成以科技创新、品牌打造、技术研发、软性服务为主要特征的先进制造业和现代服务业深度融合发展的集聚示范区。

奋力打造创新创业生态高地

小镇大力发展科（产业科研基地）、教（教育培训园区）、文（科技馆博物馆）和智能社区，通过自主发展和招商引资，聚集高级人工智能研发、制造、展示、交易，做实产业集群。积极搭建科技创新平台，为小镇人工智能产业发展提供战略支撑。以现有3个国家级孵化器、众创空间，5个省级孵化器、众创空间、加速器，1个省级双创示范基地为重点，充分发挥中孵高科等双创领军企业的集聚和组织能力，完成双创平台建设。

对接上海复旦人工智能产业投资基金，与复旦智能产业研究院建立战略合作，为小镇发展提供深度支撑。对接上海突出贡献专家协会，为小镇发展嫁接高端产业和科技创新人才，完善和深化小镇人才支持政策，提供人才支持。依托大数据中心、智能制造产业园全面开展专项招商活动，积极招引新兴产业和科技创新资源集聚小镇。

淮安智芯小镇

创新体制增活力　立足项目促发展

淮安智芯小镇于2018年7月获批江苏省第二批特色小镇，位于淮安高新技术产业开发区东南部，规划总用地面积2.98平方公里，现已建成“七通一平”1.5平方公里。

淮安未来科技城一期鸟瞰图

强化三级联动，保障有序发展

为加快推进智芯小镇建设，淮安市、淮阴区、高新区三级联动，分别出台相关政策措施，加强领导，明确职责，理顺机制，确保取得实效。淮安市委、市政府建立全市重特大项目帮办服务项目长制度，明确智芯小镇项目长、项目助理和项目秘书，全方位指导、协调、推动小镇建设。在区级层面，区政府成立领导小组，出台专门扶持政策，为小镇发展提供政策支持。在高新区层面，相应成立智芯小镇创建工作指挥部，由主要领导任组长，人才科技局、经济发展局、规划建设局、财经局、招商局等部门为成员单位，定期研究推进小镇创建工作，形成了统筹推进机制。

强化规划先行，找准发展定位

创建以来，按照“高起点、准定位、领未来、成精品”工作要求，先后聘请淮安城市建设设计研究院，对小镇控制性详细规划。聘请中科院等6家单位分别对小镇城市设计、空间布局、单体建筑风格进行深度设计。小镇总体规划上遵循“制造集聚、生态宜居、高端配套、功能完善”原则，规划了生产制造区、应用拓展区、商业服务区、研发设计区、生态休闲区、生活配套区等六大功能区，定位为集制造、研发、商业、居住于一体的生产科研商务中心。围绕盐河生态长廊自然风光，深入规划17万平方米滨河公园，着力将半导体产业文化和运河水文化相结合，将产业生产与工业旅游相结合，整合规划展示、产品销售、高端会议、商务洽谈、休闲游憩等各类空间，让更多的人走进半导体产业、了解半导体产业，打造工业旅游样板区。

强化项目招引，打造发展基础

智芯小镇始终坚持“产业立镇”，目前已经集聚了一批集成电路项目，“建设百亿项目，培育千亿企业”态势良好。截至目前累计引进实施半导体产业链项目9个，总投资674亿元。同时，不断完善功能配套，总投资3亿元的台湾宝岛母爱医院项目主体竣工，总投资5亿元现代物流项目投入使用，总投资11.8亿元淮安未来城项目开工建设。突出科技创新，2020年申报省创新大赛项目3个，骏盛新能源电池项目进入复赛。以小镇为载体，成功获批江苏省大众创业万众创新示范基地、江苏省知识产权示范园区，2019年发明专利申请量、授权量分别为2407件、1833件，PCT申请量14件。

强化制度建设，做优营商环境

建立全周期的帮办体系。对于新落户的项目，全面推行“模拟审批”“联合踏勘”机制，建立工业用地联合预审、重大产业项目高效审批、重点工程招投标“绿色通道”和项目审批代办等一系列加快项目建设步伐的工作制度，按照1个项目组建1支由区领导任项目长、部门负责人任项目助理、中层以下干部任项目秘书的“1＋3”帮办服务专班，从签约、开工、建设、投产等各个环节，为每个项目提供点对点、全过程服务。

建立立体式的服务保障机制。充分放大国家级高新技术产业开发区的政策优势，对入驻小镇的高新技术企业，加大产能投入，对工业指标增幅明显、税收贡献较大的企业进行扶持激励。始终秉持“无事不扰、有事必帮”的原则，当好服务企业的“店小二”，实行企业服务六项制度，即企业履职清单告知制、首次轻微违规警告制、涉企执法检查统筹制、标杆示范企业豁免制、企业帮办服务专班制、涉企行为监督举报制，通过免检牌、抽检牌和重检牌名录管理，打通“政企服务最后一公里”。

淮安施河智教乐享小镇

产业支撑　融合发展　高标准打造产业特色小镇

施河镇，位于一代伟人周恩来总理的故乡——淮安市东南角，处于扬子江城市群西北部、江淮生态经济区的核心地带，素有“中国教具之乡”之称。在这片创新创业的热土上，一个规划面积 3.41 平方公里的“智教乐享小镇”，以高质量发展“现代教育体育高端装备”这一国家火炬特色产业为核心，2018 年 7 月成功跻身江苏第二批省级特色小镇创建序列。

施河智教乐享小镇全景图

“施河制造”到“施河智造”的华丽转身

围绕教体装备特色产业优势，以转型升级、创新发展作为发展方向，奋力打造教育装备产业升级典范区，先后创建成功“国家火炬特色产业基地”“中国产学研合作创新示范基地”等“国”字号平台，实现入驻企业 53 家，其中规模企业 10 家，形成了以江苏共创、新起点、盛达等为龙头的体育装备产业集群，以快易典、乾坤科教、爱心智能等为龙头的智能教学装备产业集群，以及以奇乐娃、喜洋洋等为龙头的幼教装备产业集群。

通过不断的产品研发，小镇已经形成电教装备、实验室装备、动漫课件、数字化校园、人造草坪、运动场装备、儿童游乐设施等 9 大类 2000 多个产品，基本涵盖了校园及周边设备、体育赛事、运动健身等领域的不同需求。累计申请专利（实用新型等）1000 多项，有 26 个系列、近百个产品通过国家教育部鉴定。2019 年度小镇新增固定资产投资 12.9 亿元，累计完成24.58亿元，其中特色产业投资18.97亿元，占比77.17%。吸引人才流入、政策落地，引进硕士以上高层次人才55人，推进校企合作项目5个，为小镇可持续发展提供动力。小镇入驻创新创业平台13个，高新企业8个，拥有专利444件，有效引导企业转型升级，智能化、智慧化成为企业发展方向。

“传统农耕”到“一二三产融合”的不断探索

2015年“中央一号文件”首次提出“推进农村一二三产业融合发展”，指出要延长农业产业链、提高农业附加值来增加农民收入；党的十九大报告提出，要实施乡村振兴战略，促进农村一二三产业融合发展。

立足于新的历史条件下，小镇积极探索构建一二三产融合产业，以百斯特公司为龙头，初步形成了以高效种植为一产、中央厨房无菌加工为二产、冷链运输及运营服务为三产的融合发展。总投资38.23亿元的一二三产融合6个子项目快速推进，规划建设1.23平方公里的现代食品产业园，按照“两廊六片多节点”打造仓储冷鲜、生产加工、科研服务、生态体验等片区，以农产品精深加工为核心，以规模化种植、养殖为抓手，以美丽乡村乐享体验为亮点，构建以二产为主导的一二三产业联动发展的生态圈，绘成一幅园区农业提质增效、农村美丽蝶变、农民安居乐享的美丽蓝图，实现“十百千万亿”高质量跨越发展新追求。

“单一发展”到“要素集聚”的多元发展

出台《淮安区支持培育特色小镇实施意见》《扶持施河教育体育装备产业高质量发展的实施意见（试行）的通知》，同时将现代教育装备产业划为淮安市淮安区主导产业，作为重点打造板块，推动项目、政策、资金等资源要素向智教乐享小镇集聚。每年下达计划指标的20%优先保障小镇建设，在用地计划与规划空间上给予政策倾斜。同时，施河镇的土地经营、指标交易等小镇经营收益，优先留成保障小镇特色建设。

遵循多规合一、“三生融合”的要求，编制完成3.41平方公里特色小镇的控制性详规，构建“一核带一轴，双环绕三谷”规划架构。整合绿地空间和自然水系，实现蓝绿渗透，生态发展。小镇智教谷产业项目布局不断优化，乐享谷400亩立宇生态公园已对外开放，融创谷现代农业产业园正在规划设计。绿化亮化、横河水系、节点景观提档升级，体育健康公园、健身步道投入使用，花园洋房安置小区加快建设，以产业化和城镇化融合并进，实现“镇中镇”小镇生产、生活、生态和谐发展。

产业向好，未来可期。智教乐享特色小镇将围绕特色产业发展方向，持续发力、久久为功，高质量打造具有江苏特色的镇中镇，全力建成“对标国际、国内一流”的特色产业高地、研学互融实践基地和智慧乐享共创福地。

盐城亭湖环保科技小镇

布局全产业链　推动科研与产业协同创新

亭湖环保科技小镇位于盐城市迎宾大道 888 号，规划面积 2.5 平方公里，以环保科技研发为主导产业，以创新驱动为主要抓手，布局全产业链发展，同时以低碳、循环、环保的理念打造“宜产、宜商、宜创、宜新、宜居、宜教”的环保特色小镇。

亭湖环保科技小镇鸟瞰图

积极抢占发展前沿，创新能力持续攀升

创新研发格局彰显特色。形成“两室”——烟气多污染物控制技术与装备国家工程实验室、高浓度难降解有机废水处理技术国家工程实验室；“两所”——江苏省产业技术研究院水环境工程技术研究所、江苏省产业技术研究院环境材料与装备研究所，“一中心”——江苏环保产业创新中心的行业高水平创新研发格局。

研发和服务能力不断提升。在小镇，中科院过程工程所、生态中心、城环所、地环所、北京综研中心以及清华、复旦、南大、同济、美国明尼苏达大学、澳大利亚墨尔本大学等大院大所大学建有 18 家实体研究院，创成科行、长虹国家级企业技术中心 2 家，引进郝吉明、曲久辉等 11 名“两院”院士和戴晓虎、刘屹等 8 名国家“千人计划”专家，建有 9 个博士后工作站。参与了国家燃煤烟气脱硫设备行业管理标准制定、“国家水体污染控制与治理重大专项”和“国家灰霾、烟雾、酸雨追因与控制”战略性先导课题研究等多项工作。

自主品牌、自主知识产权逐年升级。自主研发发明(实用新型)专利年授权量每年以16%的比例增长,高新技术产值占财政收入的52%、高新技术产值占生产总值的58%、高新技术产值占规上工业增加值的65%。在煤炭清洁燃烧、催化剂再生、膜技术、土壤修复等方面拥有核心自主知识产权,在提供环境整体解决方案能力上具有全国领先地位,其中清华大学中低温燃煤催化脱硝技术及中海华核电密封技术更是成功打破被国外垄断的局面,填补了国产化空白。

持续布局全产业链条,产业链条不断壮大

引进环境产业前道服务型企业。按照“招引—壮大—区域服务”的思路,为所有入驻环科城的研发机构提供研发基地、配套研发平台,给予财政政策支持,广泛提供区域环境治理机会。目前,大多研发机构已形成环境治理产业化链条、规模化效益,其中,南大盐城研究院已将环境治理服务拓展到了全国,还承担了“国家水体污染控制与治理重大专项”战略性先导课题研究,其环境污染治理第三方“技术代运行”模式已上升为国家试点。近几年,环科城研发机构共承担国家863计划项目9个,国家重大攻关项目11个,国家重点新产品项目8个,火炬计划12项。

培育现有企业提升运营服务能力。帮助企业积极申请专项研发资金,全力推动入驻企业加快环保人才培育和环保技术开发,优化企业产业结构,带动环保产业升级,提高企业运营服务能力。制造型企业努力向产业上下游延伸,不断应用大数据、互联网等新理念,在设计、施工、运营等全过程服务中增强核心竞争力,为国内外工程提供研发、工程总包、建设运营等一条龙系列服务。

提升自身载体配套综合服务能力。建成环保实验学校、环保职业技术学院,解决企业实用型人才需求;建成环保产业众创中心、环保产业孵化基地、海瀛环保金融中心、环保产业网上交易中心等创业载体平台,成功组建北京—盐城、上海—盐城两只苏北首家PE环保产业发展投资基金。为研发机构和创业团队提供小试、中试载体,帮助入园企业、创业实体提供政府引导资金、贷款担保、风险投资、金融租赁、上市辅导等多层次的金融支持;充分发挥盐城国际环保会展交易中心的功能,连续成功举办8届中国盐城环保产业国际博览会,共有海内外千余家知名企业参展,极大地提升了环科城在海内外的知名度,《人民日报》海外版在头版头条给予了深度报道。

高举绿色产业发展大旗,促进产业转型升级

从环保产业向绿色产业转型。传统的环保产业有其局限性,是让企业被动地去增加成本来实现环保指标,不能高效的实现节能减排、低碳环保目标。提出向产业的上游和下游来重新定位小镇产业发展方向:向上,积极发展能源高效利用产业、清洁生产产业,向下,我们开发循环再生产业,打通节能、减排、可持续的绿色产业链条,新引进了中车超级电容公交车、日本东丽膜组件、垃圾高效焚烧炉、节能锅炉等项目。

从装备制造向环境服务业与智能制造两业融合发展转型。环保产业是以环境服务业为引领的产业,环境服务业占了产业链微笑曲线的两头,所以我们在做大产业制造的基础上,不断加大对环境服务业的培育力度,重点打造一基地两中心:环境工程总包基地、产业创新中心和环境诊疗中心,新建了江苏省饮用水检测平台、村镇污水处理设备认证中心、全尺寸催化剂认证检测中心、中澳土壤修复技术研发中心、昆岳互联工业互联网运营平台、环丁绿色大数据平台、产业创投基金等,不断加深两业融合,实现总包、设计、研发、制造、施工、检测、运营、投资全产业链,基本具备了解决区域、流域环境综合治理的能力。

从环保工程装备向核心产品转型。工程装备大都非标产品,不能复制,产业无法做大。依托较强的产学研协同能力,瞄准共性难题、关键技术,开发核心产品,加快构建市场导向的绿色产业创新体系,新研发并投放市场了清华大学中低温脱脱催化剂、中科院硅酸盐所光催化材料、中科院过程工程所核乏燃料储运装置、东北大学超薄硅钢片和非晶合金材料、南理工陶瓷过滤除尘装置、海洋大学高性能电驱动膜等拥有核心知识产权的绿色新产品。

盐都智能终端小镇

立足智能终端产业　打造盐都高质量发展新增长点

盐都智能终端小镇以智能终端产业为核心，围绕建链、补链、强链，坚持“龙头引领、特色集聚”，瞄准集成电路、传感器、物联网、品牌终端研发设计、生产制造等产业方向，小镇推动了智能手机、智能穿戴、智能视听、智能安防、智能家居等产业的快速发展。

盐都智能终端小镇鸟瞰图

坚持创新引领，打造智能终端特色产业集群

作为盐都迄今单体投入最大的工业项目，也是智能终端产业园“镇园”项目的东山精密电子项目，一期工程总投资130亿元，60.8万平方米的厂区、70亿元的设备，不到9个月就建成投产，再次刷新了盐都项目推进的“新速度”，未来3到5年将形成500亿元产业规模。2020年前11个月，公司已完成开票销售86亿元，目前正开足机台设备，打足人工马力，力争全年销售突破百亿元大关。

近年来，高新区积极抢抓长三角地区智能终端产业转移机遇，深化“转移　转型”、注重“特色　龙头”，截至目前，小镇已招引东山精密为代表的“高精尖”项目一百多个，初步构建起从核心部件到品牌整机、从硬件生产到软件研发的全产业链条，实现小镇企业内部配套、资源互补，集群优势逐步彰显。

企业的高质量发展，离不开小镇创新服务，全力打造一流营商环境。已尝到甜头的很多进驻智能终端产业园的企业家，对于当地奖补政策烂熟于胸：引进博士、硕士和本科人才，每月分别给予 3000 元、2000 元和 1500 元生活补助，以及每月 500 元、400 元和 300 元租房补贴……

秉持“兑现比承诺更重要、服务比政策更长远”理念，盐都区委、区政府制定出台智能制造高地建设三年行动计划，设立 1 亿元智能制造专项奖励资金，对智能改造、智能装备生产、智能服务、智能示范、品牌创建等方面进行奖励。设立 30 亿元产业基金、10 亿元高创人才基金、5 亿元杨浦科创基金，助力企业在盐都创新创业。各园区在外资到账、车间装修、设备投入等方面加大支持力度，重特大项目实行“一事一议”。

好环境是最鲜活的生产力。而好环境的打造，靠的是作风、服务、创新。当前，高新区正持续深化“2330”改革，大力推行“一窗通办、一网通行”、不见面审批和“一件事”改革，“互联网　政务服务”评比位居全省前列，推行重大项目“服务专员”制度，全程帮办、跟踪服务，全力打造“都满意”服务品牌，为盐都智能终端小镇创造了良好的营商环境。

盘活存量资产，助力小镇产业优化升级

位于盐都智能终端小镇内的盐城乐洲科技有限公司于 2017 下半年停止营业，共计欠款 2002 万元，其中担保贷款代偿 1000 万元（含泰康），装修借款未还部分 1002 万元，根据招商协议，企业未能兑现协议目标，未及时偿还所欠款项，高新区正式启动法律诉讼程序。担保贷款代偿部分经法院调解，签订分期还款协议，但在各项因素影响下，企业未能按时筹措资金，按照还款协议履行偿还责任，2020 年 5 月，高新区正式向法院提交强制执行申请，现正等待法院执行程序。装修借款部分已起诉并宣判，如企业未按法院判决还款，将立即启动强制执行程序。

为此，小镇进行了精细甄选，新上晟芯半导体项目，此项目由南京晟芯半导体有限公司投资研发生产，是一家主要致力于高效率半导体器件研发生产的国家高新技术企业。目前公司的市场重点是高频逆变焊机、UPS(不间断电流)领域的高功率系统电力电子产品。公司现有厂房面积 4000 平方米，总资产 3000 万元，其中设备 2500 万元，2018 年销售额 3000 万元。

盐城国创基金于 2018 年 12 月底入股晟芯半导体项目 1000 万元，投资后公司总体估值 5600 万元。项目租赁智创园一期原乐洲厂房，总投资 1 亿元，设备投资 5500 万元。新上大功率电源管理芯片封装测试项目。

该项目于 2019 年 4 月开工，2019 年 12 月竣工投产，预计 5 年内年均实现开票销售 8000 万元，年均实现入库税收 300 万元。新项目特点：市场前景广阔，产品主要应用于新能源汽车、轨道交通机车、高铁、智能电网、高压变频器等领域。专业团队强，与韩国专业的电力电子技术方面的人才合作，自主研发设计以功率器件半导体（IGBT）为主要产品的单管及模块。

扬州武坚智能高压电气小镇

坚持改革引领,助推小镇发展

武坚高压电气检验检测设备起步于20世纪70年代,产品主要用于电网及相关配套设备运营前检测,经过多年的发展,积累了雄厚的产业基础。“西有武汉,东有武坚”,在全国高压电气检验检测设备的市场中,如今武坚与武汉以七成和三成的比例共分天下。武坚先后被省科技厅命名为“江苏省创新型乡镇”“江苏省高压电气创新专业镇”。

未来,小镇将规划建设电气创新孵化区、生产智造区、科普游览区等,精心打造小镇客厅、双创空间、国家认可实验室等,引进培育电气类规模企业10家以上,助推3—5家龙头企业在主板和“新三板”上市,致力打造全国智能高压电气生产制造示范基地、全国知名高压电气产品交易集散中心。

聚焦创新,助推工业提质升级

武坚智能高压电气小镇创建以来,始终紧抓创新要素,先后建成国家级博士后工作站2个、研究生工作站7个、省级工程技术中心5个、市级工程技术中心及企业技术中心24个,目前拥有国家高新技术企业20家、省级高新技术培育库入库企业11家。

其中,小镇的长距离大容量高可靠超、特高压输电GIL系统技术研发与产业化项目获得省战略性新兴产业专项奖励1700万元,同时获得首届江苏省级特色小镇“创新创业”大赛十佳项目。该项目研发公司江苏金鑫电器有限公司是从事高压输配电设备成套及系统关键部件研发、制造的国家级高新技术企业。截至2020年8月底已实现销售3.6亿人民币,出口创汇1180万美元;公司在行业中率先通过了各项专业认证,设有研究中心及创新实践基地并与多所知名高校院所及跨国公司长期产学研合作。

“腾笼换凤”,提升土地利用效益

土地,是制约企业发展的一大瓶颈。近年来,小镇紧抓工业经济下行契机,加大“腾笼换凤”力度,对闲置十多年的台资企业波若亚士进行了股权转让,由本地企业江苏腾达环境工程有限公司和无锡市安曼工程机械有限公司共同开发经营工程机械及配件项目,计划投资总额1.4亿元,新建厂房20000平方米,新增开票销售5000万元以上。盘活了三月三、贝来机械、长江体育、信德涂装、金丝鸟等5家企业300多亩的低产土地,且均按照高质量发展要求完成项目入驻,实现了从“低产田”向“高产田”的有效转变。2019年,“腾笼换凤”企业安顺电气开票销售3944万元,比同期2650万元增长48.8%。在此基础上,对小镇近100余家企业,按照亩均税收、亩均开票标准,进行A、B、C、D分级,处置出清3亩以下的僵尸企业，从而进一步优化和整合现有企业资源，逐步构建高效优质的要素供给体系，最大限度地释放存量资产能量，缓解用地指标紧张矛盾，为项目的进入拓展承载空间。

“红帆领航”，助推产业发展

“产业是核心、文化是灵魂、生态是基础、组织是保障”，武坚智能高压电气小镇的发展离不开党建引领。为此，小镇牵头由樊川税务分局、市场监督管理武坚分局、企管站、农商行武坚支行、鑫源电气、飞龙气动等 6 个党支部组建成立了“红帆领航”动力联盟，联盟成立后，已组织学习培训 20 余场，选派了优秀“红帆员”，加强党建工作指导，确保组织建起来，作用发挥出来。坚持以“领导班子好、党员队伍好、组织生活好、制度落实好、基础工作好、作用发挥好”六好为标准，以“工作有规范、活动有特色、发挥作用突出、带动能力明显”为目标，以点带面，示范引领，提升“红帆联盟”党建工作整体水平，为组织发展凝聚起“红色力量”，实现党建工作与企业腾飞发展同频共振、互促共赢。

武坚智能高压电气小镇正以智能高压电气设备研发为核心，以水乡生态为基底，以地方文化为灵魂，以展示、文旅、科创、生态、文化为主题，打造生态与人文辉映、历史与时尚融合、居民和游客共享，集产业发展、技术创新、文化体验、休闲娱乐、水乡生活等多功能于一体的“水乡明珠、电气小镇”。

扬州曹甸教玩具小镇

放大产业优势　打造教玩具产业强镇

曹甸教玩具小镇坚持改革创新，持续深入扎实推进特色小镇建设。通过中国玩具和婴童用品协会的牵线搭桥，成功引入益智玩具龙头企业、中国玩具和婴童用品协会副会长单位浙江新云木业集团有限公司。借助行业龙头企业先进的设备工艺、丰富的产品结构和广阔外贸市场的优势，提升小镇教玩具企业升级，吸收先进管理经验和技术，借助精品木制产业园带来的产业集聚效应，实现超越式、赶超式发展。

曹甸教玩具小镇鸟瞰图

改革创新助力产业升级

产业是一个地区引领经济发展的引擎，也是实现新发展的动力，而产业集群发展规划是产业链有效整合，通过确立产业链环节中的主导企业通过调整、优化相关企业关系使其协同行动，提高整个产业链的运作效能，最终提升企业竞争优势的过程。

正是认识到了产业集群发展对一个地区的重要意义，曹甸教玩具小镇在对外招商引资过程中注重招引行业主导企业，重视由主导企业带来的产业集群发展效应和产业升级作用。

2019 年 9 月，由中国玩具和婴童用品协会牵头，曹甸教玩具小镇，行业龙头企业、中玩协副会长单位——浙江新云木业集团有限公司三方共同努力，成功招引总投资 11 亿元的浙江云和“精品木制玩具产业园”项目。

该项目最大的特点是园区项目和实体项目同招共引，既“筑巢”又“引凤”，产业园中新云木业集团及其配套商自用部分不少于 40%。项目成功申报宝应县 2019 年度特别贡献奖。

新云木业集团主打欧美国际市场高端益智玩具，是沃尔玛、开市客、迪士尼、亚马逊、宜家等国际大型连锁集团的战略供应商，年销售额 30 亿元。“精品木制产业园”项目厂房及配套设施投资 5 亿元，设备投入 2.5 亿元，流动资金 3.5 亿元；项目总用地 300 亩，其中一期用地 140 亩，二期用地 160 亩。2020 年 4 月 17 日在曹甸教玩具小镇举办“精品木制产业园”项目开工奠基仪式。

精品木制产业园的投资“项目之实、体量之大、效益之优、推进之快”，在本地区较为少见，是本地区平台招商、协会招商的成功范例，也必将有力助推教玩具产业在曹甸教玩具小镇的深度融合。

稳步推进加快产业集聚

曹甸教玩具产业起步于 20 世纪 80 年代，至今已有近四十的历史。在几代曹甸人的努力奋斗下，曹甸教玩具产业从无到有、市场份额从小到大，竞争力从弱到强。通过特色小镇的创新与变革，成为行业的领跑者和“单打冠军”。

其中江苏业豪教玩具有限公司董事长郝成凤就见证了这个历程。2008 年，还在私企打工的郝成凤申请辞职，准备开拓自己的事业。那时，曹甸教玩具小镇的教玩具产业正如火如荼地发展，大大小小的教玩具企业近百家，在全国设立了 20 多个销售办事处。所有企业基本都是靠跑销售，供销员就是玩具销售的主力军，天南海北跑业务，虽然经常出差对女性来说太辛苦，可她还是毅然加入了这支队伍。

靠着“女汉子”的拼劲，郝成凤赚到了第一桶金，可她也发现了制约自己事业发展的瓶颈。“传统的教玩具产品造型简单易模仿，同质化严重，仅教学黑板一个产品就有数十家企业在生产。”2014 年，曹甸教玩具小镇的教玩具企业多达 170 多家，内部杀价等恶性竞争愈演愈烈，供销员工作也不是那么好做了，郝成凤决心创立自己的教玩具公司。

于是郝成凤在 2014 年春节后租下 7 亩厂房，成立了江苏业豪教学设备有限公司，实现自产自销模式。“制作塑料玩具的模具成本就很大，而且产品简单易仿，我觉得木制品不需要模具，可随意改变造型大小，还健康环保。中国有 22 万多所幼儿园，在园幼儿 2000 多万人，我们就先做幼儿木制桌椅和幼儿木制床！”出于对行业的熟悉和数据的敏感，郝成凤预判木制教玩具会是一个很有前景的产业。截至 2019 年底，郝成凤的公司发展到员工近两百人，年销售额 1000 多万。在同行的眼里，郝成凤是个厉害女子。从销售员到电商行家，从不会打字到从事电商，从产品怂卖到自创品牌……

与郝成凤相似的是，曹甸教玩具特色小镇也经历了类似的转变。进入 21 世纪后，教玩具新一轮市场改革拉开了大幕。此时，作为“后起之秀”的周边教玩具产地不断做强做大，给教玩具产业老牌基地曹甸带来了不小的冲击。通过创新与变革，在经济下行的压力下曹甸教玩具小镇寻找新的支撑点，让曹甸教玩具小镇的教玩具产业从单纯的生产加工向创意研发、集成服务转变。曹甸教玩具小镇党委政府投资3500万元建成教玩具创意服务平台，占地约4000平方米，集教玩具研发、设计、展示、洽谈、销售、网上平台于一体。并通过创建省级特色小镇为契机带动域内企业转型升级，走特色自主创新道路、实施创新驱动发展战略，提升曹甸教玩具特色小镇在全国范围内的影响力和知名度。

此外，曹甸教玩具小镇还先后荣获“中国教玩具生产基地”“江苏放心消费创建品牌集聚区”“江苏产业集群品牌培育基地”“江苏省中小企业产业集聚示范区”荣誉。目前，在曹甸已涌现出像玉河、宝乐、东方娃、金阳光、爱贝尔、米奇妙、业豪等一大批规模企业，也成就了更多曹甸教玩具中的企业走向全国，走出国门，为曹甸教玩具特色小镇的更好发展奠定了坚实的基础。

扬中智慧电气小镇

做强主导产业　集聚电气产业发展新动能

扬中智慧电气小镇规划范围东至现代路、全红河路，南至 S238 省道、宜禾路、南自路，西至新城路、长虹路、新坝港，北至大全路，总面积 3.43 平方公里。小镇总体形成“一心一轴四区”空间格局(“一心”为小镇智慧服务核心，“一轴”为智慧电气综合发展轴，“四区”指智慧电气装备产业区、智慧电气服务配套区、智慧电气研发智造区、智慧电气宜居生活区)，坚持“生产、生活、生态”高度融合的发展理念，致力打造产业特色鲜明、创新氛围浓厚、人文气息浓厚、生态环境优美、具有全球影响力的智慧电气特色小镇。

扬中智慧电气小镇鸟瞰图

打造优质化孵化平台

小镇内建设的孵化中心(标准化厂房)就尝试采用了市场化运作机制，小镇联席会议办公室根据企业的需求为企业经营者量身定制符合其要求的生产用房和相关配套设备，再与企业共同参与图审、项目勘察和同步设计，将标准化厂房租赁给需求企业，企业形成纳税销售后再将所得的租金收入再投入到标准化厂房的后期建设，不断完善相关配套设施和扩建以此循环，将企业的生产销售与小镇的建设联系起来。标准化厂房二期建设，在一期建设的基础上更为拓展了市场化运作机制，租赁企业可以共同参与到孵化中心的规划设计中，由企业首先提出设计要求再规划设计。

打造一体化管理运营平台

扬中智慧电气小镇在管理和运营上采取了“联席会议办公室＋总公司”的模式，即在日常的管理和服务上由联席会议办公室主导，帮助小镇企业协调各项工作。而在小镇内的经营上则采取了开发公司的运作机制，小镇规划、土地开发和投资建设均由开发公司代理负责。在小镇的管理上市场化运营也是明显的，标准化厂房里的物业管理和电费缴纳都是企业参股共同负责。由小镇内的龙头企业牵头其他各企业参与，所有的费用上缴和管理方式乃至小镇制度，均是采用类似企业董事会的模式，由小镇内的企业代表开会通过实施。企业在小镇中集中形成了一个在小镇内运营下的“大企业”。

打造高端化研发平台

为实现产品的转型升级新产品更好更快的转变成市场销售，小镇内建设华电扬中智能电气研究中心，研究中心主要采用市场化的运营模式，由小镇联席会议办公室和六家企业的合作团队共同开发建设，双方采取股权合作，其研发成果可以自行出售和转让，所获得的收益按照股权的份额分配。

打造市场化招商平台

成立小镇内专业招商团队，全面落实招商工作“七专”（建立专门机构、组织专门人员、安排专门经费、下达专门任务、开展专门考核、实施专门奖惩、制定专门机制）、“三全”（全脱产、全天候、全身心）要求，推动招商工作专业化、制度化、常态化和实效化。同时组建电子商务平台，实施电子招商；整合小镇内各企业驻外办事处，在全国建立 10 家小镇的招商分局，实施以企招商、以商招商；强化与各高等院校的联系和合作，依托智能电气研究院等公共技术服务平台，实施科研招商等。

镇江再生医学小镇

新思想新理念引领下的创新

当前，我国正处于转型发展的重要时期，也是深化改革、扩大开放的重要时期。开放创新是经济技术开发区高质量发展的灵魂和生命，开发区起源于改革创新、得益于改革创新，也必将坚持改革创新。

再生医学小镇深入贯彻镇江新区“创新、协调、绿色、开放、共享”的新思想、新理念，深入践行市委四个“排头兵”要求，摒弃行政化的思维定式、路径依赖和体制束缚，转变政府主导的习惯性思维，坚定不移地走市场化改革道路，以开放创新不断推动再生医学小镇的高质量发展。

镇江再生医学小镇全景图

独立公司运营，创新体制机制

政府引导、市场主导是再生医学小镇运作的根本。鉴于小镇运营的系统性、复杂性、精细性和专业性，只有独立运营公司负责小镇全盘运营工作，才能够保持小镇的灵活度和新鲜度。

2019 年初，在新一轮的国企改革中，镇江新区批准成立了江苏银山生命健康产业投资发展有限公司，管理人员全部脱离行政级别，并将公司定位生命健康产业投资服务商，主营业务方向包括健康产业创新投资及孵化、现代健康管理及服务，联合再生医学研究院运营方健吾再生医学科技有限公司专职开展小镇运营、管理、服务、投资及招引工作，通过市场化竞争，发挥市场在资源配置中的决定性作用，肩负起生命健康产业作为新区“四个一”主导产业发展的重任。

再生医学小镇的建设不单单是政府的行政行为，而是以政府为主导、以市场为主体、社会共同参与的创新合作模式。作为地方政府，镇江新区管委会以顶层设计、制度建设、服务管理为主要任务，把控整体方向、创造制度环境、提供公共服务；银山健康公司作为小镇责任主体，实现与政府职能脱钩，通过资源整合以及市场化的运作管理方式，促进产业集聚、结构升级，担任小镇建设中的主角；而小镇内部的企业、居民、社会组织等，则承担参与社会监督的责任。各主体各司其职，打破传统观念，创新管理模式，提升运营效率。

专业服务团队，提升服务效能

加强专业服务和招引团队建设是再生医学小镇的重要保障，也是小镇建设的共性要求和生命力所在。

目前小镇专业运营和建设服务团队共有20余人，团队人员从社会招聘，均在生命健康领域有较强的造诣、较强的统筹协调能力和沟通执行能力，目前52%获得基金从业资格证书、61%通过国家高级健康管理师资格认证，既具备专业投资团队的眼光，也兼有专业健康管理水准。通过精准化、专业化的服务，为共同推进小镇“二次创业”做出新贡献，促进再生医学迅速形成特色产业集群，打造镇江生命健康产业的亮丽名片和创新发展增长极。

坚持以人为本，创新服务机制

以人为本是小镇服务的核心，再生医学小镇坚持以人为本的服务理念，不断创新服务机制。

一是依托镇江新区《加强新时代企业家队伍建设六项措施》，根据产业发展领域，为小镇企业家健康成长营造良好的氛围环境。以圌山干部管理学院为支撑，向小镇企业家和人才队伍提供“菜单式”的培训，不断提升生命健康产业领域企业家和人才队伍的专业素养。

二是依托镇江新区“清上加亲、宜企在线”企业服务小程序和企业网格，及时响应小镇企业家和人才关于政策解读、业务咨询方面的诉求，定期以人才服务小分队的形式开展上门服务，不断提升企业服务工作质效。

三是以国家级“圆梦湖畔”众创空间、国家级小微企业创新创业示范基地、省级知识产权集聚区等为依托，大力支持市场化、社会化、专业化的中介机构、社会组织发展，依托市场的力量和方式为小镇企业提供各类科技创新配套服务。

泰兴凤栖小镇

聚焦成果转化中试　助推企业跨越发展

在江苏省泰兴市城区东侧有一座凤栖小镇。如果从空中航拍，小镇的布局犹如凤凰盘旋空中。以“打造节能环保为主的高新技术集成中试基地”为产业特色的泰兴凤栖小镇，孜孜“引凤来栖”，从这里，一批批科研成果走向市场，科创人员的梦想变成现实。

泰兴凤栖小镇全景图

打通科技成果产业化“咽喉”

机器喷头不停地在底板上勾画，不长时间，一个平面的“M”字母变得立体、颜色也从白色变为黄色。在中试基地，一批定制化3D打印模型正在生产中，不久将投入市场。“3D打印技术犹如制造业的魔术师。不管多复杂，多精细，都能通过3D打印技术打印出来。”高新区负责人介绍，经过小试，3D打印技术项目已经进入中试环节。

中试是指新技术产品在研发完成之后、大规模量产前的较小规模试验，是科技成果向生产力转化的中间环节。“因为只有中试解决了装备、工艺、工装卡具等问题，好产品才能产业化。”江苏中工高端装备研究院院长王长路说。

数据显示，科技成果经过中试产业化成功率可达80％，未经过中试产业化成功率不超过20％。凤栖小镇正是从中试入手，填补了从专利、样品到批量产品之间的技术空白。“产品开发阶段更多讲究功能性验证，中试阶段大批量生产非常重要。”纳新新能源公司总经理吴晓东说。国泰环境科技公司总经理张莉把中试环节比作科技成果与产业化“咽喉”，起着承上启下的作用，极大降低企业技术创新的风险。

创新链与产业链深度融合

江苏泰兴为何能建设“中试小镇”，引凤来栖？“除了我们在节能环保领域的产业基础，还因为我们聚焦中试环节，提供了专业化的载体和市场化的环境。”高新区负责人说，处于上游的研发需要学术研究的氛围，这一部分由高校来完成，小镇可以与高校院所一同完成中游和下游产品的测试，在科创“细分领域”做精做专。

“与一般研究院不同，我们的研究院具备独立法人资质，按照市场化运行的方式来做。”泰兴高新区主要负责人说，凤栖小镇与大院大所合作搭建“1＋1＋1＋N”发展模式：共建具有独立法人性质的产业研究院，入驻一支高端人才团队，设立一支产业投资（孵化）基金，孵化出关和落地一批产业化项目。

2020年以来，根据创新的提升、人才的需要、产业的需求，小镇精准匹配各类共享空间和政策资源，打造科创空间“三基地”，构建项目“孵化—中试—加速—产业化”直通式通道。

在这一模式推动下，凤栖小镇打造满足不同需求的孵化基地、科技加速基地、中试基地。高新区负责人介绍，新型产业研究院与“三基地”打通了创新链与产业链，实现科研与产业互动，生活与创新共融，加速了创新成果的转化。

完善各类配套引凤来栖

凤栖小镇有一支自己的中甲足球队。观看足球赛，是凤栖小镇居民喜爱的娱乐活动，常常门票一出便告罄。围绕打造青年友好型小镇的理念，小镇构建功能齐全的“生活保障中心”，布局设立青年人才公寓、青年文化走廊、邻里中心、凤栖星乐咖啡馆、国际交流中心、中格文化交流中心、体育健身中心等公共服务设施，为全市创新创业青年人提供高质量的生活生态配套，形成高层次人才“生活科研在小镇、事业发展在全市”的工作格局，在小镇，科创人员们自得又充实。

为推动项目孵化，凤栖小镇设立“一站式服务中心”“项目路演中心”“公共技术服务中心”“科技金融中心”，引进财务、法务、人力资源、知识产权、科技查新、商务秘书等中介服务机构，向初创企业发放“创新券”“创业券”，支持企业购买中介服务。并在上海宝山、虹桥投资建设了绿色技术离岸孵化基地和离岸孵化中心，近距离对接上海的高校、资本和项目资源。

“大胆试、大胆闯”的拓荒精神在这里激扬，“敢为天下先”的创新意识在这里塑造，“改革不停顿、开放不止步”的实干作风在这里弘扬，创业的故事每天都在发生、创新的活力充分涌流。2020年，小镇2个项目入选首届江苏省级特色小镇“创新创业”大赛十佳项目；2家小镇企业分别荣获“2020智创泰州”科技创新创业大赛一等奖、二等奖。

泰州海陵智慧动力小镇

聚焦特色产业　坚持绿色发展　打造新能源地标产业

以节能与新能源特色产业为核心的海陵智慧动力小镇，致力打造“一流的省级高新技术产业开发区”“新能源特色产业示范区”“智能制造先导区”，2018 年入选江苏第二批省级特色小镇创建名单。以规划引领创新，以创新驱动发展，以融合应对挑战，“聚集新能源产业发展”“创新融合新空间打造”“整合内外部资源”是助力海陵智慧动力小镇发展的三叉戟，不久的将来，一个坚持聚集特色产业，融合文化、旅游、社区等功能的创新创业发展平台即将建成。

海陵智慧动力小镇鸟瞰图

做优做大并重，聚集新能源产业发展

泰州地处江苏中部、长江北岸，是长三角中心城市之一。作为一座有 5000 多年文明史和 2100 多年建城史的历史文化名城，秦称海阳，汉称海陵，州建南唐，文昌北宋。

泰州是国家历史文化名城、全国文明城市、国家卫生城市、国家园林城市、国家环保模范城市、中国优秀旅游城市、中国宜居城市。海陵智慧动力小镇位于九龙镇，是海陵区西大门，东临泰州引江河，南至老通扬运河，西止界沟河与江都隔河相望，北至宁启铁路，交通极其便利，物华天宝，人杰地灵。

海陵智慧动力小镇以高新技术光伏与储能电池为核心，为产业发展提供不竭的“智慧和动力”。

小镇以单晶硅太阳能、CIGS薄膜太阳能、碲化镉薄膜太阳能、磷酸铁锂等光伏与储能电池产业为主导的企业有18家，产业集群效应明显，产业向高端化、智能化、全球化攀升。江苏隆基5GW高效单晶组件项目已全线投产，单晶PERC量产电池转化效率达24.06%；杭州锦江集团铜铟镓硒薄膜太阳能项目，是国内第一家实现量产、技术国际领先的产业化项目；一道新能源5GW高效单晶组件+5GW电池项目正在施工建设。伏图拉新能源拥有全球领先技术，专注生产高效光伏组件，产品主要供应欧洲市场。小镇光伏与储能电池产业生机勃勃，高速发展。

围绕特色产业，打造融合发展新空间

小镇高新技术产业的蓬勃发展过程中，一直秉持规划先行，多规合一的理念，注重全局性、综合性、战略性和前瞻性。统筹考虑人口分布、产业布局、国土空间利用、生态环境保护以及公共服务配套，推动产业、文化、旅游和社区等功能性要素的融合，促进产业链、创新链、人才链协调配套，有机衔接。

小镇以占地1000亩的“九岛环湖”生活创意园为核心区，强调经济发展与生态发展良性互动，生活创意园周边3平方公里为产业聚集区，小镇核心区内已建成约104亩的成果孵化中心，建筑面积13万平方米；职工公寓、南策文院士工作站、创新创业科技人才孵化中心、江苏大学新能源研究院等基础设施建设为新色小镇招商引资、吸引高层次人才打下了良好的基础。

引导激活产业链，整合内外部资源

特色小镇建设必须尊重市场规律，使市场在资源配置中起决定性作用。九龙镇政府通过规划、基础设施建设、创新制度供给等方式，积极发挥引导和服务功能，激发市场活力，集众人之智，强化资源整合，充分发挥企业的积极性。小镇依托紧紧围绕新能源、新材料、高端智能为主导产业，积极开展多种形式的产业链招商、人才引进活动。小镇成功举办西部智动新城重大产业项目集中开工活动、“中国新能源动力电池暨储能产业大会”。“众智之所为，则无不成也”，这次大会吸引了众多企业投资入驻，带动了地方居民就业，企业地方共发展，形成了政府引导、企业引领、资源驱动、人居和谐的良性发展态势。

与时俱进，对已入驻的企业实行精准专业化服务，产业“互联网化”“云化”，是未来发展的趋势，小镇强化突出信息化数字化社会的作用，通过有机聚集各方智慧，通过大数据应用等途径，科学确定小镇管理方案，实现智能化、动态化、人性化管理。2020年以来，小镇更加重视将地方文化底蕴、高新技术产业和传统产业相结合，在小镇未来的发展过程中，小镇将力争打造一个低碳化、生态化、产业化、智能化的“新能源产业集聚新载体、创新创业新空间、群众休闲旅游新去处”。

宿迁保险小镇

狠抓改革　创新运营　助推现代服务业集聚提升

宿迁保险小镇地处宿迁城市新中心的湖滨新区核心区域是全国首家保险产业特色小镇，总规划面积 3 平方公里，其中核心区 0.8 平方公里。

宿迁保险小镇全景图

狠抓“改革”助力产业腾飞

宿迁保险小镇前身为宿迁市软件与服务外包产业园，园区成立之初，提出构建以“软件和服务外包”为主体，以“文化创意”和“新兴信息产业”为两翼的“一体两翼”发展格局，重点发展行业软件、数据服务、动漫游戏、电子商务、呼叫中心、服务外包等六大产业。

2014 年初，新一届领导班子经过深入调研，确立了以智慧产业、电子商务产业、人力资源产业、文化创意产业为主体的“天地人文”四大产业发展导向。同年 10 月，大地保险落户宿迁市软件园，自此与保险产业结下了不解之缘。

为深入贯彻落实中央创新驱动发展战略和国务院关于保险业改革发展的意见，宿迁市委、市政府提出由保监会、省政府、市政府三方联合共建方式，全力创建国家级保险创新综合试验区。根据市委、市政府统一部署，国家级保险创新综合试验区的建设，以宿迁市软件园为依托，打造以保险产业为特色，以科技产业为支撑的“保险小镇”。

保险小镇以创建保险创新综合试验区为统领，坚持“产城融合、聚焦发展、精准服务”的发展理念，深入实施“两步走”发展战略，紧扣“百亿产业基地和万人集聚园区”两大目标，采取“会省市”共建模式，进一步集聚资源、聚焦发展、聚力服务，全力打造全国性保险后援产业基地、区域性保险中介基地、专业型保险机构产业基地和大数据保险产业基地。

保险小镇聚焦保险行业全业态，从保险后援产业切入，迅速形成了良好的集聚态势。集中用力，精准服务催生了“大地效应”，中国大地财险从协议签订到上线运营创造了55天的“大地速度”，以“大地速度”深入推进新项目建设。通过不懈努力，小镇载体建筑面积已超60万平方米，目前，已集聚各类保险项目超50家。同时围绕打造国家保险创新综合试验区的目标，近年来，连续开展保险创新研讨会、媒体公众宣传日，宿迁保险科技发展产业化之路交流会等活动，不断提升小镇的知名度。

小镇在成功建成全国性保险后援产业基地、区域性保险中介产业基地的基础上，2019年3月，新一届领导班子在充分调研的基础上，创造性地提出坚持以保险产业为特色，以大数据产业为支撑，以“云物保大智”（云计算、物联网、保险金融、大数据、人工智能）为重点的现代服务业产业发展体系，发展定位进一步得到明晰。

依托京东、浪潮等全国知名大数据企业优势，充分把握大数据国家战略推进的有利时机，以现有的保险业态为基础，把“保险大数据”的存储、研发与运用落实到产业提升上，有效实现“保险＋科技＋数据”的跨界融合发展，为保险产业的高端要素集聚，提供强力支撑。2019年保险小镇获批省级生产性服务业集聚示范区，成功举办了大数据产业发展高峰论坛、省网络安全与创新发展高层论坛，目前正在申创省级大数据产业园。

创新运营方式　提高小镇活力

宿迁保险小镇坚持“政府引导、企业主体、市场化运作”的原则，紧紧围绕“特”字做文章，按照“小空间、大集聚”的产业发展要求，实施“民营服务运营＋股权合作招商＋民营孵化器”的国有公司混合所有制改革模式，全面加快小镇崛起。

保险小镇下属知谷集团依托园区招商引资平台，与时俱进，充分将投融资与招引的优质企业相融合，积极探索推进混合所有制改革，缓解国有公司资金压力，发挥社会资本效力，由知谷集团出资2000万元与中电建建筑集团有限公司成立PPP项目公司，共同开发总投资11.2亿元、建筑面积27.2万平方米的智谷小镇项目。截至2019年底，该项目已全部交付使用，入驻保险金融、大数据类企业260余家，载体入驻率近80％，区域拓展能力显著加强。

2019年6月，园区与南京理工大学合作成立江苏三台山数据应用研究院有限公司（下称“研究院”），主要从事数据应用、软件开发等业务，注册资金1000万元，其中，宿迁市知谷科技发展有限公司持有60％股份，南京理工大学持有40％股份。为进一步盘活资本、人才等资源要素，加快研究院市场化运营步伐，支持带动园区大数据产业集聚发展。2020年3月，研究院引入市场拓展能力较强的深圳猫人网络科技有限公司宿迁分公司入股，宿迁市知谷科技发展有限公司持股由60％降至40％，深圳猫人网络科技有限公司宿迁分公司持股 20%,南京理工大学持股 40%不变,全面加快市场化运营步伐。

实验室自 2019 年 8 月运营以来,已申报软件著作权 10 个(获批 4 个),获批市级重点实验室。目前正在申报国家级项目 2 个(基于国家能源集团宿迁发电有限公司已申报了两项国家能源课题:① 电力工业控制系统攻击检测与攻防仿真验证;② 基于关键设备数据镜像构建电厂数字孪生信息供应系统)。到 2020 年底,实验室全面建成数据安全产品研发、人机物智慧协同、地方信息技术支撑、高端人才创新等四大平台,成为宿迁乃至全省大数据产业高质量发展的重要驱动。

为了与时俱进抓住新经济发展的蓬勃态势,园区依靠自身产业优势,以知谷集团为主体,采取资金入股的形式,与杭州乐易付有限公司合资,搭建面向全国的共享经济创新服务平台"集客联盟",全面开展企业的线上集群注册服务,为客户提供了一整套合规便捷的共享经济服务解决方案。

截至目前,平台已服务包括交通出行、技术服务、内容服务、本地生活等多个领域的自由职业者,基本实现对共享经济业态的全覆盖。到 2020 年底,公司实现 5 万个以上个体工商户注册及管理目标,服务 30—50 万自由职业者参与各类市场服务,创造 40—50 亿销售规模,为地方创造 3—4 个亿的税收贡献。

宿迁宿城激光智造小镇

打造华东光谷　力争智造之芯

宿迁市激光智造小镇坚持“高端化、品牌化”发展要求，集聚发展激光应用领域的装备制造产业及孵化产业，并形成产业与文化、社区、旅游四位一体的发展格局。自开工建设以来，激光小镇始终以激光智造产业为核心，营造功能完善的产业生态环境，建设成为产业规模较大、技术创新显著、环境生态良好、管理服务完善的国内知名的“激光应用智造品牌”。

宿城激光智造小镇鸟瞰图

为统筹推进激光小镇建设，小镇成立了由宿城区政府和电建建筑高层主导、区直各有关部门和单位共同参与的激光智造小镇建设指挥部。小镇与各相关部门积极树立责任意识，形成了强有力的合作关系，为服务小镇工作提供了稳定保障。

为构建“创意研发＋产业智造＋文化旅游＋居住配套”多功能于一体的特色小镇，宿城区政府于 2016 年 11 月颁布了《宿城区激光产业发展引导资金使用管理暂行办法》。《暂行办法》从专项资金设立、项目落户、企业培育、技术创新、公共服务平台建设等方面，提出并实施了诸多操作性强的措施：

一是支持项目落户。租用小镇标准厂房的企业可享受租金“三免三减半”；购买小镇标准厂房的按购置额 10％给予补助；小微创客企业可按人均 20 平方米标准申请免费办公场所，最长 3 年；落户园区购置激光装备制造关键设备的按设备采购额 20％给予补助。

二是支持业务经营。开展自产激光设备租赁的按年度租赁收益 10%给予奖励，本区企业采购、使用区内生产销售的激光加工设备的企业按设备采购额 10%给予补助；成功创建“国家、省级重点实验室或工程(技术)研究中心”的按国家级 100 万元、省级 50 万元奖励；落户园区的激光设备商贸公司按年度销售额 1%给予奖励；参加境内外知名激光展览展会的按展位费用 50%给予补助。

三是支持人才引进。对于高层次人才、紧缺急需专业高校毕业生、紧缺急需工种技能人才，优先支持申请 5 万—200 万元不等的“购房券”，申请成功后再额外给予 20%的补贴；为专职高级专业技术人才提供年薪超过 20 万元的企业，每年给予超出部分 40%的薪酬补贴。同时，宿城区举全区之力支持项目建设工作，优化手续办理流程，力争在三年内打造一个功能复合、环境优美的小镇核心综合服务区，包括激光智造小镇客厅、激光主题文化体验基地、商业街区、企业加速器等综合服务区。

四是坚持高质量推进。激光小镇在建成后由中电建江苏激光智造发展有限公司(以下简称“项目公司”)对投资建设的各项资产设施进行统一日常管理维护(物业管理)，包括项目资产设施的运行管理、保养、维修、清扫保洁、安保、定期巡查检查及应急处理。对于有收益性的项目，由项目公司在特许经营范围内对小镇进行旅游经营和开发运营，经营内容包括对 PPP 范围的可经营设施进行旅游规划设计、旅游线路和旅游景点打造、激光小镇形象包装和宣传、相关物业租赁、广告经营、生产及销售纪念品、停车场收入、经营餐饮休闲住宿、活动赛事举办等。对于小镇内激光产业的运营开发，项目公司将组织专业运营团队和配套力量，对激光产业发展所需的人才、资金、企业、项目等资源进行导入，在孵化研发、政策扶持、金融支持等方面进行统一服务和管理，形成创业创新集聚，做大做强小镇激光产业。

项目建成后将带来大量的产业投资空间与机遇，直接带动小镇内激光产业的壮大升级，促进小镇及周边区域的经济发展，提升周边土地价值、房地产开发、相关上下游产业、服务业发展，以及吸引投资与消费，从而产出相当的社会经济效益。激光智造小镇具有多元化的子项目类型，包括文化、旅游、商业、与激光产业相配套的设施和创意服务，这些均将带来显著的客流和商机。不久的将来，激光智造小镇的高品质运营将为居民提供更多的就业机会，带动相关产业发展，共同提升宿迁的城市形象。

第三批小镇及旅游类、体育类小镇(37 家)

编者按:按照国家和江苏省对特色小镇的创建要求,在省委省政府的坚强领导下,第三批小镇及新纳入的旅游类、体育类小镇坚持以习近平新时代中国特色社会主义思想为指导,以准确把握特色小镇发展定位为前提,以培育发展主导产业为重点,高起点谋划、高标准建设、高强度推进,有力有序有效推进特色小镇健康规范、可持续、高质量发展。

南京紫云云创小镇

云计算产业集聚,打造南京"云谷"

紫云云创小镇位于南京市主城东南部,是秦淮区高新技术产业集聚区的重要组成部分,也是南京市主城区唯一入选省级特色小镇的产业小镇。小镇以项目建设为抓手,以功能提升为重点,以产业集聚为追求,打造成为云计算产业集聚产出丰厚、环境优美、产城融合的标志区,努力实现云计算产业科技含量和规模总量再现新跨越。

紫云云创小镇鸟瞰图

小镇产业:努力构筑小镇云计算产业特色生态格局

紫云云创小镇以"云计算"这一国家级战略型新兴产业为主导,集聚云计算特色品牌企业、龙头企业、领军企业,通过整合高校、院所、国企资源,将人工智能运用于相关重点领域,这些企业互补合作和平台的交流互补,推动特色产业集聚发展,构筑云计算产业特色生态格局。

2017—2019 年度紫云云创小镇共完成固定资产投资 22.18 亿元，超额完成固定资产投资总额 11.09%。2019 年度特色产业投资占比 89%，总营业收入 196.9 亿元，特色产业营业收入 167.3 亿元，特色产业占比 84.96%，2019 年四上企业从业人员数 12829 人，小镇能级进一步提升。

小镇规划："一镇三区、两轴两核"

2019 年度，紫云云创小镇完成载体建设 7.2 万平方米，开工建设 10 万平方米。小镇在原有"水绿环绕、一镇三区、两轴两核"的空间结构基础上，着力盘活辐射区域的土地利用，由单一居住功能向产城融合的方向转变，为东部地区发展争取新的空间资源，逐渐形成"新建一批、提升一批、启动一批、储备一批"的梯次供给模式。

小镇文化：深入挖掘人文内涵

深入挖掘人文内涵，在保留原有街区风貌的同时融入文化表达与现代元素，让历史"活"起来，让文创新底色更加鲜明。加强打造人才符合空间，在加强深化形象标识系统建设的同时遵循"产业上下游""生活上下楼"理念。

小镇功能：网络化布局生活服务，打造"有温度"的小镇

深化紫云云创小镇标识系统建设，纵深布局公共交通、教育、文体等生活服务业态，完善公共服务配套。会同三才大厦、住建集团围绕"住"下硬功夫，结合企业和人才需求，重点打造人才公寓、健身房、商业配套服务，完善和提高"衣、食、住、行"等配套设施为小镇提供一个"有温度"的 24 小时社区，实现小镇形象与发展内涵品质双提升。

运营机制：政府主导、平台支撑、市场化运作模式

紫云云创小镇按照政府主导、平台支撑、市场化运作模式，全力推进"1＋X"公共服务中心建设，建立企业分级制度，对不同规模、不同类型、不同阶段的企业提供不同的基本公共服务和个性化增值服务。围绕企业"技术、市场、融资"等核心需求，重点搭建和完善公共技术平台、市场拓展平台、科技金融平台、中介商务平台、综合基础服务平台、创业导师平台、园区政务平台、人力资源平台、企业交流平台、专业培训服务平台、企业云服务平台等专业服务平台。融合园区科技金融、创业辅导、市场拓展、产学研合作等创业服务平台，提供零距离、全方位、多层次、个性化服务。加快"智慧园区"平台深度覆盖，在紫云云创小镇区域内建立一套"线上＋线下"的联动企业服务体系，整合政府和社会服务资源，为企业提供全方位、多层次、专业化的科技服务。

小镇活动：云产业招引全球客

紫云云创小镇搭建平台、打造品牌，通过"请进来""走出去"精准招引人才、项目，并多形式加以培育。源源不断的新生创新力量加入进来，助力打造云谷“科创森林”。2019 年，白下高新区先后赴北京、上海、深圳、杭州等地，开展招才引智活动，吸引大批优质人才项目落地。

2019 年 4 月 26 日，秦淮区委书记林涛带队前往中国航天科工集团第一研究院、中国航天科工二院 25 所、中国航空学会考察交流，推进与高校院所科技创新合作。

2019 年 5 月 14 日，小镇召开第二次“新型研发机构建设推进会”，新研机构代表分享成功经验，金融机构与有需求的研究院进行有效对接。

2019 年 6 月 27 日，秦淮芬兰科技创新专场推介会、项目签约仪式暨路演活动成功举办。芬兰国会议员、芬兰议会芬中友好小组副主席，芬兰国际市长协会主席等进行推介，致力于开展合作。

2019 年 7 月 1 日，南京白下高新技术产业开发区管理委员会向时任白下高新区园区服务处处长朱雪松颁发了紫云云创小镇镇长聘书。

2019 年 11 月 4 日，挪威 Haavind 公司、江苏省驻瑞典经贸代表处一行来访云创小镇，开展“南京白下高新区集聚挪威创新资源推介座谈会”，促进优势共享。

南京江北大厂工业文明小镇

工业文化内核　工业创新内容打造工业文明小镇

大江之北，金陵城西，一个 2.85 平方公里的区域正在经历一场华丽转型——大厂工业文明小镇，江苏省特色小镇中唯一一处以工业文明为主题的小镇，由此诞生。

小镇位于南京江北新区大厂街道，距南京主城区约 18 公里。1934 年，从美国归来的爱国实业家范旭东先生和侯氏制碱法创始人侯德榜在此共同创立了当时“远东第一大厂”——永利铔厂，因而此地得名“大厂”。

江北大厂工业文明小镇鸟瞰图

产业升级，工业文明拥抱生态进程

大厂工业文明小镇所在的大厂街道，辖区内聚集了中国石化扬子石油化工股份有限公司、中国石化集团南京化学工业有限公司、扬子石化—巴斯夫有限责任公司等特大型、大型企业。

随着江北新区大型工业企业搬迁改造与土地整理，大厂面临着转型升级的难题。经过统筹规划，大厂确立了新型的规划设计理念，以工业旅游为特色，以健康宜居为根本，以生态环境为依托，创建生态生产生活为一体的智慧聚合体。

空间规划，立体全方位构建小镇板块

按照生产、生活、生态的升级发展定位，大厂工业文明小镇整体上规划为三大板块，分

别是以南钢工业为核心的工业生产板块、以1934影视文化园区为核心的文创生活板块和以桃湖公园为核心的生态文旅板块。同时,小镇还从点线面三个维度对小镇空间进行解构和重组,规划出“一园十八街区,九廊二十节点”的立体空间结构。

生产板块——南钢工业。大厂工业文明小镇的主要组成部分,不同板块定位相异,承载不同的小镇功能。大厂工业文明小镇针对十八街区采用差异化经营策略,最大化发挥板块的价值。

针对工业展示街区及码头街区,小镇对原有的工业设施和建筑进行外观美化提升,规范化南钢外宣网站的运营维护,通过对工业遗产的合理利用,盘活已有工业建筑设施,营造艺术氛围,活跃人气,增强区域影响力。

针对智创、智享、智控街区,小镇秉承安全实用科技绿色的可持续发展理念,运用先进的建筑信息模型设计手段,实现精细化设计,为项目的建设和运维提供强力支撑。

生活板块——大厂记忆。原居民生活区域(蒋洼社区)的升级,唤醒生活活力。首先,小镇立足于社区周边的南化产业园、1934产业园和铁轨景观带、杨新路景观带,重新整合空间资源,设计出“一街两园,三带三轴”的空间结构。

在具体的街区改造上,小镇参考重庆弹子石老街,对街区外观进行艺术重建。在工业智慧服务方面,小镇搭建智慧社区服务平台,通过对个人、家庭、社区的智能终端建设,实现家居、物业、政府、生活服务、社区管理等多方面的智能化,打造南京先进的智慧社区。

文创板块——1934园区。1934街区及民国街区是文创板块的核心,囊括永利铔厂旧址、编织袋厂房等诸多近代工业遗存,拥有丰富的工业文明文化资源,是小镇重点建设项目。

产业园二期工程已于2020年开工,对原有的编织袋厂房5000平方米进行修缮,改造为画室、展厅、摄影棚等功能性空间;新建总部办公大楼,用于引进国内知名文创企业,打造省内一流的文创企业集聚区。三期工程将在二期工程完成后开工,目前正处于对主要工业遗存的保护施工阶段(永利铔厂、南化六村专家楼等),施工将保留原有建筑外貌,把工业风和时尚融合,打造新潮特色街区,发展“夜经济”。

生态板块——桃湖公园。桃湖公园建设项目将设湖面步行桥,环湖栈道数千株优质桃花树和运动区、自行车乐园等设施,分为功能复合区、临水活动区、浪漫游赏区和森林运动区,适合周边居民体育锻炼、休闲娱乐。

在高处建有揽景台,可以登高远眺;在滨水处建设滨水广场,可以进行聚会活动。还将建有童乐园,是周边儿童周末休闲活动的首选处;在保留建筑处分别设置民宿、餐饮、休闲购物、园艺工坊、展览等,供周边居民、学生等进行科普教育、文化体验。

工业文化，大力发展工业文旅产业

立足工业文化，以工业文化为内核，以工业遗产为内容的工业文旅产业。将生态生产生活的智慧聚合为一体。以工业旅游为特色，以健康宜居为根本，以生态环境为依托。人与自然共生共创，智慧与生态相互融合，打造全域工业旅游特色小镇。大厂工业文明小镇将完善配套医疗教育、商务商业、风情居住等城功能，推动智慧科技在片区管理运营中的应用，打造功能复合、产城融合、环境宜人、配套完善的新型工业旅游小镇，打造南京重要的工业旅游基地和文创体验中心。

无锡锡东车联网小镇

车联万物的智行未来

无锡锡东车联网小镇位于锡东新城商务区核心板块，春风南路与锡沪路交汇处，毗邻京沪高铁无锡东站、无锡地铁 2 号线九里河公园站、查桥站、4 号线映月湖公园站（规划中），是中国首个以车联网产业为主要定位的特色小镇，并作为新一代信息技术类特色小镇，2020 年入选江苏第三批省级特色小镇创建名单。

锡东车联网小镇鸟瞰效果图

小镇总投资约 120 亿元，总规划面积约 1.62 平方公里，其中核心产业区约 884 亩，生态湿地休闲区域约 590 亩，整车后市场服务基地约 530 亩。致力于打造国内外具有影响力的车联网产业展示窗口、大数据企业聚集地、创新应用示范区，推动车联网产业集群发展，加快推进国家级车联网先导区建设。

小镇产业——赋能世界，智创未来

小镇立足“聪明的车、智慧的路”，以“车路协同”为核心技术路线，瞄准“车路智能”“感知互联”“智能汽车后市场”三大主导产业，构建车联网全产业链生态格局，融场景应用、大数据平台和科创孵化为一体，打造自然生态、宜居宜产、和谐发展的智慧产城小镇。

小镇主要围绕“一基地，两中心，多场景”打造以“车 · 路”智能为核心，智能网联为目标，打造具有无锡特色的车联网产业集聚区。

小镇客厅——国家级江苏（无锡）车联网先导区展示中心

国家级江苏（无锡）车联网先导区展示中心，作为小镇一期地标性建筑，占地面积约

1.2万平方米，总建筑面积约 5000 平方米。规划有“产业博览、新品发布、博世智能、资本对接、科普教育、会务商务”六大平台功能。拥有“国家级 V2X 展厅”和“博世智能网联创新体验中心”两个重量级展厅。

小镇荣誉——六个“第一”

中国第一个以车联网为主题的小镇；

中国第一个国家级车联网先导区展示中心；

中国第一个以车路协同为场景的展示区；

中国第一个 L4 级自动泊车示范；

中国第一个院士组团考察的小镇；

中国第一支以车联网产业为主投方向的产业基金。

小镇镇长——甄鸿波先生

甄鸿波，全国产业开发领军人物、高级职业经理人，现任中汽联副会长、宝湾产城发展(深圳)有限公司副总经理、深南(无锡)车联网有限公司总经理、中华全国工商业联合会汽车经销商商会副主任，在 2018 年被评为“改革开放 40 年汽车行业 40 人”改革先锋人物、2019 年荣膺“新中国成立 70 年汽车服务业 70 人”功勋人物、2020 年中国汽车业模范先锋人物等荣誉称号。

1995 年起，他以开发建设百货综合体为起点，自此进入商业地产领域，经过努力拼搏，积累了 20 多年的商业地产开发经验，他是以汽车产业为依托，开发建设多个产城融合新城镇。2012 年担任某著名商业集团总裁、总经理，带领团队成功开发建设了全国首个一站式汽车 CBD。2017 年又成功与无锡签约建设中国南山集团旗下无锡车联网项目，2018 年起担任锡东车联网小镇总经理，正带领团队攀登下一个高峰。

小镇未来——筑梦无锡，无限可能

未来的汽车，不仅仅是出行的工具。更是成为连接万物，与生活息息相关的移动智能终端。不仅可以实现无人驾驶，自动出行，更可以依托 5G、物联网等技术，实现与手机、手表、家居、办公室等移动设施和生活场景无缝连接，从而服务生活的各个方面。

车联网产业发展，正深刻的影响未来世界人们的出行和生活模式，成为下一个时代最具变革性的热点产业。小镇充分借助无锡作为全国首个国家级车联网先导区的先发优势、产业优势、人才优势，以车联网龙头企业为核心，整合中小型成长企业，中型成熟企业和大型企业，搭建车联网科创产业孵化平台，深入贯彻习近平总书记关于加快建设交通强国精神，将小镇打造成为具有国家战略意义、世界影响力的未来产城智慧小镇。

无锡旺庄智能装备小镇

勇立潮头，智造改变未来

太湖之畔的旺庄街道，始终专注引进和培育以高端装备为主攻方向的制造业，建成了技术领先、占据高端的产业体系，形成了制造与智造融合的发展态势，全街道传统制造业智能转型的发展朝阳喷薄而出。此时此际，打造旺庄智能装备小镇，就是要为智能制造的大发展，搭建广阔平台，聚集优质要素，着力唤醒传统工业企业，加速培育经济增长新动力，抢占产业发展制高点。

旺庄智能装备小镇鸟瞰图

小镇产业：打造以新能源装备为核心的智能装备产业集群

旺庄智能装备小镇着力打造以新能源装备为核心的智能装备产业集群，充分发挥无锡先导智能股份有限公司和无锡奥特维智能装备有限公司等龙头企业集聚效应，带动国内外同类企业入驻，使装备制造逐步形成小镇特色品牌。

小镇重点企业围绕产业特色，搭建了5个创新平台，其中奥特维股份有限公司拥有省级技术中心、工程技术研究中心两个省级研发创新平台；先导集团拥有三个省级研发创新平台，分别是省级技术中心、工程中心和工程技术研究中心，其孵化的江苏微导纳米科技股份有限公司入围2020年度江苏省双创计划创新团队。

2020年2月21日，位于小镇范围内的无锡先导集成电路装备与材料产业园项目签约，该项目规划占地 700 亩，总投资 150 亿元，拟分 3 期进行建设。整个产业园以总部大楼、特色 IC 设计孵化器、专用装备基地、高端材料区、特色工艺区进行布局，计划 5 年后形成国内领先的半导体装备与核心零部件材料产业集群，最终形成具有产业特色的集成电路特色装备与材料的产业生态。

位于小镇范围内的奥特维智能装备产业园已开工建设，该项目占地 100 亩，总投资 10 亿元，一期建设面积 8 万平方米，未来产出达 15 亿元。建成后的奥特维智能工厂包含 MES 系统、智能物流、智能仓储、智能装配等四大部分，MES 系统担纲“大脑”重任，智能物流担负“枢纽”任务，智能仓储肩负“后勤”职责，智能装配承担“执行”任务，各个环节有机配合、高效协作，人员、设备、产品信息有序流动，真正使制造从自动化跨入智能化。

小镇规划：打造“1234”模式的空间形态

无锡新吴区旺庄街道站位区域发展基础、资源条件，聚焦小镇特色产业，对旺庄智能装备小镇进行空间规划，规划方案已完成。旺庄智能装备小镇致力于打造“1234”模式的空间形态，即以小镇客厅为核心，建设宅基滨、香泾滨两条滨水生态廊，依托长江路发展轴、新华路发展轴、沪宁城际高铁轴，打造智能装备制造区、产业升级改造区、研发区创新发展区和滨水乐活宜居区。“一核、二廊、三轴、四区”相辅相成、互相支撑，实现生产、生活、生态的“三生”良性循环。

小镇运营：投资运营主体明确、各司其职

明确无锡新区城际铁路站前商务区投资开发有限公司为小镇投资建设和运营的市场化管理主体。无锡新区城际铁路站前商务区投资开发有限公司，由无锡市新吴区人民政府和新吴区旺庄街道办事处共同出资成立，注册资本 5.6 亿元，总规划用地面积 3.3 万平方公里(约 4900 亩)。将建成一个以城铁新区站及无锡机场、轨道 3、4 号线换乘点为核心的无锡城南交通枢纽，以科技载体、生活服务、休闲娱乐为主要配套功能的无锡新区新地标。

为更好地推进小镇各项建设，无锡市新吴区旺庄街道办事处成立了小镇建设领导小组，负责研究确定旺庄智能装备小镇建设的指导方针和重大决策，研究确定小镇重大建设项目和政策举措，协调解决小镇建设存在问题。

旺庄街道办事处还因地制宜制定了《旺庄智能装备小镇发展基金管理办法》，设立小镇发展基金 3 亿元，对符合条件的企业或项目给予专项发展扶持。

空间有限、发展无限。面对工业 4.0 智能制造发展浪潮，在“中国制造 2025”宏伟蓝图背景下，以产业与城市互动、智能与制造融合、创新与创业并进、宜业与宜居并举为目标，进一步做强产业平台、做大产业集群、做优人居环境、做实创新支撑，全面实现产业协同、创新协同、人居协同的特色小镇。

徐州安科小镇

贯彻新发展理念　打造中国安全谷品牌

徐州安科小镇位于具有5000年历史的徐州古城南部主城区，地处风景秀丽的银山脚下、娇山湖畔，总规划面积3平方公里。小镇是以徐州国家安全科技产业园为核心打造的产业类特色小镇，徐州国家安全科技产业园是全国首家安全产业示范园区，是工信部、国家安监总局、江苏省政府合作共建的安全产业示范园区。

徐州安科小镇鸟瞰图

以安全高端装备制造为主导产业

小镇以安全高端装备制造为主导产业，重点发展矿山安全、消防安全、危化品安全、公共安全、居家安全等安全产业细分领域。通过集成科技研发创新、项目孵化、成果转化、装备制造、技术推广等产业发展要素，围绕“三中心一基地”战略定位，打造具有国际影响力的“中国安全谷”。作为全国首家安全产业示范园区，安科小镇已进入了高质量发展快车道，实现了企业快速集聚、创新环境加速优化、经济体量不断壮大。

截至2020年10月底，小镇新注册各类经济主体230余家，安全产业注册企业总数达438家，14家企业达到了规上企业标准，7家企业申报了国家高新技术企业，2020年培育新增10家规上企业，5家国家高新技术企业。1—10月份实现安全应急产业产值268亿元，2020年安全应急产业产值突破400亿元。在制造产业快速发展的同时，小镇安全技术服务市场不断开拓，研发新技术及新产品逐步推广引用，安全培训、安全监测成果显著，小镇安全产业不断发挥较好的经济效益和社会效益。

规划引领，创新驱动政产学研金深度融合

小镇以贯彻新发展理念为目标，坚持规划引领、科技先行，不断优化人才政策，优化创新创业环境，推动政产学研金深度融合。

围绕做实创新载体，做优创新环境目标，建设了安全(应急)产业创新中心，相继入驻清华大学城市公共安全创新中心、中国矿业大学安全与应急管理创新中心、挪威船级社国际安全评级学院和本质安全研究院等安全产业创新机构。先后与上海交通大学、南京航空航天大学等高校开展产学研合作，围绕特色产业发展，与加拿大滑铁卢大学、俄罗斯沃罗涅日大学联合建立国际技术转移中心。

宜业宜居，功能配套设施齐全

小镇目前已建成人才公寓10万平方米，按照特色小镇的标准和要求，目前建成道路5公里，小镇绿化树木、花草、草坪、休闲广场、错落有致风景怡人，小镇绿化率达39%以上。小镇周边配套了千禧城、云城致享等商业住房，千禧城商业街、城市综合厅等基础配套设施正在建设，园区配套了综合行政审批大厅、健身房、综合食堂、特色餐饮、党员活动室等，满足人们的吃穿用行，宜居程度较高。

小镇客厅，整合功能逐步完善

随着小镇特色产业安全产业的国家影响力不断提升，国内外参观学习、项目观摩、领导视察、技术交流人员日益增多，为此小镇新建了3000平米的声光一体展厅。同时建设了小镇接待室、党建室、咖啡书吧、健身房，规划了综合服务中心。入选了徐州市第一批干部新发展理念教育培训现场教学(示范)点。

小镇运营，分工明确统筹推进

近年来，徐州高新区党工委、管委会围绕增强安科园经济发展实力、提升高新区安全产业国家影响力目标，积极完善安科园开发建设和管理运营机制。由安科园管委会统筹负责安科园(安科小镇)招商引资、发展运营、政务服务、科技创新、园区管理等工作，安投公司负责安科园的开发建设和安全产业投融资工作。

小镇活动，行业引领带动强

2019年10月，成功举办了首届中国安全及应急技术装备博览会，参展企业200余家，展览面积3万平方米，受到了部委和省领导的充分肯定。2020年8月，高新区与清华大学公共安全研究院签署了徐州安全教育文化体验中心项目，将在安科园打造一个集安全文化教育、安全职业体验、安全事故处理与自然灾害应对演练于一体的区域性安全文化教育体验中心，产业的影响带动示范效应将进一步增强。为丰富小镇功能、提升小镇影响力，小镇引进了徐州市应急管理局培训考试中心，年考生人数达 3 万余人。

溧阳锂享小镇

锂享全球　储汇未来　打造储能产业科创中心

溧阳锂享小镇位于溧阳市江苏中关村科技产业园，规划 3.45 平方公里，以创智园为生活、生态核心区，周边 3 平方公里为产业集聚区。小镇布局动力电池制造龙头宁德时代，云集多家负极材料、锂电装备、电池结构等产业链国内龙头企业，生活配套完善，生态环境优美，小镇创建助推江苏中关村科技产业园成为具有全球影响力的储能产业科创中心。

溧阳锂享小镇鸟瞰图

构建以储能为核心的“1＋4＋8”产业体系

小镇紧紧围绕储能这一特色优势主导产业，突出“锂离子电池”产业的主导性和支柱性，以强化储能电池产业链、补强储能产业技术、装备和产品链为主线。发挥锂电池正负极材料、隔膜、电解液、电池管理系统等领域现有产业基础优势，加强产业链协同，推进储能电池精密结构件、模组电池包、制氢储氢运氢、“互联网＋”智慧能源等储能相关产业在小镇内集聚、集约发展。“1＋4＋8”：1 个总体方向（储能产业）；4 大产业板块（强化基础产业、聚焦前沿产业、打造循环经济、构建创新中心）；8 大中心服务（测试分析：资质测试中心、分析测试中心、失效分析中心、材料基因中心、前沿技术中心、工艺工程中心、信息服务中心、知识产权中心）。

城：形成“一心二轴两带多片区”空间布局

小镇规划用地面积3.45平方公里，形成“一心二轴两带多片区”空间布局。其中预留工业用地面积0.68平方公里，占小镇规划用地面积19.57%；预留生产配套用地0.11平方公里，占小镇规划用地面积3.21%。预留用地重点引进高新技术企业，促进储能产业发展。中关村大道和城北大道穿境而过，小镇分为四个片区分别为三个生产功能组团和一个生活功能组团+生产功能组团。小镇以中关村大道为发展主轴，小镇北接常溧高速入口，南邻芜申运河，交通方便，环境宜人。

文：彰显小镇多元文化

创办储能产业高峰论坛，围绕储能发展历史、储能技术及场景、储能发展趋势展望为主线，在此基础上形成以储能企业为龙头，电池技术、系统组件、配套服务、电力用户、海外买家集聚的全球顶级储能全产业链展示交流平台，打造储能产业高峰论坛永久会址和前沿技术博览会等活动，吸引顶级产业创新创业人才加盟。

旅：延伸文化旅游

小镇将充分发挥溧阳“三省通衢”的地域优势和江苏省中关村高新区作为苏南国家自主创新示范区优秀科技园区的平台优势，充分挖掘储能产业及运河历史文化，充分借力小镇内上汽房车全国运营平台的产业优势，完善以房车体验为特色的旅游配套，打造线上线下互动的兼备“储能产业+房车旅游”的特色旅游目的地。

完善旅游交通设施建设，完善旅游交通，公共交通系统及停车场建设，鼓励使用清洁能源的交通工具。加快旅游环卫设施建设，结合小镇市政设施，合理布局公共厕所及垃圾箱，建立噪音管理体系。

智：不断提升小镇智慧化水平

江苏中关村锂享储能小镇从信息网络、信息平台、智慧系统、智慧社区、智慧能源五大重点领域不断探索创新智慧城市建设路径。建设智慧平台依托产业园智慧园区建设，加快建立小镇数据共享交换平台、大数据分析服务平台、物联网公共服务平台、智慧社区运营指挥中心等四大平台，支撑智慧小镇服务体系。

运营主体：统一有效的工作机制

小镇建设主体为江苏中关村科技产业园控股集团有限公司，是江苏中关村科技产业园管委会直属重点国有独资企业，为城乡建设、产城融合、高端产业聚集、人民安居乐业提供综合性服务，正逐渐发展成为集建设开发、投资与类金融、资产运营、实业运营业务于一体的大型国有企业集团。苏控集团作为创建工作实施主体，具体负责创建工作，通过落实人员和办公地点，在创建区范围内形成统一有效的管理机构和工作机制。

小镇活动：聚焦科技前沿，促进产业创新

2019 年 6 月，由中科院物理研究所、上海交通大学和复旦大学共同主办，长三角物理研究中心有限公司协办的第五届国际凝聚态物理会议（CCMP）在小镇成功举办。

2019 年 7 月，由电化学能源技术前沿论坛组委会联合天目湖先进储能技术研究院等 8 家科研单位举办的“第三届电化学能源技术前沿论坛”在小镇召开。

2020 年 9 月 4 日，先进电池技术创新中心暨工业 4.0 智能制造创新中心（溧阳）在江苏中关村天目湖先进储能技术研究院正式揭牌成立。

溧阳锂享小镇的创建助推园区成为具有全球影响力的储能产业科创中心。小镇将持续秉承“三生融合”理念，围绕储能产业，打造成为“产业特色鲜明、服务便捷高效、文化浓郁深厚、环境美丽宜人、体制机制灵活、要素集聚、宜居宜业、富有活力”的锂享储能小镇。

常州天目湖白茶小镇

一二三产深度融合　延伸茶产业链

有一种茶，兰花般美丽，白玉般洁润，茶香气高，汤色清醇，回味甘甜。一年四季，她似乎与其他茶叶没什么区别，但一朝溢香惊天下——她，就是天目湖白茶。

天目湖白茶小镇

好山好水出好茶，每每提到溧阳，总会想起天目湖那漫山的茶园和令人心醉的茶香。天目湖镇是江苏省 20 个农业现代化示范镇之一，现有茶叶企业(大户)232 家，种植面积 3.6 万亩，其中白茶 2.5 万亩。2018 年，创成江苏省省级茶产业一二三产融合发展先导区。

天目湖白茶小镇是国家地理标志产品"天目湖白茶"核心产区，目前区内现有茶叶生产企业 13 家，白茶种植 2860 亩，其中规模农业企业 5 家，现有常州市农业龙头企业 4 家，常州市农业产业园区 2 家；拥有江苏省著名商标 4 个，其中玉枝特种茶果园艺场、玉莲生态农业开发有限公司获中国驰名商标。

天目湖白茶小镇位于天目湖镇南部的 233 国道旁，距天目湖 2 公里，北至法庭路、东至白埂茶场—玉莲休闲山庄—G233；南至嘉丰茶场边界；西至冯家边—汪芥—玉枝特种茶果园艺场—原高尔夫俱乐部—田家山茶场；规划面积 3.5 平方公里，分为四个片区，分别是茶艺养生服务区、白茶种植示范区、休闲农业体验区、文化传承博览区。

小镇以白茶特色产业为核心，以休闲农业为主导，以茶文化为内涵，以"代入式旅游体验"为策略，延伸特色产业链，打造茶旅融合新业态，建设集白茶产业、茶艺文化、茶道养生、茶园休闲为一体的农业特色小镇。

天目湖白茶现有国家地理标志产品 1 个，中国驰名商标 2 个，江苏省著名商标 7 个，有机产品 27 只、绿色食品 22 只。先后获得国家级、省级品牌奖项 147 个。

深耕茶文化，探索“茶业＋”发展模式，努力把白茶小镇打造成为融合发展的示范区、绿色发展的样板区和创新发展的先导区。小镇依托白茶产业、自然山水和生态旅游资源优势，坚持生产、生态和生活的有机融合，推进一二三产深度融合，延伸茶产业链，探索以茶文化为核心内涵的“代入式”旅游新模式，建设集白茶产业、茶艺文化、茶道养生、茶园休闲、茶叶交易为一体的全国生态茶园创意体验区，全国茶文化旅游目的地。

目前，白茶小镇主干道 8.8 公里及沿线设施和景观小品配套工程即将开工，瑞芝颐禄园康养项目正在办理建设许可证，玉梅岭茶绎文旅项目建设规划方案已获批，本裕茶庄国际健康世界项目已签订合作意向协议。小镇客厅和小镇道路沿线景观小品已启动方案设计。

常州直溪光采小镇

未来已来　流光溢彩　打造“光伏＋储能”深度融合新高地

直溪光采小镇以直溪现代产业园为基础，迎合“光伏＋储能”融合发展的行业趋势，着力构建“3＋3＋3”光采特色产业体系。雄厚的光伏产业基础、盐穴储能技术的成熟应用，为直溪镇创建光采特色小镇夯实了基础。

直溪光采小镇鸟瞰图

小镇产业：以发展产业为核，打造特色产业集群

直溪光采特色小镇以发展产业为核，不断规范管理运营水平，聚力打造“两个百亿级光伏特色产业集群”和“盐卤资源综合开发集群”。一是加力集聚优质项目。结合光伏新能源产业特色集聚优势，围绕光伏产业链中短缺的背板、逆变器、银浆等加大招引力度，做好强链、补链。围绕盐穴资源综合开发，积极对接示范型、总部型优质项目，注重提升地下空间开发利用地方收益，不断提升“光伏＋储能”发展水平。二是加快集聚创新要素。积极打造创新平台，在园区核心位置规划了直溪光伏新能源科创园，积极招引高技术、高产出项目。注重招才引智，未来三年将通过建设小户型人才公寓、建设智慧社区、湿地公园打造3A级景区，并在其四周规划建设商业步行街、高端酒店及酒吧一条街等一系列措施完善服务配套，更好支持更多外来人口落户小镇。更大力度实施政产学研合作，对接高校和科研机构，着力化解“引技难”“引才难”，支持原创技术转化，推动特色产业集群。三是加快政策集聚。围绕“战略新兴产业扶持”“科技成果转化”“智能制造”“省综合奖补资金”等补贴申报，进一步助力实力企业高质量发展。

当前，小镇已涌现一批以技术创新为主导的龙头企业。东方日升将建成目前全球最大的单体电池与组件生产基地；斯威克 EVA 胶膜产能全球排名第二；新三板上市公司正信光电组件产品连续被全球顶尖行业监督机构 Bloomberg 认定为一线品牌，成为目前印度市场最大的供应商；中信博光伏支架连续三年全国安装量排名第一，也是全国唯一由第三方机构认证的跟踪器产品企业实验室。

小镇规划：“一心五片”总体空间格局

小镇规划面积 3.58 平方公里，其中核心区域 1 平方公里，重点打造“一心五片”的总体空间格局。“一心”即小镇客厅综合服务中心，“五片”则包含四个产业片区和一个生活配套片区，四个产业片区分为：光伏产业发展片区、电化学储能及电池制造片区、压缩空气储能部件及设备制造片区，以及光伏储能总部及双创研发片区。目前正在严格按照生产、生活、生态相融合的要求，编制直溪光采小镇的控制性详规。

运营机制：“三位一体”小镇开发管理运营模式

直溪光采小镇实行“政府引导、企业主体、市场运作”三位一体小镇开发管理运营模式，初期由政府在政策扶持和项目融资等方面提供支持，小镇具体建设运营由常州溪城现代农业发展有限公司承担，通过商业贷款和资本市场融资等相结合模式实施市场化运作，确保小镇建设项目的资金投入。

常州溪城现代农业发展有限公司将作为直溪光采小镇的开发建设主体，承担小镇内部开发和部分基础设施的建设。同时，为有效统筹各方资源，全力推进特色小镇建设，还专门成立了直溪光采小镇建设领导小组，由镇主要领导任组长，下设创建、宣传、审计等 8 个工作小组，为直溪光采小镇的建设提供了坚强的组织保障和有力的工作机制。

小镇活动：探讨光伏产业新思路、新办法、新举措

2020 年 10 月，2020 光伏新能源产业发展金坛长荡湖峰会在江苏常州金坛区举行，峰会邀请光伏新能源领域相关领导、院士学者、产业链上下游企业领军人物、金融机构代表等 200 余位嘉宾，探讨发展光伏产业新思路、新办法、新举措，助力光伏产业高质量发展。峰会上举办了直溪光采小镇创建仪式，对于加快形成产业特而强、功能聚而合、形态秀而美的绿色智慧能源新高地意义重大。

未来，小镇将围绕“光伏＋能源采储”这一特色元素，完善光伏产业链，提升储能产业自主创新水平，坚持“产、城、人、文、智、力”协同并进，以“低碳化、智慧化、生态化、精致化、服务化”为内涵，完善商业、医疗、教育等生活服务配套，打造一个“汇聚创新，引领光伏与储能深度融合的新高地”、一个“绿色低碳，智慧智能的示范基地”、一个“功能完善，富有生活气息的创业家园”。

常州竹箦绿色铸造小镇

绿色铸造　承载着铸造人的梦想

竹箦绿色铸造小镇位于溧阳市西北部的竹箦镇，规划面积 3.4 平方公里，围绕“多元功能策略”“产业公共核心策略”“多样化景观策略”“多层次交通策略”等四大策略规划构思和“小镇综合发展轴”“产业发展中心＋生活服务中心”“绿色产业片区＋绿色生活片区＋绿色生态片区”的一轴两心三片的空间结构规划，坚持“红色传承、绿色发展”的建设理念，力争通过 3—5 年的努力，将绿色铸造小镇打造成百亿元级的全国“绿色铸造、智造未来”的高端制造业基地。

竹箦绿色铸造小镇全景图

产：产业特色更加明显

绿色铸造小镇目前拥有以科华控股、虹翔机械、金桥机械、新力机械、竹箦阀业等龙头引领的 20 家铸造相关企业，特色产业生产总值 32 亿元，约占全镇工业生产总值的 62.8%。产业发展主要培育以新能源、新装备铸件为核心的高端制造产业以及拉长做强补齐为之相配套的产业链。

城：区域特色更加明显

小镇呈现“小镇综合发展轴”“产业发展中心＋生活服务中心”“绿色产业片区＋绿色生活片区＋绿色生态片区”的一轴两心三片的空间架构，划定“产业研发区”“企业集中区”“居住生活区”“公共服务区”“特色商业区”“教育文化区”“生态休闲区”等七大功能区。在小镇建设方面，以保障生产生活生态“三生共享和谐”为前提，突出小镇客厅及小镇系统与外部环境的协调发展，注重小镇文化品牌和内涵建设，打造高质量的特色小镇。

文旅：服务特色更加明显

竹箦镇作为“江苏省旅游特色名镇”，国家4A景区——新四军江南指挥部纪念馆和铁军干部教育学院坐落在竹箦镇水西村的资源优势，这里不仅承载着激情燃烧的红色历史，还见证了陈毅、张茜，粟裕、楚青等美好浪漫的红色爱情，创造了丰富多彩的红色艺术。镇北的瓦屋山森林公园、素有“小九华山”美誉的瓦屋山宝藏禅寺、吴都文化公园、“全国最美乡村道路——溧阳1号公路”（天路、爱情的套路）、民俗文化街、江南乡村民宿、现代化的文化娱乐中心等丰富的齐全的文旅设施，使年接待参观人数突破100万人次。契合竹箦镇旅游业发展定位，特色小镇作为新型生产生活生态融合发展示范区，将植入铸造科普、安全生产体验、孵化基地、众创空间、电商平台、培训教育等功能，把小镇打造成具有参观、体验、娱乐等多种功能于一体的工业旅游基地。

小镇名誉镇长

绿色铸造小镇聘请了中国机械联合会副会长、中国铸造协会会长张立波为小镇名誉镇长。张立波会长前后10多次到访竹箦镇，在竹箦镇创建“江苏绿色铸造小镇”“中国绿色铸造小镇”“国家火炬绿色铸造特色产业基地”过程中给予关心指导和帮助。小镇先后承办了第一届、第二届全国铸造行业安全生产与职业健康经验研讨会，江苏省铸造年会，第五届全国铸造行业职业技能大赛，第六届全国铸造产业集群年会暨铸造产业集群绿色发展经验交流大会。张立波会长把竹箦镇将传统铸造产业转型升级、绿色发展的经验总结为“竹箦模式”在全国铸造行业推广，使“竹箦铸造”在全国铸造行业的知名度、美誉度大大提升，2019—2020年来小镇参观交流的人数突破2000人次。

小镇运营主体

绿色铸造小镇的运营主体为溧阳雷泽建设投资有限公司，公司位于溧阳市竹箦镇绿色铸造特色小镇区域内，成立于2016年。小镇实行企业主体、市场化运营机制。绿色铸造小镇以高品质规划为引领，寻求政府与社会资本融合发展，为小镇特色产业的发展提供方向和优势社会资本及运营经验支持。

小镇未来

三年见效，五年成城。当前正处于“十四五”规划的开局之年，绿色铸造，智造未来。乘着特色小镇创建的强劲东风，依托高校院所和行业组织的研发平台，以“单项冠军”“隐形冠军”“新精专特小巨人”等龙头企业为引领，努力打造生产生活生态“三生共享和谐”的百亿元级的全国“绿色铸造、智造未来”的高端制造业基地。

苏州生命健康小镇

连接无限生活　打造世界一流医疗产业集群

苏州生命健康小镇位于苏州高新技术产业开发区，规划面积 3.61 平方公里，小镇围绕生命健康产业，以“三生融合”规划理念为引领，生产、生活、生态三大圈层紧密相连，实现产、城、人、文、智融合发展。

苏州生命健康小镇全景图

小镇产业：打造“3＋2”生命健康产业体系

苏州生命健康小镇以基因产业为特色，以生物技术研发为核心，以智慧科技医疗为引领，以器械制造和健康服务为支撑，打造“3＋2”生命健康产业体系。在研发端着眼基因治疗、干细胞治疗、免疫治疗等热门技术，把握生命科学纵深发展、生物新技术广泛应用和融合创新的新趋势，打造专业化的研发平台，不断加强高端资源整合利用，培养多元高效的科研团队，提供生物与生命科技成长专业化服务，同时举办了“智汇苏高新”人才项目路演、苏州生物与生命科技创新创业大赛、企业金融服务沙龙等活动，也为入驻企业提供金融、人才、行政、公共平台等服务。

小镇积极开展资源对接、产业招商和人才引育工作，已洽谈成功一批来自国内外具有先进技术、瞄准国际发展方向的研发型和研发成果产业化型企业，初步形成了以新药创制、生物技术、高端医疗器械为主的产业聚集。截至目前，已落地普瑞基准、坤力生物、东劢医疗、赛尔托马斯等近30个产业项目，储备了九洲药业、正大天晴、帝迈生物、宜明细胞等39个产业项目。人才引入方面，小镇已引入国内外院士2名，区领军、市领军、省双创等人才17名，待新增引进领军人才3人，待新增获批姑苏领军1人。

小镇规划："两轴、四区"的空间布局

小镇规划面积3.61平方公里，其中核心区规划用地面积1.03平方公里，主要规划建设产业园、小镇会客厅、商业步行街、健康社区、登山环线、高景山公园等项目。小镇以高景山—天平山山脉为核心，划分为四个区域，并通过生命健康主轴将四个区域有效串联，形成"两轴、四区"的布局结构："两轴"为产城融合轴线、生命健康轴线；"四区"为生命健康研发生产区、生命健康体验展示区、生命健康生活服务区、生命健康管理体验区。

小镇文旅：历史文化底蕴丰厚，自然风光景观秀美

钟造化之神秀，集姑苏之秀美。生命健康小镇东有轮廓硬朗的高景山，南有"江南胜境"天平山，西有龙池凤潭交相辉映，人杰地灵白马涧坐落其中。小镇周边满目苍翠起伏，山峦跌宕俊秀，生态植被丰实，水榭凌波而立，碧水盈盈贯串其中，具有丰富的空间层次和风貌特色，亦有桃花水母在此世代繁衍，薪火相传直到5.5亿年后的今天。

小镇区域内人杰地灵，历史文化底蕴丰厚，文人墨客人才辈出。此地曾经吴王骏马驰骋，越王勾践卧薪尝胆，吴中名医叶天士悬壶济世，范文正公胸怀天下，乾隆南巡盛世繁华，白鹤寺、中锋寺、天云寺、乾隆御道、范文正忠烈庙、寒山崖石刻等几大人文景点环绕小镇而立。岁月不居，时节如流，吴越春秋的过往、文人骚客的笔墨在时光的长河中匆匆流淌，偏安一隅的龙池如世外桃源一样远离城市的喧嚣。

这块土地，历经千年洗礼，从前世桃花水母诞生地、吴越春秋养马地到现在的产城融合，在这片产业和人才高度聚集的地方，以人才为核心、健康产业为命脉、秀美环境为基础、姑苏文化为引领、创新创业为驱动，将建成全面发展的新家园、生命健康产业的新高地、宜居宜业宜游的新空间、彰显地域文化的新名片。

小镇镇长

Josef Penninger博士是苏州生命健康小镇荣誉镇长，他是德国自然科学院院士、奥地利科学院院士，曾获得奥地利最高科学奖的维特根斯坦奖、最高欧盟研究奖的笛卡尔奖、恩斯特荣普雷斯医学奖、德国科学院颁发的卡鲁斯奖章等多项世界重量级奖项，还被诺贝尔奖提名5次。

运营主体：政府、企业、市场三方齐抓共管的良好运营模式

苏州生命健康小镇由苏州高新区唯一一家上市国企苏州新区高新技术产业股份有限

公司与枫桥街道共同设立的苏州白马涧生命健康小镇建设发展有限公司主体运营，形成政府、企业、市场三方齐抓共管的良好运营模式。融合股东品牌优势和资源集聚能力，从小镇基础设施建设、公共服务配套、产业资源导入、项目投资运营等多方面开展相应投资计划与运营管理，围绕生命健康产业进行布局，以“三生融合”的规划理念为引领，实现“产、城、人、文、智”融合发展。

未来，苏州生命健康小镇产业继续涵盖生命科技、智慧健康、高端医疗器械等生命健康前沿领域，兼顾高质量实体经济，融合生态、生活、生产功能，着力构建科研、孵化、生产、应用、人才培养及产业服务等产业生态系统，努力打造成为打造长三角基因特色产业生态高地、精准医疗和智慧科技研发示范区、产业升级和城市更新形象展示区。

昆山昆曲小镇

田园街巷里 昆曲声声慢

剧场舞台上、田园乡村中、街巷茶社内，昆山人的生活，处处曲声，浓浓戏韵。在古老昆曲艺术的滋养下，昆山的昆剧院团得到发展、观众群体日益年轻化、政策规划逐渐完善。这座古老与现代交相辉映的城市愈发“入戏”，昆山人的生活也更加“有戏”。

昆曲小镇

巴城镇是一座有着2500多年建制历史的江南水乡古镇，是昆山历史遗存最多和文化内涵最为丰富的地区之一，也是闻名遐迩的阳澄湖大闸蟹之乡、“百戏之祖”昆曲的发源地。2019年7月，巴城镇启动特色小镇申报创建工作，多方联合为特色小镇创建谋划思路、明确目标、指明方向，将昆曲小镇定位为以昆曲为核心，以江南文化底蕴为承载，重点打造一个全国戏曲艺术交流体验的新乐园、一个文化产业创业创新的新平台、一个文化旅游农业融合发展的新样本，建成“中国昆曲第一镇”。

昆曲小镇规划面积约2.9平方公里，建设用地约1300亩。立足昆曲文脉传承和艺术保护，巴城镇将按照“一体两核四标准”总体思路，推进特色小镇建设。“一体”即围绕“昆曲小镇”主体，“两核”即突出“文化、产业”两核心，“四标准”即紧扣“产业特色鲜明、人文气息浓厚、生态环境优美、兼具生活功能”四标准，大力实施“昆曲＋”融合战略，全力挖掘昆曲发源地资源优势，利用昆曲元素带动相关产业，促进文化消费。

巴城全力打造昆曲特色小镇，完善昆曲载体建设，积极探索“昆曲＋”融合战略，保护昆曲文脉，探寻昆曲发展之路。

昆曲小镇让昆山的夜晚活力四射。手工体验坊里可以体验昆曲头饰的制作；年代照相馆可以一秒穿越时光；老街廊桥下，昆曲《游园》、评弹《水墨巴城》、《渔舟唱晚》等节目轮番上演，昆曲元素散布在老街的每一个角落。

在古色古香的巴城老街上，俞玖林工作室、一旦有戏（顾卫瑛）、郑培凯工作室、朱晞古琴馆、东宝笛馆等名家工作室，昆曲大剧院、古戏台、昆曲长廊、昆曲主题邮局等场馆，让昆曲文化走近寻常百姓。

在《昆曲大观》作者杨守松看来，挖掘守护好昆曲历史资源，让昆曲“看得见、听得到、摸得着”，才是有效的保护与传承。

在巴城，台湾漫画家林政德制作了一部有关昆曲的动画片《粉墨宝贝》，“希望通过这样的艺术形式，实现动漫与传统文化的对接和推广，向世人展示中华传统文化的魅力”。葡萄牙商人老盖，在巴城建了一座以昆曲元素为主题的民宿客栈，因为“昆曲是世界的，应该让更多人了解”。在巴城，古老昆曲正在不断焕发新光彩，昆曲文化产业多元化发展，多形态的昆曲艺术伸手可触。

据悉，俞玖林工作室、一旦有戏（顾卫英）工作室等 8 个昆曲社团组织，已成功举办重量级昆曲文化活动 20 多场，各类昆曲主题讲座、演出、拍曲等活动 200 多场次，线上线下参与受众超过 450 万人次。

巴城还开办了小梅花戏剧团、小昆班，为昆曲的传承发展输送人才。开发昆曲小镇探源游研学旅游线路，向海内外游人展示地域优秀传统文化。

巴城镇党委书记石建刚说，巴城是昆曲的源头，一定要把昆曲传承好，形成独具文化气质的中国昆曲小镇，让文化瑰宝昆曲文脉绵延不断。

打造昆曲小镇，既是为了推动昆曲保护和传承，体现江苏文化的独特魅力和品牌，也是为了贯彻高质量发展要求，打造文创新业态新经济。未来三年，昆曲小镇将依托昆曲发源地的资源优势，加大现代服务业项目招商力度，形成以文化创意、昆曲文化产业为核心，兼具城市公共服务、文化休闲等功能，环境宜居、配套完善的特色小镇，打造昆山市域的西部门户。

苏州浒墅关绿色技术小镇

厚植底色　打造绿色技术产业发展示范区

浒墅关绿色技术小镇位于浒墅关中北部，京杭大运河穿镇而过，规划面积 3.39 平方公里，建设面积约 1760 亩。小镇遵循创新、协调、绿色、开放、共享新发展理念，聚焦特色优势产业，集聚高端发展要素，全力打造浒墅关绿色技术小镇。

浒墅关生态环境

浒墅关绿色技术小镇积极贯彻国家绿色发展理念，以打造联合国工发绿色发展长三角示范区为目标，在空间分为“上城”和“下城”两个区域。“上城”深入挖掘并依托当地运河文明，秉承“保护、传承、利用”的宗旨，以生产、生态、生活“三生融合”的理念，打造浒墅关运河文化古镇，形成苏州高新区新的城市核心，同时在古镇建设和运营过程中，全面融入和应用包括智慧能源、绿色建筑、水处理、垃圾处理等绿色技术。“下城”将围绕国家和苏州的产业发展战略，聚焦新一代信息技术、新材料、智能制造、环保科技、绿色科技等符合中国制造 2025 战略的产业方向，打造绿色产业新城。

小镇建设主体是国泰运河（苏州）投资开发有限公司。公司由国开金融旗下国开城市交通投资发展基金、普泰（香港）集团和浒墅关经开区资产总公司共同投资成立，充分发挥股东优势，深度整合资金、建设、产业和运营等各方资源，将有效推动小镇的建设。在小镇建设过程中，将根据不同片区特点引进不同的专业开发合作伙伴。

打造承载大运河文化的特色文旅古镇

小镇“上城”文化传承配套服务区，目前已纳入苏州高新区“十三五”规划中“三大主题广场”之一，规划面积 2.22 平方公里，建设用地约 1094 亩，预计总投资达 164 亿元。按照“苏州文化会客厅、长三角文化旅游融合发展示范区、国际文化旅游目的地”的功能定位，结合绿色主题，建设文旅核心区、文旅延展区和水岸生活区三大片区。古镇将按照 5A 级国家标准建设。古镇的整体方案设计正在不断深化。文化传承配套服务区两个文旅类项目建设业已启动。一是历史文化资源保护项目，将对浒墅关学宫、西陵堂、龙华寺等遗迹进行保护、修复和利用。二是浒墅关大码头项目，打造休闲、旅游、文化一体的综合性街区。浒关大码头是“浒墅关大运河古镇”蝶变的缩影，占地面积 78.9 亩，一期蚕里街区项目已改造完成。蚕里街区在原浒关蚕种场上修缮翻建，共有 5 栋民国时期保留建筑和 4 栋新建建筑。其中，民国建筑建成于 1926 至 1940 年间，通过大楼整体平移技术搬迁至此。该街区分为蚕里、剧源、晓学、守艺、尚河、钞关等六大主题，在创新中传承运河文化，推动小镇建设与文化内涵的深层次融合。

践行绿色发展理念，打造绿色产业新城

积极聚合高端资源，构建双创平台，结合产学研协同创新新模式打造集科研创新、人才培养、成果转化、项目落地“四位一体”的新型合作平台，已经签约引进河海大学江苏禹治流域管理技术研究院、清华大学苏州环境创新研究院、中航联创苏州新兴产业双创基地等院所和双创平台。

小镇“下城”围绕国家和苏州的产业发展战略方向，聚集新一代信息技术、大数据、新材料、智能制造、5G 物联网、环保科技、绿色科技等符合中国制造 2025 战略的产业方向，通过产业园和企业总部等产业形态，严选一批优质企业，整合国开金融资金优势，助力企业成长，推动高新区产业升级，形成新的产业优势。绿色产业新城启动项目占地面积 34 亩，项目总投资 3.5 亿元，拟建设 6.4 万平方米产业载体。项目已基本完成预招商，已有上海柯渡医学科技股份有限公司、苏州润迈德医疗科技有限公司、苏州汉朗光电有限公司等 10 来家优质企业有意入驻。企业入驻达产后将利税达 5000 万元人民币，亩均达到 140 万元人民币。

此外，在小镇公共配套设施方面，区域内道路、桥梁、运河景观带等基础设施，以及居住、教育、商业等配套设施的建设，已投入近 20 亿元。大运河绿廊已完成建设，总投资约 2.1 亿元，建设面积约 10 万平方米，连接小镇上城和下城。

海门正余机器人小镇

高质量建设全省有影响、全国有地位、全球有核心竞争力的机器人特色小镇

海门正余机器人小镇规划面积3.45平方公里，核心规划区1.24平方公里，以机器人研发和制造作为产业核心，以机器人销售与服务、机器人应用、机器人旅游体验为支撑，实现优势产业“强链、延链、补链”发展，打造“产城人文智”五位一体的特色典范。

海门正余机器人小镇核心区

小镇产业：形成机器人“研发—制造—应用”全产业链

目前，小镇机器人产业园已实现供地525亩，应税销售76472.4万元，入库税金4791.1万元。相继落户16家工业机器人核心零部件、整机研发制造、系统集成等相关企业（包括RV减速器、谐波减速器、固高驱控、伺服电机、机器人线束、喆丰机器人零部件、焊接机器人、中联建筑机器人、欣巴物流科技、三石益水下机器人、盛源福康环保机器人、睿牛激光视觉、锜杨精密机械、御镐智能制造、九垓系统集成）。另外，园区入驻9家汽配、建筑装备类企业。

省级机器人科创园项目落地。海门振康机器人科创园2017—2019年连续三年入选江苏省重大产业项目。加速推进工信部国家级平台建设。在2019年底启动平台大会的基础上，平台联合体单位每月线上召开平台建设项目协调会。建设上海机器人产业技术研究院江苏分院及国家机器人检测与评定中心（总部）正余减速机可靠性重点实验室。

正余机器人小镇通过打造优势平台，聚焦产业集群，实现了小镇机器人产业从无到有，由弱变强的奋斗历程。小镇以骨干企业为龙头，以联合技术研发为手段，积极落地产业化平台。为进一步推动小镇创新发展，加快实现小镇建设蓝图。下阶段，小镇将依托国家级平台，创新性载体，积极探索“创新中心＋公共服务平台＋先导区”的发展新模式，培育一批优质标杆示范项目，建设一批项目平台载体，形成智能创新应用先导示范区，从而有力促进机器人创新成果产业化，产业装备智能化，形成机器人全链条产业。在做强工业机器人的同时，布局服务机器人市场，高质量建设全省有影响、全国有地位、全球有核心竞争力的机器人特色小镇和机器人研发制造高地。

小镇规划：一体两翼、三区联动、产城融合

正余机器人小镇规划面积 3.45 平方公里，核心规划区 1.24 平方公里，实现“一体两翼、三区联动、产城融合”的发展蓝图。“一体”即以正余大道为主轴的新镇区；“两翼”即高新区和老镇区，高新区则为工业机器人产业区、建筑装备产业区、高端汽配产业区。

自入选江苏第三批省级特色小镇创建名单以来，小镇进一步完善规划布局，瞄准“一个核心、三大支撑”的产业发展模式，实现优势产业“强链、延链、补链”发展，打造“产城人文智”五位一体的特色小镇发展典范(“一个核心、三大支撑”：以机器人研发和制造作为产业核心，以机器人销售与服务、机器人应用、机器人旅游体验为支撑)。目前，已完成正余机器人小镇城市设计评审，并加快推进小镇国土空间规划和控制性详细规划编制工作。

小镇文、旅、智：智慧镇区、智造园区、智能景区

围绕“智慧镇区、智造园区、智能景区”的发展理念，加快配套设施建设。小镇客厅方案已挂网招标，12 月中旬进场施工；“澳新无人智能酒店”开工建设；通东革命老区红色记忆馆启动布展；正余初中与海门中学共建江苏省首家 5G 智慧课堂已试课运行；正余卫生院与南通附院共建 5G 医疗网络诊断平台正加紧技术攻关。

下一步小镇将加快生活性服务业配套建设。推进“一园一镇一馆一街一河”配套建设，打造通东文化街区和通吕运河“生态、工业、文化长廊”；加快推进澳新无人智能酒店、通东革命老区红色记忆馆、小镇客厅、5G 智慧课堂、5G 医疗网络诊断平台建设；持续推进人才公寓、创新湖区等生活性服务业平台建设，全力打造一个“产城人文智”相融共生的特色小镇。

淮安河下非遗小镇

“多方位”传承保护，让非遗文化“活”起来

河下非遗小镇总面积为3.35平方公里，交通便捷，紧邻两处铁路站点及高速出入口，基础配套设施完善。2002年7月，河下古镇被国家建设部、文化部评定为首批全国30个重点保护历史街区；2015年10月，河下古镇作为周恩来故里景区被评定为国家5A级旅游景区。

河下非遗小镇鸟瞰图

文化遗产众多，非遗资源得天独厚

依托漕运带来了丰富而深厚的文化遗产，包含1个国家级非遗项目（楚州十番锣鼓），6个省级非遗项目（平桥豆腐烹饪技艺、阙氏膏药制作技艺、钦工肉圆制作技艺、岳家茶馓制作技艺、南闸民歌、文楼汤包制作技艺），31个市级非遗项目以及66个区级非遗项目，仅河下老街就有30余个非遗项目，且有40余位非遗传承人进驻河下。

水乡风格独特，建筑风貌别具一格

“襟吴带楚客多游，壮丽东南第一州”，河下古镇独特的地理方位造就了小镇不同于江南水乡白墙黛瓦的秀气婉约。在承继了江南水乡的秀美基础上，也兼容并蓄吸收了北方建筑的大气，青砖灰瓦间流露出独属于苏北水乡的质朴庄重。小镇拥有全国最长的石板街湖嘴大街，街区内石板路面占90%，以清代以前的建筑为主，民居大多为民国以前的砖

木结构。小镇依托古民居而建，融镇于民，走在小巷中耳边响起的是地道质朴的淮安方言，是锅碗瓢盆交相辉映的民间乐章，是油盐酱醋的香味四溢。

人文底蕴深厚，名人事迹源远流长

河下古镇素有“进士之乡”的美誉，历代以来共出了 67 名进士、123 名举人、12 名翰林，状元、榜眼、探花“三鼎甲”齐全，其中明代状元、抗倭英雄沈坤的状元府正坐落其间。河下虽小，人文荟萃。“兴汉三杰”之一韩信，汉赋鼻祖枚乘、枚皋父子，南宋巾帼英雄梁红玉，《西游记》作者吴承恩等历代名人在河下小镇流下了众多历史遗迹及传说故事，为非遗小镇的创建奠定了深厚的文化基础。

生活在喧嚣的城市，被冗繁的工作束缚得久了，内心深处总会渴望去到一处静谧的小镇子，走走停停。

沿着小巷，顺着青石板古道，随意走动，没有过多的喧嚣，就这样静静地游荡在这惬意的时光里。

在河下古镇最为繁荣的清朝，有 108 条街巷、44 座桥梁、102 处园林、63 座牌坊、55 座祠庙。明清时这里富商遍地，处处都是园林，可以与扬州盐商的园林相媲美。这种“河、城、街”多元而充满活力的空间格局，体现了运河古镇的独有风韵。

在河下古镇的巷头，省级非物质文化遗产“岳家茶馓”的传承人岳云飞师傅一大早刚忙完，正在店里休息。“最近生意还行，除了茶馓，我们还制作了薄脆、麻花等食品，以茶馓为主，兼卖点其他的。”岳云飞笑着说。河下古镇，形成于春秋末期，至今已有 2500 多年历史，是淮安历史文化名城重点保护历史街区。近年来，淮安市淮安区以申报河下非遗小镇为契机，分门别类编制保护利用规划，邀请非遗项目入驻小镇，集中进行保护展示，形成 3.5平方公里的非遗众创空间。

2019 年，在打造出非遗一条街的基础上，又新增一条估衣街，进驻非遗项目。截至目前，河下古镇的非物质文化遗产已经有 20 多项，包含三大类：传统技艺类，包括淮扬菜系中的文楼蟹黄汤包制作技艺、岳家茶馓制作技艺、钦工肉圆制作技艺，以及纸扎、根雕、绒花绒鸟制作等；传统医药类，包括中国古代十大名医吴鞠通创立的“山阳医派”；传统美术类，包括博里农民画、泥塑等。“非遗小镇是我们的一个重要抓手，对于保护、传承、展示传播我区的非物质文化遗产有着重要意义，在这里可以看到鲜活的非遗项目，感受到非遗独特的技艺魅力。下一步，我们将致力于让更多的非遗项目在小镇安家，守护好传统文化的精神家园。”吉凤山说。

镇江丁庄葡萄小镇

小葡萄　大产业　从产业化迈向现代化

丁庄葡萄小镇位于镇江市句容茅山镇丁庄村。小镇立足葡萄产业，聚焦富民，加快农业一二三产融合发展。以"旅游＋"为引擎，以体制创新、政策创新和科技创新为动力，不断完善农旅服务设施、改善农旅服务环境、提高农旅服务水平，提升民生福祉和游客舒适度、满意度，构建"资源围绕旅游聚、产业围绕旅游转、产品围绕旅游造、结构围绕旅游调、功能围绕旅游配、民生围绕旅游兴"的江苏省葡萄小镇。

丁庄葡萄小镇鸟瞰图

小镇产业：立足葡萄产业，全面提升丁庄葡萄竞争力

品牌：丁庄连续举办了八届"句容葡萄节"，建立了"手机、淘宝、微信、网站"四位一体电子销售平台，"丁庄葡萄"自主品牌和"春城有礼"区域品牌享誉全国。2016 年丁庄村被评为"中国特色产业村"及"中国葡萄之乡"，2017 年"丁庄葡萄"获批为国家地理标志。

品质：2015 年成立了丁庄万亩葡萄专业合作联社，实行"统一品种育苗、统一技术指导、统一生产资料、统一质量标准、统一品牌销售"五个统一，将千家万户"小生产"与千变万化"大市场"无缝对接。葡萄年产量近 2 万吨，2017 年葡萄销售额达 5 亿元。

品种:全镇丁庄葡萄种植面积 20000 亩,其中丁庄村作为葡萄产业核心区种植面积达 12000 亩。现有种植品种有 46 种,主要包括巨峰、夏黑、金手指、美人指、阳光玫瑰等。2017 年输送 4 批 50 人次的“葡二代”赴日本山梨县交流学习,引进妮娜皇后等新品种,全面提升丁庄葡萄竞争力。

产业延伸:同步发展休闲旅游产品和葡萄高附加值产业,形成“丁庄葡萄”品牌建设与三产融合互为协调、互为促进、互为依托的良好局面。

小镇文化:历史文化深厚,民风民俗淳朴

历史文化:丁庄葡萄最早引进栽培时间,应为东晋年间,由道教学者、医学家、文学家葛洪(284—364),稚川,自号抱朴子,丹阳句容人(今江苏省句容市),引进而来,当时只是“零零星星地种植,未大面积推广”。齐梁陶弘景(456—536),字通明,齐梁间道教思想家、医学家,自号华阳隐居,著有《本草经集注》,弘景曰:葡萄“状如五味子而甘美,可作酒”。1989 年,全国劳模方继生从 2 亩葡萄园开始,逐渐带动周边农户发展葡萄的规模种植,将葡萄作为经济作物大面积推广,葡萄种植成为丁庄村民的主要经济来源。1993 年,赵亚夫先生邀请日本葡萄专家早川进三前来指导,引进早川栽培模式。1999 年,成立江苏省第一家专业合作社“老方葡萄”专业合作社。2005 年建成全国无公害早川葡萄标准化示范区。2015 年,成立丁庄万亩葡萄专业合作联社。

民风民俗:丁庄村民风淳朴,热情好客,村民们依靠自己的双手致富。丁庄葡萄的带头人方继生,1948 年 8 月出生于春城公社丁庄村,1996 年加入中国共产党,2012 年 12 月 29 日因病去世。方继生 1989 年开始从事葡萄种植,从 2 亩葡萄田发展到现在的几千亩葡萄基地,靠一双勤劳的手和一份坚持不懈的追求,成就了“葡萄大王”的传奇。

小镇文旅:生态环境优越,构建“大旅游”格局

丁庄村围绕国家农业公园建设,大力发展休闲创意农业、养生养老度假、自驾露营、精品民宿等休闲农业和乡村旅游新业态。通过点上提升、线上串联,构建了“大旅游”格局,正在创建国家级特色景观旅游名镇、乡村旅游示范点。

生态环境:丁庄村生态环境优越,气候类型属于亚热带季风气候,具有明显的季风特征,四季分明,热量充裕,无霜期长,雨水丰沛,光照充足,水源丰富,空气清新,适宜葡萄生长,同时也是居家旅行的优质目的地。

功能承载:小镇已建成并发展为重要生态观光旅游景点的有:茶博园、东方紫酒厂、茅宝葛根园、豆腐村等;正在兴建并重点发展的项目有东方紫酒博物馆、蒙爱城豆腐村二期乡村度假会议中心、义利康酵素、清境农场以及丁庄葡萄科学研究院等。葡萄小镇综合服务中心可完整呈现丁庄葡萄游客中心、农产品展示中心、农民培训中心、葡萄博物馆、电子商务中心五大功能。

发展方向:整合美丽乡村、主导产业、旅游资源和民俗文化资源——以葡萄文化为底蕴,打造丁庄葡萄文化特色村。依托周边丰富的旅游业态和集聚的人气,积极引导村民发展民宿产业。鼓励工商资本打造高端、生态、精致、特色的休闲度假民宿产品。围绕民宿建设,做好周边生活便利配套,打造慢生活体验区和自行车骑行绿道,将丁庄村建成为功能突出、独具特色、设施完善、环境优美、传统农耕文化和现代农耕文化兼顾的新亮点。

镇江京口 e 创小镇

做好“互联网＋”文章　打造创新型互联网产业高地

京口 e 创小镇位于江苏大学西侧，生态优势突出、科技创新活跃、交通区位优越、周边配套齐全。小镇以“互联网＋”为主题，立足网络游戏产业基础，聚焦发展以网络游戏研发、运营及其衍生产业为主导的新一代信息技术产业，着力推进产业升级，着力完善服务功能，着力提升生活品质，着力优化生态环境，打造产业特色鲜明、体制机制灵活、人文气息浓厚、生态环境优美、功能叠加集成、宜业宜居宜游的智慧型、生态型数字创意特色小镇。

京口 e 创小镇鸟瞰图

小镇产业：以创新型互联网产业为核心

“e 创小镇”中的“e”代表小镇重点发展以网络游戏主导的互联网创意产业；“创”代表小镇将着力围绕互联网创意产业扶持创新创业；“e 创”谐音“易创”，代表小镇将着力营造良好的“创新创业”氛围。目前已形成软件信息、数字互娱双轮驱动，智能制造引领发展的新一代信息技术产业集群，集聚软件信息类企业 217 家，2019 年全年营收超过 10 亿元。

在大众创业方面，“e 创小镇”已建成国家级高校学生科技创业实习基地、江苏省创业示范基地、江苏省众创社区备案试点单位、江苏省小型微型企业创业服务基地、江苏大学大学生创业示范基地等；在科技创新方面，已建成国家级科技孵化器 1 家，省级科技孵化器 2 家；在产业发展方面，已建成省级生产性服务业集聚示范区、省级电子商务示范基地、省级互联网产业园、省级文化科技产业园，同时还是国家火炬计划产业化环境建设项目承载单位，形成了“众创空间—孵化器—加速器—产业园区”全链条企业孵化育成体系；在载体资源方面，已建成运营各类双创类载体近 9.7 万平方米，2020 年即将启动建设载体 6 万平方米，已完成拆迁供项目落地的产业用地近 400 亩；在人才引进方面，累计引进国家级人才 5 人，省双创团队 3 个，省双创人才 15 名，市金山英才计划 28 名，核心人才引进指标占全区近 2/3，人才的“硅谷效应”明显。

小镇镇长：金海星科技有限公司董事长金文

金文，金海星科技有限公司董事长，2015 年 9 月创建江苏金海星导航科技有限公司。企业分别获得省“高新技术企业”“民营科技企业”“软件企业”称号。自 2016 年以来，她带领研发人员承担省部级科研项目 5 个，市级科研项目 6 个，获得授权专利 14 件，其中发明专利 3 件；现申请专利 16 件，其中发明专利 9 件；软件著作权 18 件；在围绕船舶航行安全方向研发的“金海星船舶安全预警系统软件 V1.0“荣获全国商业科技进步奖“三等奖”。被江苏大学创新创业学院聘为创业导师，江苏大学研究生校外指导老师；担任镇江市交通运输局评审专家、镇江地方海事评审专家、镇江港口危险点风险分析及管控措施研究专家、镇江市工商联合会执委及镇江市多家协会的理事等职务。

小镇运营模式：坚持“专业的人做专业的事”

京口 e 创小镇的运营主体是镇江市京口区大禹山创意新社区，是镇江市京口区为加快推进互联网产业等现代服务业发展，经镇江市人民政府批准成立的高新技术产业园区。大禹山创意新社区实行主任负责制，下设综合部、规划建设部、招商服务部、投融资服务部 4 个部门，拥有一支紧密团结的专业服务人员队伍。主任负责日常管理工作，优化机构内部设置及人员聘用方案，实行绩效考核和末位淘汰，保证京口高创大禹山创意新社区各项工作的顺利开展。镇江市京口区大禹山创意新社区西至航运路，南至宗泽路，东至江苏大学，北至老江堤，规划占地面积 410 亩，规划建筑面积 15 万平方米。

小镇坚持“专业的人做专业的事”，与上级职能部门、龙头企业形成战略合作关系，实现“借力发展”“借力服务”，已形成了“创新创业服务＋技术支撑服务＋产业招商展示＋投融资”四大公共服务平台。

小镇文化：生态保护与小镇发展互促共融

小镇依托大禹山、京岘山两座自然山体，小镇重视自然资源保护与开发，优化景观风貌，推动生态保护与小镇发展互促共融，借助城东垃圾填埋整治工程，打造小镇沿江湿地公园，提升小镇生态环境，按照 3A 级景区旅游配套标准打造生态系统建设。镇江有金山、焦山、北固山等诸多美景，有刘备招亲、白娘子水漫金山等历史故事和美丽传说。美景、历史、神话、武侠、宗教等游戏中常用的元素在这里均处处可见，为开发优质的游戏产品提供了很多有趣的题材。

南京汤山温泉康养小镇

以“温泉＋康养”为核心，打造生活新样本

汤山温泉康养小镇，一处走进便不想离开的地方，有山水，有家人，有邻里，有知己……在城市中，赴一场理想生活的知遇。

汤山温泉康养小镇位于著名的温泉疗养区——汤山，有着“千年圣汤、养生天堂”的美誉。总体规划面积 2.5 平方公里，核心面积约 2017 亩。小镇由苏豪健康、中国金茂以及汤山建投联合打造，项目总占地超 2000 亩，整体以康养产城建设为主旨，后期将打造成为一个更宜养、宜居、宜游活力小镇。

汤山温泉康养小镇鸟瞰图

汤山温泉康养小镇禀赋汤山温泉特色，以康养文化为核心，借助汤山温泉资源康疗养生价值，推进大健康产业发展，打造一个更宜养、宜居、宜游活力小镇，带动汤山国家级旅游度假区的持续升级。

目前，小镇拥有四大产品、四大服务体系、十二大生活配套及 30 项生活关怀细节，倾力构建出全新的中国小镇生活方式——乐活生活，这是一种崇尚城市与自然间的平衡的发展架构与生活范式，以温泉康养为起点，聚焦身之养、心之养、居之养，将构建全龄化、全方位的生活服务体系。

根据规划，汤山温泉康养小镇将建设有 12 大公建配套，包括小镇客厅（运营）、步行漫道（运营）、温泉度假酒店（在建）、颐乐学院（在建）、主题商业（在建）、文博中心（在建）、幼儿园（规划）、禅意水街（规划）、瞭望塔公园（运营）、矿坑公园（运营）、医院（规划）、小学（规划）等，生活、娱乐、教育、医疗等配套应有尽有。

汤山温泉康养小镇客厅（矿坑公园）位于汤山街道美泉路以北，占地面积逾 600 亩，建设面积约 12 万平方米，主要游客互动区域由东南大学王建国院士领衔设计，集合规划、建筑、景观、亮化等三十多家设计单位共同参与，对矿坑进行了生态修复和城市功能织补，旨在打造集科普教育、休闲度假、温泉娱乐为一体，以山为幕的特色矿坑体验中心。现已完成一期小镇客厅游客服务中心、生态停车场、大凹剧场、伴山营地、旷野拾趣乐园、三叠湖、七彩走廊、阡陌花海等建设并对外开放，二期星空餐厅、云儿茶宴、攒子涧瀑布、茶室也已建设完工并对外开放，先锋书店正在建设中。同时康养区域包括小镇健康馆、小镇生活馆、小镇美术馆，展陈小镇空间规划、产业规划以及康养生活方式的规划。小镇生活馆包括文体活动区、膳食体验区、中医养生区、介助介护区，引进国际化的康养设备，引领健康生活方式。

小镇客厅自建成开放以来，不仅筹办了丰富的亲子周末活动，2018—2019 年汤山温泉文化旅游季开幕式、汤山美食节、世界小姐江苏赛区颁奖盛典、首届汤山健步走活动、“一带一路”国际定向越野赛、“不止骑”自行车骑行赛等赛事活动纷纷落地小镇客厅，年游客量超 50 万人次，已成为南京新一站网红打卡点。

2020 年 9 月 11 日，汤山温泉康养小镇名誉镇长聘任仪式在汤山易汤温泉酒店隆重举行。当代杰出工笔花鸟画大家、国家一级美术师喻继高先生受聘担任汤山温泉康养小镇名誉镇长。

按照小镇的规划建设进度，小镇文博中心将于 2022 年全面建成并投入运营，届时将收藏展示喻继高先生工笔画作品，满足小镇居民和游客对美好精神文化的需求，为继承和弘扬中国优秀传统文化尽绵薄之力。

下一步，汤山温泉康养小镇将继续立足在汤山丰厚自然资源的基础上，积极对标国际一流温泉小镇，呈现医养服务、生活服务、文娱服务、特色服务组成的生活服务体系，助力康养产业进一步升级。

无锡灵山禅意小镇
山水之间的心灵度假地

灵山禅意小镇位于无锡(马山)太湖国家旅游度假区山水之间,靠山面湖,与驰名中外的灵山大佛依山为邻,这里向来有“净空、净土、净水”之称,生态秀美,环境优越。小镇以“禅”为核心文化主题,集景区游玩、主题住宿、休闲娱乐、会议服务、婚礼定制、禅修体验等多功能于一体。

灵山禅意小镇全景图

小镇缘起:因禅而生,因美而存

“拈花湾”的命名,一方面源于灵山会上佛祖拈花而迦叶微笑的经典故事“拈花一笑”,同时也缘于它所在的地块形似五叶莲花的神奇山水。小镇整体建筑风格与日本奈良相似,融入了中国江南小镇特有的水系,打造出了一种独有的建筑风格,使得整个小镇沉浸在美轮美奂的意境中。2019 年 10 月,拈花湾禅意小镇入选首届“小镇美学榜样”名单。

“四要素”赋能小镇可持续运维

小镇由无锡拈花湾文化投资发展有限公司全过程创意建设运营,通过稳定的大营销团队、文化主题商业管理团队、目的地景区酒店管理团队、景区专业化演艺管理团队、综合服务管理后勤配套管理团队形成了主题文化目的地全流程、全业态、全生命周期的运营管理模式。

游客服务优质。客栈管家服务是拈花湾的特色标签。50 多个管家管理 27 家客栈,为游客提供 24 小时全过程管家服务,包括手作体验、下午茶点、咨询讲解,管家式服务让游客感受家的温馨。此外，小镇以“游客满意度”为导向，还梳理了 82 个接触点的服务关键时刻，制定了 399 条解决提升方法。

空间布局合理。小镇入口的禅生活中心作为“前厅”，兼具文化展呈、景区导览、咨询引导、互动体验、活动预约、视听观影、休憩放松等功能。“后厅”禅者之家，活动品类更为丰富，服务不断完善，形式持续创新，参与度不断攀升，导师团队更加专业化，引导更为人性化。

品质业态丰富。为满足大众消费转型升级的需求，拈花湾小镇着力打造了一系列自有口碑体验品牌，涵盖特色餐饮、休闲体验、场景零售、休闲养生等多业态，丰富多彩的品质业态将禅意生活展现得淋漓尽致。

安全网络健全。小镇通过健全消防、应急管理体系，规范了各类重大活动的保障应急预案和应急处置能力。利用物联网，打造智慧消防管理系统，实现火灾防控“自动化”、救援指挥“智能化”、日常检查“系统化”。开通运营生命通道，形成了“五定、一动、两到位”管理模式，实现重点区域，多点联动，有效维序。

沉浸式体验场景邀远方客人留下来

小镇在打造了美轮美奂的静态景致后，还增加了许多沉浸式体验场景运营，也成为一大特色，把许多游客留下来。

全龄层的特色活动“禅行”以拈花湾的山水禅境和唐风宋韵的景观建筑为载体，借现代数字多媒体技术和舞台表演艺术，使人仿佛穿越千年，在无垢无净的禅境山水中，心生自在和欢喜。此外“一苇渡江”“亮塔仪式”“五灯湖表演”等主题项目，以及无所不在的五彩斑斓的夜间景致，使游客陶醉其中。特别是 2020 年新推出的微笑广场大型动态雕塑水秀表演，现已成为拈花湾景区核心夜景。

小镇不仅有夜游产品，还有演艺、住宿、餐饮、休闲娱乐、体验活动等元素，打通了吃、住、行、游、购、娱各道环节。特色住宿方面，拈花湾目前有 27 家主题客栈和 1 家高端酒店，形成禅文化 IP 住宿群。每家客栈独有一个禅意主题，每个主题独有一个禅意故事，形成了一脉相承又和而不同的文化脉络，这也成为拈花湾吸引游客“留下来”的一大因素。在夜间娱乐方面，拈花湾不断在探索，形成了一系列常态化、特色化的禅文化体验活动，如欢喜抄经、静雅花道、同愿传灯等，使拈花湾的夜游内容更加多层次、立体化、更加具有主题性的体验感。文创产品方面，通过对中华优秀传统文化的创造性转化、创新性发展，围绕“打造全国心灵旅游度假目的地”目标，拈花湾已推出 28 个文创品牌，其中以拈花无银、善空、又见山为典型代表。

未来，小镇还将着力推进目的地“生态圈”商业模式迭代。持续做好自营品牌提升，加快文创产品研发，提升商业总体水准，继续推动小镇向会奖业态、研学业态、康养业态、文化艺术业态等延展领域发展。

无锡湖㳇茶旅风情小镇

创新文旅小镇模式　开启全域旅游新篇章

湖㳇茶旅风情小镇以阳羡茶为主题，充分依托区域内优越的自然生态环境、良好的农业资源、丰富的旅游业态，通过整合茶文化、茶历史、茶产业、茶品牌等资源，强化茶主题产品的延伸开发与市场开拓，构建茶生活主题空间和景观环境，打造全域化、全时化、全员化特色产品，以培育特色鲜明，独具魅力的旅游风情小镇。

雅达阳羡溪山实景图

加强科学规划，努力建设定位精准的特色小镇

小镇围绕自然环境、历史文化、旅游产业等载体，确定了“一心一轴一带　四大功能板块”的发展布局，重点做好小镇四大主客共享区、三大特色景区、五大休闲度假区、四大主题酒店的功能布局。茶旅产业运营策划则重点以“茶旅”为特色主题，积极引导小镇区域内的旅游单位开发乡村旅游特色产品、发展特色主题民宿、培育互动体验活动等，使小镇茶旅风情浓厚。

加快配套建设，努力建设设施完善的特色小镇

自创建以来，小镇共投入基础设施建设 5.085 亿元，包括道路建设、环境整治和污水管网等。其中，重点做好小镇内的旅游风景道——张灵慕线改造，市、镇两级财政共投资 2.2 亿元，对沿线的村庄环境、景观功能、配套服务等方面进行全面提升，包括强电、弱电入地，村庄立面出新、屋顶改造，市政绿化、亮化工程，沿线公交站台改造，停车场改扩建等五

大工程。同时，在小镇主要出入口和重要节点新增了小镇标志性景观，在小镇全域范围内完善导视系统，新增标识标牌，开通了高铁免费旅游直通车，实现免费 WIFI 全覆盖。

加大项目投入，努力建设业态丰富的特色小镇

近两年，小镇加大项目招引和投资力度，共累计投入 21.64 亿元，重点推进省重点项目——雅达·阳羡溪山的建设进度。该项目计划投资 80 亿元，规划有阳羡湖景游览区、小镇中心区、颐养社区、生态农庄、休闲度假设施等五大功能片区，将茶田、竹海、山水等原生态资源融合，为游客提供养生、艺术、度假等系列优质生态产品。截至目前，已建成小镇中心、雅达书院、养生养老居住区，以及与之相配套的 500 亩的滨湖公园和东坡阁景区两个公益性休闲和文化设施，并已陆续对外开放，获得游客的一致认可和好评。

此外，由中交深氧度假小镇打造的伊舍尔浪漫主题街区也已完成建设，7.2 万平米大型高端复合型商业街将融休闲娱乐、儿童体验、主题餐饮等业态，并引进高端星级酒店、特色风情民宿、特色文化体验项目，打造成集住、吃、喝、玩、乐、购为一体的小镇核心商业街区。项目即将进入品牌招商和内部装潢阶段，2021 年将正式对外开街。

加速个性培育，努力建设风情浓郁的特色小镇

小镇以“茶旅”为特色主题，积极引导小镇区域内的旅游单位，开发乡村旅游特色产品、发展特色主题民宿、培育互动体验活动等，鼓励景区、酒店、民宿等旅游单位打造特色浓厚、差异明显、独具风情的旅游业态，以加强小镇整体的品牌和特色提升。其中小镇内的紫海庄园打造了空中玻璃漂流、百米沙滩瀑布、水幕实景演出等体验项目，丰富了小镇的夜游产品；茶文化主题酒店——阳羡贡茶院与开元酒店集团深度合作，精心打造了开元颐居酒店，通过引入专业化的品牌和管理团队，强有力地提升了茶旅小镇的旅游度假品质；篱笆园·深氧墅、茶文化生态园、绿缘山庄等一批乡村旅游区推出了不同主题、不同时段、各具特色的茶文化旅游品牌路线，以吸引各地游客至小镇度假体验。

加深品牌宣传，努力建设活力充沛的特色小镇

小镇创建以来，精心打造了不同主题的旅游季活动，做到“每季有主题活动，每月有特色活动”。2017 年 6 月开展了茶旅风情小镇品牌发布会，率先在全省打响了湖㳇茶旅风情小镇的品牌，并通过发布小镇宣传片《寻找茶香之旅》，原创民谣歌曲《茶旅时光》和茶旅风情小镇体验地图，开展小镇宣传语及 LOGO 设计征集活动，进一步优化了小镇的 IP 传播。主动加强品牌营销，开展系列旅游推介会，发布小镇的旅游活动、度假产品及新业态项目，吸引周边游客至小镇度假体验。此外，每年都在小镇客厅举办茶旅风情季启动仪式、山地半程马拉松春(秋)赛、生态杨梅节、深氧音乐节等活动，以多彩的形式向来宾阐释了茶旅小镇的丰富内涵，吸引了各地游客纷至沓来，进一步打响了湖㳇茶旅风情小镇的知名度和影响力。

无锡阳山桃源风情小镇

桃源深处风情浓　甜蜜事业续美名

无锡阳山桃源风情小镇地处阳山旅游度假区核心，规划面积 3.46 平方公里，核心区面积约 1.39 平方公里。自 2017 年认定为创建单位以来，充分利用现有自然禀赋，以“桃、山、水、泉”为主要元素，以田园综合体为引领，以主题酒店与精品民宿为亮点，以省级特色田园乡村为依托，对照风情小镇创建标准和实施方案，全力打造集观光游憩、祈福纳祥、康体养生、休闲度假、时尚体验等多功能于一体的旅游风情小镇。

阳山桃源风情小镇

坚持一张蓝图：拉开建设桃源风情小镇序幕

阳山坚定走“生态立镇”之路，坚信有生态才有未来，有绿色才有明天。2011 年完成《无锡阳山生态休闲旅游度假区规划》，2013 年编制完成阳山总规，2015 年据新编制的《阳山镇村发展规划》，使得阳山的发展格局更加科学合理；2017 年完成旅游度假区专项规划与桃源风情小镇建设专项规划；使得阳山走得每一步都在规划的引领下。

阳山坚定走“产业立镇”之路，坚信有产业才有发展，有特色才有活力。围绕“生态宜居、特色农业、休闲度假、文化养生”四大特色，以“种世上最美味的桃子、建中国最美丽的乡镇、品人家最美好的生活”为总体愿景，坚持“一带引领、双核互映、五区联动”，全力打造一个产业融合发展的桃源小镇。

突出“两大抓手”：打造特色小镇的独特亮点

阳山的乡村旅游，以美丽乡村的打造为前提，通过大刀阔斧的农业改革、景观开发和生态建设，为游客提供更为全面的观光、休闲、度假配套设施和高质量的综合服务。紧扣特色，彰显一村一景。阳山对自然分布的村庄分别采用“搬、整、包、转”四种处理模式，完成前寺舍、朱村等 11 个星级村的包装提升，形成“桃园深处有人家”的意境。以地处小镇核心范围的桃源村为例，积极发展精品住宿、观光农业、文化村落等多种经营，吸引大量游客聚集，将成为加强旅游辐射、带动村级致富的新亮点。其他自然村结合自身特色，涌现出葫芦谷商业街、顺丰电商村等乡村旅游特色化发展的典范。紧扣产业，彰显桃乡风韵。以水蜜桃产业为代表的生态高效农业为阳山的乡村旅游发展提供了最佳的基础。截至 2019 年，全镇共有专业合作社 120 个、家庭农场 28 个、农业龙头企业 3 家。土地流转后的各个农场，坚持“差异定位、互补发展、形成特色”的思路，集观光农业、科技示范、科普教育、蔬果采摘、耕作体验于一体，是吸引游客回归自然、体验农趣的理想场所。同时，积极拓展水蜜桃深加工产业，开展水蜜桃汁、水蜜桃酒的研发，组织桃农进行桃木工艺品加工，建成桃木工艺品加工基地，延长桃产业链，丰富旅游商品市场供给。

围绕“三大篇章”：唱响桃源小镇幸福赞歌

写好田园生活文章。田园东方一期建成的高精示范田、综合生态养殖和垂钓、地方文化民宿和度假酒店、传统地域餐饮等各种业态，受到各方的高度赞扬与良好的市场反响，二期植物大战僵尸农场、蜜桃故事馆、园田美术馆、牛路野营基地等项目建设，呈现全新的乡村生活形态。打好温泉牌，合理利用温泉资源，让更多的民宿农场利用地热资源，每个温泉都有独一无二的特色和亮点，打造文化气息浓厚、娱乐多姿多彩、生活有品味的温泉小镇。写好优质项目文章。隐居酒店已正式运营，主打“隐逸文化”，成为一个“隐”于桃之景中的小众化高端酒店；花间堂温泉酒店充分利用阳山温泉、书院、蜜桃元素，展现全新的田园度假模式；“麒麟湾”民宿文化村采取众筹方式，打造成一个集文化创意、生态休闲的民宿村落，目前已有 6 家民宿正式营业。楠木紫藤园将投资建设原汁原味的楠木徽派老建筑和引进世界各地 100 余种紫藤，将成为小镇中轴线上的新景点。新引进的耘林酒店、融创阳山会客厅等项目，将为小镇插上腾飞的翅膀。写好服务提升文章。设施到位，以增加景点人气为突破口，进一步加强景点包装，优化景区安全防卫设施、交通指路系统、旅游公共厕所、停车场、游客中心、休闲设施、智慧旅游、自驾游基地、露营地等公共配套设施。整合游线，加强与各大旅行社的合作，开通旅游专线，打造精品一日游、二日游，形成长三角地区独具特色的短途旅游线路。强化管理，加强省星级旅游区和特色民宿创建工作，做到高效化、规范化、人性化；制定《无锡阳山生态休闲旅游度假区关于进一步加快现代服务业发展的意见》，促进阳山桃源风情小镇提档升级。

无锡西渚云湖茶禅小镇

开启千年陶都的养心之旅

西渚云湖茶禅小镇位于宜兴市西南部的西渚镇境内，是宜兴生态禀赋最为突出、人文资源最为丰富的地区之一。境内拥有国家AAAA级云湖景区、江苏省六大水库之一——横山水库（云湖）、宋代古窑遗址、全国乡村旅游重点村——白塔村、无锡八大博览园之一——阳羡茶文化博览园，也是星云大师佛光祖庭大觉寺所在地，具备发展优质文旅产业的基础条件。

近年来，西渚镇摒弃单纯以生态为卖点旅游发展模式，依托一湖（云湖）、一寺（大觉寺）、一村（白塔村）、一园（水墨田园）等资源，创新文化旅游业态和模式，积极实施品牌战略，大力提升基础设施和配套服务，扎实推进文化和旅游深度融合。

小镇横山片区村庄鸟瞰图

坚持规划引领、发展全域旅游

旅游开发是一项创造性、专业性非常强的工作，尽管各地多有模式可以借鉴，但亦步亦趋跟随效仿，难以做出特色，吸引不了游客，也就没有市场生命力。为此，云湖茶禅小镇强化全域旅游理念，聘请专业的规划设计团队，按照多规合一的要求将旅游规划与土地利用、经济发展、城乡建设等规划结合起来，编制完成了省级旅游风情小镇——“云湖茶禅小镇”综合发展规划，同步建立和完善了“一张蓝图干到底”的制度措施，有力有效推动了资源优化配置、空间有序布局、功能完善提升，从而带动和提升全镇城乡建设水平。

坚持生态优先、守护绿水青山

绿色生态是西渚最大的财富、最大的优势、最大的品牌。近年来，西渚坚持“生态立镇”，先后关停淘汰50多家采石场、砖窑厂、小化工等散乱污企业，强势推进“263”专项整治行动，严厉打击各类环境违法行为，坚决打赢打好减化、治水、治固废等污染防治攻坚战，围绕美丽乡村建设，深入推进村庄环境整治，以实际行动践行习总书记提出的“绿水青山”就是“金山银山”的发展理念，努力展现小镇“最靓颜值”。坚守总有回报，小镇守住了一方净土，生态休闲旅游发展风生水起，成了人人向往的宁静家园。

坚持因地制宜、促进产业融合

发挥“旅游＋”的无穷潜力，推动一二三产业融合发展，加快做大做强实体经济。农业＋旅游：依托土壤富硒的天然优势，布局以特色名茶、绿色大米等为重点的现代农业园区，2019 年盛道茶业荣获江苏“十佳名茶”特等奖并亮相北京园艺博览会江苏日，华康茶叶、金山农庄、纪斌瓜果生态农场等在国家和省市各类评比中取得优异成绩，西渚富硒好米得到中国农业技术推广协会认证。工业＋旅游：推动以亚麻纺织等传统产业转型升级，进一步拉长产业链、提高附加值。与此同时，在工业服从于旅游开发的思路指引下，适时适度地开展“优二进三”，着力推动转型发展。游客“打卡”的热门地“浮里云”精品民宿，就是由三栋工业厂房改造而成，“工业风”民宿体验得到市场的追捧，经常有影视剧组来此拍摄取景。

坚持文化为魂、深化文旅结合

西渚茶文化千古流芳，禅文化博大精深，农耕文化令人向往。白塔村既是革命剧作家于伶的家乡，也是星云大师祖庭白塔大觉禅院所在地。面对得天独厚的资源，先后建成了于伶纪念馆、百年老物件生活行旅馆、宜人书院、党建展示馆等活动阵地，并多次举办乡村旅游节，现已成为游客爱看爱逛的好去处。与此同时，借助大觉寺的品牌优势，精心策划了八届两岸国际素食文化博览会、国际禅文化音乐节、茶禅文化艺术节，依托春茶开采季举办了千人茶会、两岸茶文化论坛等活动，持续弘扬“阳羡贡茶”的历史文化，并圆满举办了“到人民中去”中国文联走进云湖茶禅小镇大型文艺慰问演出、中国知名作家走进西渚采风活动、“艺美视界 · 云湖瞬间”中外摄影大赛、“云湖读本”首发仪式等，“水墨云湖　茶禅西渚”的品牌声名远播，云湖茶禅小镇的关注度、美誉度得到有力提升。

博观而约取，厚积而薄发。经过多年潜心建设，以康养为鲜明特色的发展方向，集禅修、养生、度假、旅居和观光为一体的“云湖茶禅小镇”计日程功。展望未来，我们将以姜昆艺术综合体、中国首家红色微电影基地为突破口，加快做足以云湖为代表的水文化、以茶博园为主题的茶文化等文章，为生态文化旅游业注入更多的文化内涵，努力把云湖打造成为“中国陶都”之外宜兴又一张靓丽的名片，真正把西渚建设成为养生的福地、养心的天堂，奋力实现“乡村让城市更向往”的伟大梦想。

徐州香包风情小镇

千年遗香邂逅时尚　香包小镇增特色添魅力

“香之为用从上古矣。”中华香文化历史悠久，源远流长。作为“两汉”文化的发祥地，汉代时徐州香包已经出现，经过数千年发展演变，形成了独具地方特色的香包文化。近年来，江苏省徐州市贾汪区深入挖掘国家级非物质文化遗产——“徐州香包”的历史、文化、人文、旅游价值，在马庄村规划建设了“香包风情小镇”。

徐州香包风情小镇全景图

2017 年 12 月 12 日，习近平总书记在视察马庄村时，在香包工作室夸赞香包做工精致，对王秀英这位 80 多岁老人带动村民发展香包产业致富大加赞赏，并亲自购买了一个“真棒”香包，为马庄香包“捧捧场”。

由于煤矿资源枯竭、土地塌陷、劳动人口流失，区域经济急转直下。香包风情小镇成功入选江苏旅游类、体育类省级特色小镇创建名单，迎来历史发展机遇。香包风情小镇转变成为以马庄香包为品牌依托，以潘安湖湿地为生态基底，带动区域旅游快速发展的特色旅游风情小镇。

贾汪区委、区政府将香包提升为富民大产业的战略高度，委托国内一流团队，科学编制“香包产业发展规划”，在“中国民俗文化村”马庄规划“徐州香包风情小镇”，建设了香包客栈、香包大舞台、香包大课堂、香包文化大院、马庄文创中心等。

在香包风情小镇建设中，贾汪区积极把非遗文化资源优势转化为产业发展优势，努力培育全国有影响力的香包产业基地。传承的根本目的不仅仅是保护、抢救传统民间香包技艺，更重要的是激活、再生传统民间香包中的精神内涵和文化传统，实现对民间艺术遗产真正意义上的保护和传承。

香包已经成为马庄村支柱产业,成立“非遗传承志愿服务队”、设立非物质文化遗产王秀英香包工作室,新建马庄香包文化大院和香包博物馆。集实物性、开放性与研究性于一体,开展一系列志愿服务活动,开设香包大讲堂,现场教授指导来访游客香包制作技艺,游客自己动手缝制香包留念,感受到马庄浓郁的香包文化,引发游客对传统文化和非物质文化传承的认同和喜爱。

香包产业不断开拓传统文化传承新思路,研制出多种造型、功效的中药香包。其中代表作品中药香包,内有 20 多种精心选制的中药材,如白芷、桂皮、薄荷、菖蒲等,香味独特、持久,具有预防感冒、驱蚊虫、安神调心等功效。香包外形美观,寓意美好:“事事如意”香包有祈祷一切顺利、好运的意义;“团团圆圆”香包有祝福合家幸福、和谐美满的意义;“步步高升”香包有祝愿亲人、朋友工作受到肯定、获得提拔的意义。还有“初心”“真扇”“福禄”“元宝”“路路通”“年年有鱼”“丰收喜娃”等,饱含着对生活的美好祝愿。

2020 年疫情防控期间,根据南京中医药大学周仲瑛教授研制出的防疫中药配方,缝制“防疫真棒”“防疫香囊”,积极为防疫工作贡献力量。先后向武汉、海军军医大学、徐州一线防疫人员等捐赠防疫香包、香囊 10000 余个。

现如今,马庄香包作为香包风情小镇独具特色的旅游产品,“火”遍了大江南北。来自全国各地的订单、海外订单应接不暇,产品已远销巴拿马、菲律宾、英国、加拿大、日本、荷兰、芬兰、新西兰、澳大利亚等地,马庄香包名扬海外。小镇产业发展带动了村民就业,成立了马庄香包合作社,在外打工的村民也相继返乡,为香包风情小镇发展添砖加瓦。

徐州窑湾运河文化风情小镇

传承千年运河文化　打造“五美”新窑湾

窑湾运河文化风情小镇位于徐州新沂市西南 35 公里、京杭大运河与骆马湖交汇处，与宿迁、睢宁、邳州三市县一水相连，素有“东望于海，西顾彭城，南瞰淮泗，北瞻泰岱”和“鸡鸣听三县”之描述。

窑湾运河文化风情小镇

窑湾古镇位于中运河中段，其物流辐射面积广及苏北鲁南，大运河在此与骆马湖交汇东拐，由于运河与湖水存在落差，水流湍急，逆水需拉纤行船，窑湾古镇又处于航程中点，南来北往商船均要在此停泊中转物资，或休憩、补充给养，古镇又被称为大运河的黄金拐点。如此重要的商业地理价值，南北商家极为重视，云集窑湾，古镇遂成运河商贾中心。

窑湾是江苏省唯一一座紧傍京杭运河的历史文化名镇，是对大运河文化体现最为典型的古镇。窑湾是一座拥有 1300 多年历史文化的古镇，是江苏省唯一一座紧傍京杭运河的历史文化名镇。曾先后荣获江苏省历史文化名镇、江苏省书香之镇、国家级生态镇、国家级卫生镇、国家 4A 级旅游景区、全国特色景观名镇、中国最具魅力乡村旅游目的地、全国文明镇等荣誉。为全力打造一流的国家级特色旅游文化小镇，窑湾镇大力发展商贸旅游业，拉长产业链条。依托绿豆烧、甜油等地产名品，推进省级农副产品加工集中区建设，目前已有绿豆烧、甜油、咸鸭蛋、小黄鱼等 14 家地方特色生产企业入驻镇农产品产业园区，销售额达到 2.4 亿元。其中窑湾绿豆烧被评为国家地理标志保护产品，甜油面酱、云片糕等土特产品，骆马湖银鱼、青虾、大闸蟹等水产品驰名中外。该镇还以文为脉，以水为韵，推进古镇核心景区建设。目前，已完成窑湾印象广场、古镇旅游地产一期文化商业街等项目，正全面开展国家 5A 级景区创建工作。

作为兼具旅游及历史文化特色的小镇，依托窑湾的生态优势、水运优势、人脉优势、农业资源优势和品牌优势，小镇着力发展休闲观光、文化旅游、影视创意、水运物流、电子商务等特色产业。坚持以打造明清古镇旅游、“渔文化”乡村旅游、地产名品开发等为核心，进一步完善观光、休闲、体验式旅游产业链，强力推进窑湾平台经济建设，以“旅游＋”“文化＋”“互联网＋”“产业＋”发展方向，大力引进优质资本、优秀人才、先进团队前来创新创业，着力发展休闲观光、文化旅游、影视创意、水运物流、电子商务等特色产业，努力打造“景美、食美、文美、居美、梦美”的“五美”新窑湾。

徐州贾汪茱萸山体育健康小镇

“水陆空”俱全　做大做强“体育＋旅游”文章

贾汪茱萸山体育健康小镇位于徐州市贾汪泉城新区以东，紧靠贾汪城区，是国家级运动休闲特色小镇试点项目，也成功入选省级体育特色小镇。小镇创建基础优越，休闲体育资源丰富，拥有大洞山、督公湖、凤鸣海 3 个国家 AAAA 级景区，紫海蓝山文化创意园、茱萸欢乐谷、墨上集民俗文化园等 3 个四星级乡村旅游区和风之谷三星级乡村旅游区。小镇建设突出体育载体，聚焦旅游休闲、体育运动、民俗文化体验等多种业态，着力建设具有鲜明特色的体育运动小镇。

贾汪茱萸山体育健康小镇

按照“整合资源、挖掘潜能、区域协同、提升品位”的发展思路，茱萸山街道体育健康特色小镇项目规划包括三部分：“一轴、四片、五大主题”。

“一轴”为公共服务、形象展示轴，公共服务主要包含超市、邮政、银行、酒店、游客急救中心等，形象展示主要包括历史、文化、特色建筑等；“四片”为大景山户外体育集聚区、督公山体育休闲区、大洞山户外运动乐园、凤鸣海风景区；“五大主题”为滑雪、低空飞行、攀岩、漂流、亲子户外。

贾汪茱萸山体育健康小镇依托山水风光自然优势做大做强“体育＋旅游”文章，打造以体育旅游与运动休闲为特色的体育健康特色小镇。目前，这里已建成全省面积最大的滑雪基地、全省最大的攀岩训练基地、全省首家综合性航空运动基地和亚洲最长的索道，初步形成了淮海经济区集聚程度较高的体育旅游聚集区。

滑雪、温泉、攀岩、漂流、戏水、航空……小镇四季有“玩点”,拥有时尚运动项目 20 余个,日接待游客量 2 万人,如今已成为淮海地区老百姓体育休闲娱乐的好去处。

小镇内,茱萸山度假村主要建设有亲子无动力乐园、健康运动中心、水上运动乐园、房车营地、儿童主题酒店、木屋民宿、冰雪运动乐园等,打造集运动休闲、亲子娱乐、特色体验于一体的旅游度假中心。茱萸谷度假村董事长贾宗礼表示:“我们不仅让过来的家庭玩得好,也让他们住得舒心。”在亲子无动力乐园一旁,几十辆房车整齐排列,依山势而建的还有集装箱改造成的特色房屋。工作人员介绍说,目前度假村客流十分火爆,即便是工作日期间,所有房车均被预订一空。

亲子无动力乐园内,攀爬闯关游戏项目吸引了不少孩子们成群玩耍。贾宗礼说,尽管上半年受到了疫情的冲击,但度假村很快便得到了来自上级体育部门的指导和帮助。利用已有的资源,度假村将经营重点转到以自驾游、家庭亲子游、研学游为主,恢复营业后保持了较好的客流与收入,较为平稳地度过了疫情关卡的考验。

盛夏时节,暑热炎炎。能与水嬉戏再凉爽不过。在小镇的督公山、大景山,惊险刺激的漂流项目每年接待游客超过 150 万人次。督公湖漂流滑雪基地内,漂流项目依山而建,分为三段——“猛士漂”曲折回环、惊险刺激;“激情漂”跌宕起伏、尽情嬉水;“浪漫漂”舒缓惬意、满目青翠。“海啸大世界”则主打水上游乐项目,拥有淮海经济区最大的海啸造浪池、水上趣味桥、欢乐时光儿童戏水区、水寨等项目,在夏季深受游客欢迎,年接待游客 30 万人次以上。

到了冬季,小镇客流依旧火爆——6 万余平方米、江苏规模最大、淮海地区设施最先进的大景山漂流滑雪基地会准备好滑雪道、雪圈道、雪地摩托等项目,每日可满足 6000 名游客对滑雪休闲体育的需求。

对于想要挑战身体极限的人来说,小镇内还有更加刺激的户外攀岩与飞行体验。

“风之谷”户外公园利用废弃采石宕口,结合岩壁地形,修复保护生态,建设成为全国最大的户外人工攀岩场地。与自然岩壁攀登相比,安全性高,同时又比室内攀岩馆更富挑战性、亲近自然。场地内还可以为游客量身定制训练科目,并为团体提供拓展训练。

督公湖景区北侧几百米长的跑道上,两架动力三角翼整装待发;另一边的山坡上,专业教练正在为学员讲解滑翔伞操作要领。“我们的学员哪怕是对飞行不太了解、‘零基础’,也可以过来学习”。航空乐园内,冉亚航空体育俱乐部是全省首家、徐州地区唯一的航空体育运动俱乐部,多次承接大型滑翔伞锦标赛,主要组织开展热气球、旋翼机、直升机等运动项目。飞鹏体育则拥有中国第一个综合性航空体育飞行营地,并与其他国家进行中外合作,迄今为止完成了 300 余名飞行员培训,每年有过万游客在此体验飞行乐趣。

疫情防控常态化旅游业放开以来,茱萸山街道体育健康特色小镇内各个企业充分发挥项目优势，围绕目标群体，做足“周末游”“夜经济”等文章，小镇亲子游、家庭游、休闲游等增多。目前正在规划建设墨上集旅游购物中心。强化宣传营销，积极加强与携程、美团、淘宝网、微信公众号等开展线上票务、产品合作。与苏鲁豫皖等区域的近 20 家旅行社签订合作协议，为小镇输送团队游客。平均每天来小镇的游客不低于 10000 人次，节假日不低于 30000 人，辐射周边 200 公里广大地域。

常州南山竹海风情小镇

悠然南山　梦幻竹海

“久在樊笼里，复得返自然。”南山竹海风情小镇，坐落于“世界长寿之乡”溧阳市的最南部，最重要的组成部分——南山竹海景区，地处苏浙皖三省交界处和宁杭生态经济发展带中心区域。

南山竹海风情小镇

溧阳南山竹海是国家 AAAAA 级风景区，有着“天堂南山，梦幻竹海”之美誉。景区拥有 3.5 万亩翠竹，同时也是中国长寿之乡。这里有竹文化馆、地轨缆车、江南山居风格的鸡鸣古村……脚踏苏浙皖三省，揽万亩竹海入胸怀，很是壮观。这里负离子含量超越城市 15 倍，森林植被覆盖高达 95％……因此，又被称为“纯天然氧吧”。

南山竹海风情小镇以健康养生、长寿文化为特色，以温泉和天然氧吧等自然资源为依托，开发建设了国家 5A 级旅游景区（御水温泉和南山竹海）、全国农业旅游示范点（翠谷庄园）、江苏省四星乡村旅游区（通用山庄）等旅游区点，还精心打造了许多生态优美、设施齐全的美丽乡村。

凭借良好的交通区位、生态资源、旅游市场、功能配套等优势，小镇紧扣“长寿”主题，成为具有长寿内涵的养生度假首选地。风情小镇，自有风情，江南风情的南山竹海古街、清幽古居的南山竹海客栈、有着千年历史的古鸡鸣村落，以及江苏最美乡村李家园村都在这里。正所谓“藏在深山人未知，竹林深处有人家”。

南山竹海风情小镇是唯一一个以竹海为风情的特色小镇，主要融合了竹文化、茶文化、长寿文化、温泉文化、村落文化等于一体，集中实现吃、住、行、游、购、娱六大旅游要素。溧阳 1 号公路，又被称为最美彩虹公路，与沿线山水风光、乡村风情深度融合，打造“显山露水、自然通透、乡村野趣”的生态景观。

（一）竹文化。小镇内竹林资源丰富，竹林主要分布于南部片区，拥有翠竹 3 万余亩，有“万亩竹海”之称，小镇内景观植被也多以竹子为主。

（二）茶文化。茶田主要分布在东部片区，横涧李家园茶场生产的南山寿眉茶，在国内获得多项荣誉称号，为小镇茶品牌奠定基础。

（三）长寿文化。得益于良好的生态环境，小镇现有百岁老人 8 位，是助推溧阳获评中国长寿之乡、世界长寿之乡的重要基础和底气所在。

（四）温泉文化。御水温泉是国家 5A 级景区，2011 年 3 月被评为“中国十大温泉”之一，52 个纯户外温泉泡池像是镶嵌在山间的碧玉，与万亩竹海完全糅和在一起。

（五）村落文化。小镇范围内共有李家园村和横涧村两个行政村，均通过首批常州市级美丽乡村的验收。其中，深溪岕村又被誉名为“无蚊村”，李家园村在“2016 全面小康暨美丽乡村建设发展论坛”中被推选为 20 个“中国最美乡村旅游目的地”之一，在“水韵江苏秀美乡村 2018 江苏乡村旅游节”中被评为“江苏省乡村振兴旅游富民先进村”之一等多项荣誉，最美乡村的打造助推风情小镇的打造和宣传。

溧阳南山竹海旅游风情小镇自创建以来大力发展民宿产业，不仅推动了南山片区的旅游发展，也带动了整个溧阳旅游业和精品民宿产业的发展。

苏州永联江南田园风情小镇

留住美丽　记住乡愁　打造江南田园风情特色

它是乡村，同时也是城市；它是工厂，同时也是田园；它提供产品，同时也提供服务。江苏张家港市永联村，集成产业、空间、文化、环境、饮食、管理等众多资源优势，开出全景化、全覆盖的全域旅游之花，去过江苏张家港市永联村的游客，无不惊叹于这个长江边上魅力乡村的美。

永联村位于江苏省张家港市南丰镇，面积 10.5 平方公里。1970 年围垦建村，曾是全县最小、最穷的村子。40 多年来，永联村以工业化为牵引，带动城镇化建设，全面实现农业现代化。2017 年，全村农业旅游全产业链总收入超过 2 亿元，游客近 100 万人次。永联村先后成为“中国最有魅力休闲乡村”“中国十大最美乡村”和江苏省首批田园风情小镇。

永联江南田园风情小镇位于张家港市南丰镇永联村，占地约 5 平方公里。规划形成“一心一带五区”：一心为小镇客厅中心，一带为水乡风情带，五区为温泉养生区、创意田园区、水乡度假区、乡村牧场区、现代农业区。

永联江南田园风情小镇鸟瞰图

永联小镇充分挖掘本地特色农耕文化和美食资源，将生态农业、特色小镇、乡村旅游、餐饮美食等要素融合发展，建成了以苏州江南农耕文化园、永联垂钓中心、永联水上乐园、永联美食街、永联展示馆为核心景点，集旅游观光、休闲度假、美食购物、会议商务等功能为一体的江南田园生活体验地。获评“全国休闲农业与乡村旅游示范点”“中国十大最美乡村”“中国最具魅力休闲乡村”“国家 AAAA 级旅游景区”“江苏省五星级乡村旅游区”“江苏省首批旅游风情小镇创建单位”“乡村振兴旅游富民先进村”“全国乡村旅游重点村”等荣誉称号。

如今，永联村以江南田园风情小镇创建为契机，按照江南田园风情特色，加大生态投入，统筹景区、街区和社区，打造处处体现江南田园风情、四季景色各异的美丽永联，使小镇成为百姓安居乐业的幸福家园，游客喜爱的度假胜地。

苏州震泽丝绸风情小镇

一根丝，牵起文商旅农的融合发展

震泽丝绸风情小镇位于长三角生态绿色一体化发展示范区，牢牢扭住丝绸文化的核心，聚合丝绸产业链，做精“震泽蚕丝”品牌，挖掘蚕丝文化基因，丰富丝绸文旅服务链，用一根丝牵起了文商旅农的融合发展。

震泽丝绸风情小镇全景图

聚合丝绸产业，擦亮“震泽蚕丝”品牌

震泽因水而成市，缘丝而聚商。依托千年蚕丝古镇，古桥、古塔、古寺、古街、古宅无不引人入胜。有始建于三国孙吴赤乌年间的全国重点文物保护单位“慈云塔”；有“江南水乡大宅门”之称的师俭堂、宏大高拱的禹迹桥、“飞阁风帆”的文昌阁……更有费达生先生曾经营的震丰缫丝厂旧址，与如今的丝绸文化创意产业园遥相呼应。

震泽是江苏省内首家“蚕丝被联盟标准”发布单位，首个省级丝绸优质产品生产示范区。小镇内丝绸企业上榜“中国驰名商标”2 个、江苏省著名商标 4 个、江苏省名牌 4 个。目前震泽已聚集“太湖雪”“山水”“慈云”“辑里”等为代表的近 200 家丝绸企业，行业年均增速保持在 20% 左右，年产蚕丝被 400 万条，全国市场占有率达 30%，年销售突破 14 亿，带动了镇内近万个就业岗位，形成了“金花领衔、小花紧跟、百花齐放”的聚合形丝绸产业生态格局。

小镇在费达生先生曾经营的“震丰缫丝厂”旧址之上建设主题精神小镇客厅——丝创园，占地14亩，建筑面积约12000平方米。产业园内设CMA认证资质的国家级丝检中心，成立丝绸产业电商平台，为丝绸创业者提供了良好的工作交流空间和产品发布平台。目前已持续举办丝绸创意国际设计大赛4次，成功引进高校基地2个，促成产品落地4个。2019年，吴江丝绸文化创意产业园入围“全国纺织服装创意设计试点园区(平台)”名单，成为江苏省两家获奖单位之一，也是苏州市唯一一家，吴江区首个获评园区。

文旅赋能产业，丰富丝绸服务链

政府搭台、企业唱戏、政产学研相结合，建立主客共享小镇客厅——蚕桑文化园。文化园建设有5000平方米蚕桑科技馆，580亩桑园以及3000平方米科技示范养蚕大棚。动态展示了蚕桑丝绸文化、蚕的一生、传统现代制丝工艺、抽丝剥绵、扎染刺绣等技艺；配套特色的桑芽茶、传统震泽糕点等；开发茧花永生花、蚕茧摆饰、刺绣书签等蚕丝衍生文创产品，打造丝绸文化全景式体验模式。蚕桑文化园将单一的丝绸产品注入文化设计内涵，提升产品附加值。例如一颗茧用在蚕丝被上的价格是0.25元，通过文创赋能生产出的茧花价格是10元，效益放大40倍。开园以来，蚕桑文化园线上线下的销售业绩连续3年保持20%的稳步增长。2019年总接待量10余万人次，营业收入1353万元。其“公司+基地+农户”模式，带动起本地近500名60岁以上的蚕农转变为新农人，形成震泽独有的“蚕娘经济”，走出了一条“一丝绕三产，三产绕一丝”的产业创新发展之路。

2020年春，小镇深度挖掘蚕丝文化，解剖桑田密码，设计落地育蚕课堂、茧花制作、蚕茧作画等标准化课堂，以震泽丝绸文化研学之旅和蚕桑文化研学产品“植物告白”和“桑田密码”串联起小镇蚕桑文化园、水韵乡村与震泽古镇4A级景区，蚕丝产业除丝绸产品销售外另辟了手工、研学等新兴服务方式。

树立文化地标，塑造丝绸小镇IP

小镇每年活动丰富，形式多样，树立“丝绸文化”的文化地标，塑造丝绸小镇IP。至2020年，两大品牌活动之中国吴江震泽旅游文化节已举办14届，震泽蚕花节7届，活动期间小镇将把非物质文化遗产剥绵兜、绕柴龙、拉丝绵被等传统技艺搬上街头展示，还推出系列的蚕丝研学手工课程优惠活动。每年变化的子活动，例如“繁华吴江夜、丝香满震泽”直播专场云夜市、“丝绸文化主题日”、桑葚节采摘活动、古镇旗袍秀、蚕桑书画展等始终立足于丝绸文化输出，将游客对震泽的回忆具象为蚕丝记忆。线上营销打造微博热点话题“常有一丝牵挂在震泽”，邀请大V和摄影达人从美食、美态、美景多方面阐释震泽的丝绸生活方式，吸引几千万的阅读量。线上线下相结合，“咬定丝绸不放松”的宣推理念推动了震泽的丝绸小镇IP深入人心。

苏州旺山文旅风情小镇

“玩转”农文旅　打造国家级特色“乡创归谷”

旺山文旅风情小镇位于苏州市古城区西南部，规划面积约 3.5 平方公里。小镇核心区域主要依托旺山景区，占地 1.5 平方公里，是小镇最靓丽的窗口名片。小镇内一幅幅斑斓、秀美、精致的风景，展现出人与自然和谐共处的美丽家园，成为人人都向往的地方。

旺山文旅风情小镇东至瑞颐养老社区，南接吴中大道，西到茶博园，北至乾元寺，是离苏州市区最近的有山有水的龙怀福地。小镇内含国家 5A 级景区——吴中太湖旅游区旺山景区、张桥湿地公园、市级特色田园乡村、江苏最美乡村、第一工业园、环秀晓筑养生度假山庄等多种特色载体。

旺山文旅风情小镇全景图

发展旅游，首先在于围绕优势找定位

旺山文旅风情小镇的客观条件和资源禀赋契合了现代都市人的需求，有的就是大自然的清新，回归田园的不羁，“春赏花、夏耕耘、秋摘果、冬康养”的淡薄和宁静。小镇山林植被 6000 余亩，覆盖率 80%以上，碧螺春茶、白茶 1000 余亩，银杏树、桂花树、石榴树、枇

杷树、月季花、桃花、紫藤、玉兰、红枫等近百种植物，负氧离子平均高达 2500 个/立方厘米，舒适度适中，是天然的“绿肺”和“氧吧”。小镇牢牢把握这个核心要素，致力打造“生态、健康、休闲、体验”品牌，通过在青山绿水中轻松、愉快的运动，摘果、品茶、体验，给疲劳松绑。

发展旅游，关键在于围绕民俗展风情

钱家坞商业街区始终坚持“保留民房主体、适度拆除旧房、保持乡村风貌”的原则，实行现场设计、逐幢改造，使其呈现出疏密得当、错落有致的景观效果，浓郁的乡土民俗风情，自然的生态绿色，每天都吸引了大量城市游客来吃农家饭、住农家屋(民宿)，体验农耕生活；环秀晓筑度假酒店，本是一片苗木基地，主要利用依山傍水、静谧清幽的独特条件，投资 3 亿元建成休闲度假村，设有骑马俱乐部、挹翠轩茶苑、温泉、酒店等多项服务，为城市居民提供了一个休闲健康的好去处。

目前小镇引进的项目有“王森巧克力创意中心”“旺山遇见卢浮宫”“天棚美术馆”“隐君子陶瓷馆”“儒林居”“知味恋歌”“我在张桥等你”等 20 家文化创意客商。从小镇集聚的新农村逐步走向乐居、乐业、乐活的旅游休闲度假美丽小镇。

发展旅游，抓手在于围绕形象创品牌

严格实施 5S 长效管理机制建设，完善涉旅企业“红黑榜”制度以及旅游民宿备案制度、垃圾四分类制度等，实现以制度促管理；突出安全生产管理、食品卫生监管。进一步加大对小镇日常巡检力度，净化内外部环境，确保小镇安全、干净、整洁。为打响品牌，使小镇旅游成为家喻户晓、人人向往的旅游目的地，举办越溪景区旅游推介会，完成《旺山文旅风情小镇宣传片》拍摄，编撰《越溪镇志》《旺山文旅风情小镇旅游指南》，全面介绍越溪地区的历史人文故事和景观，提升小镇的文化品位。制作以“大旺”为 IP 形象的旅游产品，设计 16 款不同类型、适应不同人群的细分形象“表情包”，并衍生“旺山红”红茶品牌形象、旺福风铃等近 100 款旅游创意“伴手礼”。在开展“迎财神”“抬猛将”等传统节庆基础上，以“离尘不离城，向旺的生活”为主题，开展线上线下缤纷四季活动，国际女子半程马拉松赛、“姑苏八点半，旺山夜有 FUN”夜经济活动，参加的吴中好物节以及多场线上直播活动点赞人数超 20 万人，小镇风情指数攀升强劲。随着小镇的知名度越来越高，越溪旅游经济效益和社会效益也得到了快速提升。

发展旅游，目的在于围绕农民促增收

自景区建设以来，充分重视村民参与旅游开发建设、经营管理的积极性、能动性，在旅游发展的受益中激发村民的热情。目前小镇已解决了 500 名以上村民的就业问题；各类餐饮、住宿和休闲服务行业提供了超过 700 个就业岗位。在对钱家坞农家乐景区几十户民居改建之初，政府平均给予每户 3 至 4 万装修补贴。经过几年的经营，农民收入不断增加，每家经营户收入都在 20 万左右，最好的超过 50 万元。结合农业旅游，充分发挥 5400 亩林地优势，先后实施林相改造，种植茶叶及优质果品，形成集约化、规模化、产业化、生态化的特色农副产品旅游带，实现旅游业与农业的互动发展。旅游业的兴盛直接推动了村民的致富步伐。年均接待游客量达 100 万人次，同比增加 10%；村级收入 3800 万元，农民人均收入达 45000 元。全村城镇职工养老保险、大病风险保险和阳光保险覆盖率达 100%，村集体还建立了以村民养老、帮贫救助为重点的保障体系，大力支持村公共福利事业的发展。

山不在高，有仙则灵；镇不在大，民富则强。下阶段，小镇将在农村经济和全域旅游发展中，用智慧的双手，努力向世人描绘这处安逸祥和的世外桃源，走出一条旅游富民的幸福之路。

苏州周庄水乡风情小镇

吃上“旅游饭” 迈向“小康路”

周庄水乡生活小镇规划总面积3.51平方公里，主要包括“中国第一水乡”周庄古镇景区以及急水港两岸区域。小镇充分发挥周庄独特的长三角C位优势和“中国第一水乡”品牌价值，依托现有5A级古镇景区，整合度假酒店、特色商业、特色村落、生态景观等周边旅游资源，营造原住民、新创客、旅居者共享的“大虹桥第六空间”，打造集古镇游憩、品质度假、文化创意、旅游总部于一体的世界级旅游风情小镇。

和三五朋友聚在一起“吃讲茶”，走在小巷欣赏“夜周庄”的美，落座古戏台听一场昆曲……这样闲适安逸的生活已成为周庄镇全功路社区百姓的常态。

近年来，周庄镇通过创建特色小镇，让居民的精神面貌、社区的环境风貌与“中国第一水乡”相互映衬，让辖区居民有更多可互动的公共空间及活动，享受旅游发展带来的成果，在提升幸福感、满意度的同时实现就业增收。

周庄水乡风情小镇全景图

见证古镇旅游蝶变

已经年过古稀的老人庄春地曾任周庄镇镇长，是古镇从保护、发展到走向世界的见证者、推动者，对他而言，周庄是自己用一生心血去保护和守望的故乡。

据庄春地回忆，直到1986年，同济大学教授阮仪三帮助制定了《水乡古镇周庄总体及保护规划》，才让周庄的古镇保护从最初的沈厅扩展到整个古镇区，全功路社区也于 1996 年正式成立。如今，周庄已蝶变成走向国际的“中国第一水乡”。

这期间，周庄旅游发展经历的三个“十年”，也催生了古镇片区的大发展。第一个“十年”是保护修复，随着古镇的全域保护，让紧邻古镇旅游景区的全功路社区也得到了实惠。第二个“十年”是快速发展，无论是基础设施还是水电气等软环境，社区居民都感受到了便利。第三个“十年”是提质升级，随着古镇景致化提升工程的推进，社区变成了景区。

如今，通过整合江南水乡文化生活空间、物理环境空间、旅游景观空间和产品体验空间，更多具有周庄特色的文化元素得以展现，不仅大大丰富了游客的居游体验，古镇区老百姓的生活也得到了进一步改善。

传播特色美食文化

20 世纪 90 年代中期，周庄镇“中国第一水乡”的名号逐渐打响，慕名而来的游客络绎不绝，许多本地居民都投身到了旅游业的热潮之中。土生土长的全功路社区居民李永先便是其中之一，1996 年他就在周庄老街上开设了第一家现做现卖、专门销售万三蹄的门店。同年，他还拿到了“周庄酥蹄”的商标。虽然周围的店家不停“洗牌”，但李永先的店却一直屹立不倒。

2004 年，积累了一定资本的李永先通过招投标，接手了万三食品厂，拿到了“万三蹄”的注册商标，并进一步扩大生产规模，手下的团队也扩张到了 20 人，均为本地劳动力，李永先也由店长变为了厂长，但对产品品质的追求却没有丝毫怠慢。在他的带领下，当年度“万三蹄”销售首次突破 1 万只。

“万三蹄”这三个字，不仅代表了正宗的周庄蹄髈，更是一种文化的传承。拿到“万三蹄”注册商标时，李永先就下定决心，要进一步擦亮这个老字号招牌，将它做大做强。2011 年，李永先投资 1000 多万元在周庄工业园区新建近一万平方米的厂房，并结合电商，使企业的销售额更上一层楼。同时，李永先还带领团队积极研发点心、素食等万三系列各类产品，目前万三食品的种类已经突破 40 种。为了进一步拓宽产品销售渠道，李永先还结合当下火爆的直播带货，向世界各地的人们推介“万三蹄”，年销售额突破千万元。

打响精品民宿品牌

随着疫情防控持续向好，古镇周庄迎来旅游旺季，离周庄南湖不远处沐澜・梵麗设计度假美宿的老板陈健又迎来了忙碌的时节。作为一名土生土长的周庄人，陈健对于周庄古镇更是有着不一样的情愫。在他眼里，这里不仅是家，更是圆梦之地。而立之年，在外企上班的陈健毅然辞去稳定的工作，在父母的支持下回到家乡周庄，开起民宿。一开始，陈健经营的民宿是很普通的小旅馆，业绩口碑都一般。后来，随着周庄旅游业的逐步发展,他意识到这样的经营理念没有竞争力,于是走上了转型之路。

2010年,陈健的第一家精品民宿——碧水云居正式开业,精品化、差异化的定位,让他在收益及口碑上实现了双赢,短短6个月,前期的投资就已经回笼,这让陈健尝到了精品民宿的甜头。此后,云水谣、涵舍、沐澜·梵麗3家精品民宿陆续开业。如今,由他经营的“沐澜”系列4家精品客栈也在古镇打响了品牌。

目前,陈健经营的4家民宿平均入驻率在85%以上,其中沐澜·梵麗的入驻率基本保持在95%,经营民宿陈健无疑是成功的,在他看来这份成功也与周庄特色小镇的创建与发展息息相关。

目前,全镇现有民宿近400家,总床位超5000张,不仅成为古镇住宿及游客体验新亮点,也成为当地居民致富增收的重要来源。

苏州太湖体育运动休闲小镇

山水筑梦，唱响新时代的“太湖美”

太湖体育运动休闲小镇位于苏州太湖国家旅游度假区。小镇拥有太湖足球运动中心、太湖棒球训练基地、渔洋山太湖运动中心、5.8 公里“滨湖红”环太湖健身步道、“太湖蓝”最美赛道、渔洋湾水上运动中心，以及足球、棒球、潜水、马拉松、皮划艇、高尔夫、研学等各类配套完善的体育设施。

太湖体育运动休闲小镇

小镇内拥有太湖万豪万丽、香山国际大酒店、太美香谷里、太美逸郡、高尔夫酒店等高端酒店集群以及各类特色民宿超 2000 多间，为大众提供层次丰富、品质优越的休憩设施。国家女足备战奥运赛前集训、男足中超联赛集训、缅甸国家女足集训、中国足协女足“希望杯”足球赛、全国女足锦标赛、环太湖国际竞走行走多日赛暨太湖半程马拉松、吴中四季越野赛等多项重量级体育活动相继在这里举办。

以足球场地为主要资源，举办中国足协希望杯足球联赛、全国女子足球锦标赛、国足球发展基金会“菁英杯”青少年足球赛、国家女足集训、缅甸国家女足集训、2020 中超联赛等。以陆路为主要资源，举办萌跑 KUMA FUN RUN、VPS 职业公园滑板赛 2018 全球总决赛、环太湖国际公路自行车赛、苏州吴中环太湖国际竞走多日赛暨太湖蓝半程马拉松等。以滨水为主要资源举办中国全民休闲皮划艇赛、中国苏州“太湖杯”龙舟大赛、炫太湖水上闯关活动等。以山地为主要资源举办全国山地两项越野挑战赛、全国城市运动会山地自行车比赛等。

以棒球场为主要资源举办第一届渔洋山棒球锦标赛暨8N7U棒球联盟第四届秋季联赛。此外，2020中超联赛以赛会制的形式分别在苏州和大连举行，苏州赛区八支中超球队的驻地就在太湖体育运动休闲小镇。比赛期间，八支球队集中入驻苏州太美香谷里酒店，距离酒店步行不到5分钟的苏州市太湖足球运动中心就是他们的训练备战场地。

南通如皋盆景风情小镇

构建"盆景＋"产业生态圈、打造支柱型富民新平台

如皋盆景风情小镇位于中国"如派"盆景的发源地如皋市如城街道，着力打造以花木盆景为支撑，以长寿文化为引领，以健康旅游为主导，建设宜居宜业宜游宜养、独具特色的康养度假目的地。小镇建成后，将以盆景产业为核心支柱型产业，推进金融服务、电子商务、智慧科技持续发力，带动大健康产业、文旅产业、供应链金融产业融合发展。

如皋盆景风情小镇

小镇由小镇客厅、文旅融合轴线、盆景风光带、滨水景观带和生活片区、生产片区、生态片区组成，如皋市委市政府把盆景风情小镇作为构建如皋"盆景＋"产业生态圈、打造支柱型富民产业的新平台，从2019年到2021年，计划总投资53.6亿元，实施旅游服务中心、顾庄田园项目提升工程、建筑群民宿改造等20个项目。

2019年9月，如皋盆景风情小镇的"小镇客厅"市级旅游集散中心主体建筑工程开工建设，目前已经封顶，2000平方米游客中心展厅功能布局与文化布展方案完成设计，2020年年底投入使用；盆景大观（国际园艺城二期）水街主体建筑全部封顶，古建筑主殿已完成主体安装；其他旅游配套正在加紧施工。集民智、聚民力，持续推进的小镇核心区内农户特色庭院创建工作，通过政府规划引导和政策扶持，因地制宜打造各具特色的农家庭院，

发展民宿民俗等产业，特色庭院新增20家，在建11家，工程建设正在扫尾，力争到2020年年底实现全覆盖。小镇核心区内3.4公里黑臭水体以及河道驳岸景观改造工程已经竣工，正在集中整治一河两岸的乱搭乱建，打造优美的生态环境。

为加快如皋盆景风情小镇的创建步伐，推动如皋市文旅深度融合，打造具有如皋地方特色、彰显如皋人文风情的旅游风情小镇，制定实施方案。

（一）突出如皋特色。盆景小镇创建在遵循“规划先行、具备独特性吸引物”原则的基础上，围绕“盆景艺术、长寿文化、养生度假”三大主题，紧扣“世界第六长寿乡”“如派盆景发祥地”两大核心吸引物，将旅游风情与如皋人文、历史紧密结合，以花木盆景为支撑，以长寿文化为引领，以健康旅游为主导，打造花木盆景全产业链为核心的独具特色的旅游、度假、休闲、养生产业集聚区。

（二）优化产品供给。适应大众旅游时代特点，顺应休闲度假旅游发展趋势，丰富盆景小镇旅游业态和产品供给，既要具备传统的“吃、住、行、游、购、娱”等旅游要素，也要体现“商、养、学、闲、情、奇”等融合发展的旅游新要素新业态，提供特色化、个性化、多元化旅游产品与服务，满足游客深度体验需求，延长游客逗留时间。

（三）完善服务功能。优化基础设施和公共服务，将产业发展和社区功能有机融合起来，实现居民与游客共建共享。配套设施建设要兼顾小镇居民和旅游者的需求，服务功能上按照5A级景区服务标准建设，完善道路、供排水、电力通讯、环卫等设施，优化游客服务中心、生态停车场、旅游厕所、旅游交通引导标识、无线网络覆盖等公共服务配套。服务热情周到，管理规范有序，安全防范有力，经营诚信守法，无重大投诉事件发生，杜绝安全事故隐患。

（四）创新运行机制。坚持政府引导、市场化运作，发挥企业市场主体作用，加大招商引资引智力度，提高要素配置效率，推动盆景小镇健康发展。创建期累计投资不低于30亿元（含已累计完成投入的部分），年基础设施及公共服务投入不低于2亿元。注重旅游盆景小镇品牌建设，坚持精致化建设、特色化培育、个性化发展、精准化营销，不断提升美誉度和影响力，打造如皋旅游品牌新亮点。

如皋盆景风情小镇投运后预计年接待游客总数将达到200万人次，年旅游综合收入达15亿元，新增就业5000人。小镇建成后，将以盆景产业为核心支柱型产业，以大健康产业、文旅产业、供应链金融产业为三大主导产业，以金融服务、电子商务、智慧科技为优势突破环节，带动相关产业联合发展，构建如皋“盆景＋”产业生态圈。

连云港连岛海滨风情小镇

昔日小渔村变身特色旅游岛

连岛海滨风情小镇位于江苏省最大海岛连岛的西侧，以全国最长的 6.7 公里拦海大堤与连云港市东部城区相连，南与江苏省帆板训练基地相望，西北侧为连岛渔业码头，半环形的渔港路与新村海景楼靓丽美观，集青山、碧海、沙滩、海蚀奇石、天然海岛于一体，以盛产海鲜而驰名。连岛是以渔业捕捞和水产养殖为经济主体，以鱼肥加工、商贸服务等第三产业为辅的多功能新型渔业海岛。

连岛海滨风情小镇鸟瞰图

连岛的历史要从 1762 年说起，共九姓十八家渔人从陆地上岛定居连岛西山，从此连岛人开始书写他们的历史。远至渔村 257 年的足迹，近至改革开放四十年的砥砺奋斗，连岛有了今天的精彩绽放。

新中国成立后，渔民在合作社进行集体生产，生活虽不富足，但其乐融融。1958 年 10 月，西山大队开始学习海带养殖。70 年代至 80 年代，是海带养殖的高峰期，各生产队进行海带集体生产，集体收割，集体晾晒，据说那时到处是腌制晾晒的海带，甚至会被堆成小山一般高。经过简单加工的海带大部分被连云港水产经销公司收购进行销售，另一部分被运往外地出售，他们第一批打响了连岛的海产品招牌。80 年代，渔民从大包干到生产到户开始独立生产。海带养殖户开始减少，捕捞船只开始逐渐增多，渔民统一组织出海，长年奋战在海洋捕捞第一线，上渤海、下东海。

此后，渔村经济发展开始快速增长，但岛上交通不便，严重阻碍了渔村的发展。随着 1985 年 4 月 1 日拦海大堤工程开工，6.7 公里的全国最长的拦海大堤将实现连云港市东部城区直通西连岛的江家嘴。历时 9 年，至 1994 年 8 月 30 日西大堤工程通过国家竣工验收，开始铺设自来水管道，到 1996 年开始正式通车。从此，闭塞的连岛向外界揭开了她神秘的面纱。连岛有了更广阔的发展空间，也迎来了更多的机会。到 90 年代，连岛部分渔船由木制改为钢制渔轮，渔民开始出远海进行捕捞，产量也颇为丰盛。生活水平高了，人民的文化生活也丰富起来，各种文体活动也在如火如荼地展开。2000 年前后，连岛旅游业蒸蒸日上，1997 年首届连云港之夏大型节庆活动盛况空前。

改革开放 40 年的艰难奋进，实现了连岛的振兴，才有了今天一步一景的魅力连岛。渔业生产也逐渐有了新的发展势态。紫菜和太平洋牡蛎养殖取代捕捞业成为海洋经济的主要产业。至 2019 年，连岛紫菜养殖面积已增至 12 万余亩，并且拥有一套独立完整的紫菜生产、加工的产业链。

2017 年，连岛被列为省首批旅游风情小镇创建单位，依托旅游深入推进“渔”文化动能提升工程，围绕“渔时、渔市、渔节、渔趣”做文章，深入挖掘乡土人才资源，打造优秀乡土人才工作室，新建“渔”文化展示交流平台，筹办渔家特色文化艺术节，为传统文化注入时代内涵，树立起海岛本土文化的金字招牌，占地面积约 2000 平方米的“德馨苑”渔家文化广场的品牌化，为连岛街道公共文化建设树立形象，提升了文化设施服务功能和文化品位。2019 年获评“省级重点旅游村”、2020 年获评“全国重点旅游村”，以此为契机，近两年围绕“乡村民宿的蝶变”主题，对 46 户礁石湾民宿区提档升级，完成西连岛后山民宿区山体绿化 100 亩；修建占地 48 亩的海鲜美食广场；修建海洋牧场做好浮码头建设，大力发展 1500 亩牡蛎养殖与 300 平方米网箱垂钓，并依托 2500 平方米的海鲜美食超市进行海产品展示销售和美食体验。

回望过去，凝心聚力，展望未来，砥砺前行。连岛海滨风情小镇将牢牢把握推进城乡一体化这条主线，努力把连岛建设成为渔岛特色旅游风情镇。紧跟时代步伐，推进产业结构调整，打造以平台观光、休闲垂钓、海上采摘相结合的休闲渔业项目，全力打造江苏旅游风情第一岛。

淮安蒋坝河工风情小镇

塑造乡村振兴新形象　绘就美丽蒋坝新篇章

蒋坝河工风情小镇坐落于烟波浩渺的洪泽湖畔，西依千年古堰，东临入江水道，历史悠久，地理优越，湖光绮丽。近年来，蒋坝镇抢抓乡村振兴战略机遇和全域旅游建设契机，依托美丽丰富的自然资源和古朴浓郁的人文底蕴，坚持“生态立镇、旅游兴镇”，成功打造融古镇游憩、美食休闲、温泉养生、旅游度假等功能于一体的河工风情小镇，彰显宜居宜业宜游魅力。

蒋坝河工风情小镇全景图

高点起步、精致提升，演绎蒋坝品质之美

在特色小镇规划建设过程中，蒋坝始终坚持“品质、品位、品牌”的理念，引入了孟岩、韩冬青等众多著名的建筑大师参与小镇规划建设，成功打造国内唯一的河工风情小镇。以大家手笔、工匠精神重塑小镇形象，由金螳螂艺术设计施工的天鹅湾温泉酒店，巧妙融入蒋坝文化特色的水元素与渔网元素，勾勒出“水中有山、山中有泉”的仙境云端；澳籍华人 Jack Yao 对老镇民宅进行精巧改造，成就了竹影婆娑、繁花似锦的“网红打卡地”——“云沧海”民宿；占地 20 亩的银杏广场，淮安老字号“老复兴”“重云阁”雕梁画栋、古朴典雅，成为古镇一道亮丽风景。

突出蒋坝依湖而建、四面环水、森林围抱的特点，注重树种、色彩等细节调整，绵延三公里的多彩花海让千年古堰再换新颜，450 亩的湿地花田构建了蒋坝"三季有花、四季有景"的独特风景，设计精巧的环岛绿道串联起大湖风光、湿地风光、夕阳风光等原生态景观。经过恰到好处的复古修葺，一排排江淮特色民居白墙灰瓦、古色古香，古街、古村、古堰古风流韵，精心设计的彭城、头河美丽乡村充分保留了乡土气息，重新包装推出的河工风俗、民间工艺，挖掘提炼的彭祖等民间传说，别有一番乡土韵味。

聚同化异、敢为人先，共绘蒋坝风采之美

蒋坝河工风情小镇的成功，凝聚着耕耘者的辛勤汗水，靠的是敢为人先、拼搏无畏的奋斗精神。蒋坝镇充分利用洪泽湖、大运河等多重战略资源的叠加优势，讲好小镇故事，展现蒋坝风采，在全国寻找价值观念相同，开发理念相符的合作伙伴。民营企业大千生态，借力"美丽蒋坝"PPP 项目在上交所 A 股鸣锣上市，闻名全国的绿城集团、蓝城集团创始人宋卫平先生一眼相中蒋坝，与蒋坝镇政府签订文旅小镇共建项目，中铁文旅、荣盛康旅、华融中财、上海均和、淮安水投、淮安交投纷纷选择蒋坝、寻求合作。

蒋坝镇敢于打破旧观念的束缚，是全市第一个构建"小政府、大国企"运营格局的乡镇，蒋坝镇改革举措灵活务实，创新出台宅基地使用权转让等方法，与众多致力于建设美丽乡村的企业家开展精品民宿、特色餐饮、书咖空间等文旅服务产业合作，打造蒋坝"IP 造梦场"，一批乡贤情系故里、心怀梦想，回乡创办佳境小筑、长淮渔歌、水岸福里、花椒树等特色民宿和农家乐。蒋坝镇注重目的地旅游运营，与淮汽集团合作，开通淮安市区至蒋坝旅游高速直通车，与美团、携程、同程、驴妈妈、抖音等网络平台合作，为小镇文旅产业插上"互联网＋"的翅膀，成功举办世界旅游小姐江苏总决赛、百桌船帮宴、螺蛳节等系列活动，每年吸引超 40 万游客来蒋坝旅游。

守望初心、倍道而进，谱写蒋坝振兴之美

蒋坝河工风情小镇自创建以来，便为乡村振兴注入新鲜血液、绽放全新活力，为蒋坝人民带来了更高水平的小康生活。2019 年，蒋坝镇工业应税开票销售达 21 亿元，连续多年位居全区前列，继续蝉联全国"隐形冠军"。2 万亩有机螺蛳的养殖，实现蒋坝向有机小镇的发展。蒋坝群众获得感不断上升，乡村宜居工程让乡村群众享受与城市相等的生产生活配套，彭城村、头河村相继成为全市第一、第二使用天然气的乡村，近千套五层带电梯的农村相对集中居住用房，让群众资产普遍增值翻番。

蒋坝群众收入不断增长，突出一二三产融合发展，做好"春季螺蛳夏季虾、秋冬螃蟹口味佳"湖三鲜美食文章，引导广大群众从事螺蛳、龙虾、螃蟹等养殖、加工、制作、销售，形成美食产业链，开设洪泽首家文创店——洪泽湖游礼，开发的"鱼小圆""螺小妹""稻小虾"等各类文创产品，成为传播蒋坝特色元素的新窗口、新平台。投资 22 亿元的洪泽彭祖文化

旅游综合体（蒋坝新镇区）项目已部分竣工；投资 10 亿元的蓝城安澜小镇项目已开工建设；投资 5 亿元的君临湾酒店项目土地已摘牌；投资 66.4 亿元的“一品原乡”项目于 2020 年 10 月 15 日成功签约。美为蒋坝赋能，美为小镇添彩，美让群众自豪。2019 年，蒋坝镇入选省首批金融支持乡村振兴试点镇，14 家金融机构与蒋坝镇签订了合同协议。未来三年，蒋坝将联合周边地区启动 54 平方公里共建区建设，让“美丽蒋坝”的动能向外拓展、向远延伸，全力打造洪泽副中心、淮安南大门、南京北花园。

盐城荷兰花海风情小镇

世界品牌　艺术主导　绽放最美风情

身着西装，神态坚毅，左手紧握一卷蓝图，目光深邃，望着辽阔的海滨滩涂。江苏大丰，荷兰花海风情小镇，青铜雕塑的外国友人特莱克，风度翩翩。在他的身后，是哥特式的教堂，还有最灿烂的花朵。

荷兰花海风情小镇

在小镇，前世今生的故事荡漾着人文之美。时光追溯到一百多年前，现在的荷兰花海风情小镇所在地还是一片盐碱地。1919 年，荷兰水利专家特莱克，应民族实业家张謇之邀来这里“兴垦植棉”。天才的特莱克在考察后，建立了区、匡、排、条四级排灌水系，让新丰镇在当年就一举荣获“民国村镇规划第一镇”的称号。循着历史的一脉渊源，重拾这段百年情缘。2012 年，新丰镇深度挖掘这一历史底蕴，提出“多彩荷兰村”建设规划，以“地上长花、湖中生花、树上开花”为推进思路，启动核心区荷兰花海的建设。短短几年时间，荷兰花海从无到有，一跃而成为国家 4A 级景区，并创造日接待 35 万游客的纪录，文明旅游在这蔚然成风。当年，特莱克从瓦登海一路跋山涉水来到南黄海。而今，瓦登海、南黄海已经双双入选“世界自然遗产”名录。当年特莱克播下交流的种子，已经茁壮成葱葱郁郁的友谊之树。荷兰花海正以开放的姿态走向“一带一路”，走向世界各地。各国外交官走进大丰，共同授予荷兰花海“‘一带一路’公共外交基地”称号。

在小镇，树木沟渠的保护展示着生态之美。小镇按照先生态、后生活、再生产并最终有机融合的原则，打造优美宜人的生态环境，同时构建高品质生活空间，布局特色产业集群。建设之初，小镇就对所在区域进行生态保护和生态修复，依托原有地形，整合田园、河网、涵闸等元素，在不改变原有地貌特征的基础上，融入风车、郁金香、木质建筑等新的设计，建成了国内郁金香种植面积最大、种类最多、形态最美、业态最全的特色景区。目前，郁金香种植品种 300 个、面积 3000 亩、数量达 3000 多万株。

在小镇，绿意盎然的业态流淌着发展之美。坚持文旅、农旅融合发展，紧扣“旅游、文化、婚庆、花卉、康养”五大产业，放大 3000 亩荷兰风情外景基地、华东地区面积最大婚纱摄影基地等优势，辐射周边近 1000 家影楼，打造年产值超亿元的婚庆产业。精心培植郁金香、玫瑰、百合等花卉品种，打造“花样经济”商业生态圈，不断丰富业态布局。荷兰花海相继成立郁金香种球栽培基地、种球花卉产学研基地，实现从种球引进到种球输出的转型。依托荷兰花市线上线下销售网络，成立花卉种植销售专业合作社，示范带动花海所在地周边 8 个村、3000 多农户发展花卉苗木种植，顺利建成花卉苗圃、美国红枫等多个苗木基地。郁金香农园采摘园、全心村储绿基地、艾伦特家庭农场等多个农业示范园项目相继建成，产业富民效应凸显。

在小镇，风情万种的活动透露着文明之美。情系郁金香集体婚典、欧洲风情彩妆大巡游、郁金香音乐节、歌舞快闪、花海宝贝秀等各类活动层出不穷。摄影大展、模特大赛、儿童时装周、大学生音乐新势力等全国性赛事相继而来。比亚迪空中云轨、原汁原味的大小龙岛“荷兰羊角村”、纯正哥特式风格的天沐温泉度假中心以及阿姆斯特丹城堡酒店等吸睛项目的陆续登场……荷兰花海风情小镇以鲜明的风情特色，迅速叫响旅游市场，先后被评定为“江苏省四星级乡村旅游点”“全国休闲农业与乡村旅游五星级单位”省“旅游＋互联网”示范单位。

感动于荡漾在小镇的真情大爱和文明社会的共同价值，著名导演王潮歌带领团队在这里创作长三角首个文旅地标《只有爱 · 戏剧幻城》。第一次把中国传统戏剧完美地与现代文旅融为一体。荷兰花海在与文明世界对话的同时，演绎了传统与现代的精彩碰撞。荷兰花海已经矗立成一座容纳东西文化千帆竞发的海洋，矗立成万紫千红的人类命运共同体的时代坐标。

小镇未来，无限可期。荷兰花海旅游风情小镇将继续坚持“世界品牌，艺术主导”的发展理念，紧扣“新思路、新举措、新力度、新成效”发展要求，向着国家 5A 级旅游景区奋力冲刺。

盐城大纵湖湖荡风情小镇

演绎水乡风情　流淌古风遗韵

盐城大纵湖湖荡风情小镇位于盐都区滨湖街道，地处里下河腹部，北至陈琳路以北马踏沟河支流，南至大纵湖景区，西至马踏沟河和影视城，东至宋曹路和东晋古城，包括东晋古城、大纵湖影视城、大纵湖集镇、大纵湖景区，面积约 2.5 平方公里。

大纵湖风光

这里风景如画，远离喧嚣，古风宋韵，宛若仙境。大纵湖形成于南宋之前，距今 800 多年，面积 37 平方公里。这里湖水清冽甘甜、水草丰茂、野鸟翔集、水产品极为丰富，尤以"大纵湖牌"清水大闸蟹闻名四海。她以宁静致远的意境、恬淡秀美的风光、清雅绮丽的魅力吸引着众多游客前来观光。

大纵湖物华天宝，人杰地灵。三国文学家、"建安七子"之陈琳、明末清初的大书法家宋曹皆生于斯、长于斯，留下了光耀千秋的史迹。"扬州八怪"之一的郑板桥，当年在大纵湖畔坐馆授徒，留下了千古佳话。"二十四孝"之"王祥卧冰求鲤"、"宗保救母"传说将中华民族的传统美德演绎得淋漓尽致。已有四百年历史的水上名刹龙兴寺历经沧桑，几经兴废，香火依然旺盛；高达 25 米的苏北水乡第一佛——湖中观音圣像彰显出佛教文化的无限魅力。大纵湖和电影自 20 世纪 50 年代就结下了深厚的缘分。六十余年前，在大纵湖畔拍摄了《柳堡的故事》，《九九艳阳天》的旋律传遍了中国的大街小巷，成为几代人的回忆。

八面来风大纵湖，逍遥自在东晋城。东晋水城位于旅游度假区内，与大纵湖 AAAA 级景区、国家湿地公园毗邻，总投资近 20 亿元，在东晋城遗址之上复建成东晋水城，占地面积 975 亩。东晋水城依托大纵湖国家湿地公园，以水为魂，做足水文章，建有"九岛、七河、三街、二广场、一城楼、一码头、一渡口、二十四桥"，形成独具特色的水中"群岛式"建筑布局；通过打造"石梁河水上巡游"、"瑶光码头里下河风情"表演等民俗活动，还原里下河独特的民俗情景；创新开发"湖水煮湖鱼"、大纵湖"三白"等特色餐饮业态，为游客提供里下河水乡独有的美味淡水湖鲜；最终描绘出一幅"船在水中游，人在岛中居"的里下河风情画卷。

东晋水城是里下河地区现实版的"清明上河图"，以粉墙黛瓦的仿南宋建筑为主体，通过精心打造"建安大街""宋街""石梁街""民国广场""东晋水城广场"，构造一幅现实版宋代繁华与惬意的生活长卷。另外还迎回了传承千年的文化地标"宋氏宗祠"；重建了人文地标"归园"和"板桥书院"；修建了 6 个名人场馆"陈琳、朱升、宋曹、万云鹏、郑板桥、孙兰"；增建了赵泰来艺术藏品馆；创新打造了王祥 VR 数字水城展示馆，通过现代科技展示王祥卧冰求鲤和宗保救母等孝文化。

度假业态，智慧旅游。东晋水城在招引商业、工坊、非遗手作、茶肆酒楼等传统服务项目同时，突出发展新消费夜经济和智慧旅游，倾力打造了"开元度假、归园人文、自在颐居、开元观堂"等 7 家酒店。在苏北首创性的打造了"印象大纵湖"光影秀、"九九艳阳天"水秀、里下河风情水上巡游、VR 数字水城等一批特色项目，致力于让游客留下来、住下来，实现从观光经济向度假经济转变；建立大纵湖景区综合管控平台，融合呈现 3D 场景和大数据可视化，科学组织涉旅服务体系，实现安全、便捷、有序、舒适的游览体验，推动旅游业高质量发展。

大纵湖影视城与大纵湖为邻，始建于 2012 年，占地 1000 亩，是以民国时期文化为背景的仿古建筑群。它以影视拍摄为基础，以婚庆产业为核心，提供多元体验的婚庆影视城，兼具娱乐休闲、旅游观光等功能的综合性旅游区。婚纱摄影基地，坐落在影视城内，是苏北最大的婚纱影视基地。内景面积 10000 余平方米，拍摄场景多达 300 余个。2016 年被评为"金牌摄影基地"，现已与泰州、扬州、盐城等市县 600 余家婚纱摄影公司落实了合作关系。电视剧《我的绝密生涯》《热血》等作品在大纵湖影视城取景。

大纵湖集镇是集旅游服务、商业休闲、精品住宿等为一体的一站式综合服务区。目前正在全力推进小镇客厅建设，已完成了水润天成大酒店提升方案、民国往事系列回收、影视城酒店的装修。积极打造乡村配套旅游产品，新建大纵湖水产品批发市场，大力发展大纵湖螃蟹、湖虾、白壳螺丝等养殖产业；围绕农家乐、采摘、民宿等产业，拉动乡村经济发展，带动农民致富。在蟒蛇河东打造十里湖塘花海，在集镇西侧、125 省道北侧建设苏北最大的水产品批发市场。

目前，小镇围绕环湖大道东侧 4000 多亩土地，正在创建“水乡、田园、文化、商业、娱乐、亲水、温泉”等全域度假理想空间的滨湖新城。同时，将充分利用大纵湖景区的品牌优势，以东晋古城为根，以里下河湖荡文化为魂，以大纵湖生态湿地风貌为脉，以大纵湖集镇为服务配套区，倾情打造一个集湖荡观光、文化体验、婚庆摄影、餐饮购物、民宿休闲等多功能于一体的全新湖荡风情小镇。大纵湖湖荡风情小镇将成为盐都旅游新名片、新亮点，推动全区周边乡村旅游点的旅游经济产业发展，为盐城市全域旅游发展作出重大贡献。

扬州仪征枣林湾运动小镇

聚焦体育产业　树立运动休闲小镇全国示范、江苏样板

仪征枣林湾运动小镇位于江苏省仪征枣林湾旅游度假区，规划面积 5.2 平方公里。

仪征枣林湾运动小镇

小镇以体育教育培训为核心，以体育研学教育为特色，围绕时尚户外运动项目及相关配套，打造集教育培训、赛事活动、会展表演、体育文创、休闲旅游、康养服务等功能于一体的生态友好型、集聚集约化、多元体验性的体育产业示范小镇。

主要打造体育教育片区（中体产业学院、竞训中心、运动康复中心）、研学教育片区（白鹭湖户外运动公园、中体嗨雅运动乐园）、时尚运动片区（中体冰雪城）、户外运动片区（汽摩运动基地）、青少年营地发展片区（青少年户外运动营地）、体育商业服务片区（体育商业综合体、古镇古街、文创中心、民宿客栈）、航空运动片区（航空飞行营地）以及康养社区等八大片区。仪征枣林湾运动休闲特色小镇依托枣林湾生态园建设，现为江苏省体育健康特色小镇和江苏省旅游度假区。小镇以中国芍药节、车马文化旅游节为平台，连续举办江苏省青少年自行车锦标赛、中国围棋甲级联赛、龙舟公开赛等体育赛事与活动。2018 年江苏省第十九届运动会自行车项目、2018 年江苏省园艺博览会、2021 年世界园艺博览会等体育赛事与活动将在这里举办，推动体育与旅游融合发展。最终将打造成世界级体育旅游目的地、全国体育教育培训高地、国家级运动休闲特色示范小镇和国家级体育产业人才培养基地。

泰州溱潼会船风情小镇

以水为名　因船而兴　让会船继续“乘风破浪”

溱潼会船风情小镇坐落于苏中里下河地区，地处泰州、盐城、南通三市交界，旧有“犬吠三县闻”之说。溱潼是麋鹿故乡，1976 年出土了世界上最完整的雄性麋鹿骨骼化石；溱潼是会船之乡，国家级非物质文化遗产溱潼会船节，堪称“民俗文化之大观，水乡风情之博览”，被国家旅游局列入全国十大民俗节庆，被国务院公布为国家级非物质文化遗产；溱潼是砖瓦之乡，有窑都美誉，溱潼砖制作工艺已被评为江苏省非物质文化遗产；溱潼是文化之乡，千年古镇、万朵古山茶，南宋时期的古寿圣寺和世界最高的水上药师佛塔都是历史的见证；溱潼是水乡明珠，热情淳朴的溱潼人，依靠这片湖、这块土，用鲜美生态“溱湖八鲜”恭迎世界各方游客。

溱潼会船风情小镇

有着“世界最大水上庙会”之称的溱潼会船，由南宋相沿至今，已成为迄今为止保存最为完整、最具原生态特质的水上庙会，享有“天下会船数溱潼，溱潼会船甲天下”的美誉，2008 年列入国家级非物质文化遗产名录。

一到清明，泰州的十里溱湖之上，千舟齐发，万篙争流。各式各样的船只和身着统一服饰的会船选手飞篙走桨、弄潮击浪，演绎历久弥新的民俗画卷。现场数万中外嘉宾、游客共赏湿地风情，见证这一壮观的水上盛景。

连续举办十六届的溱潼会船节，已经成为泰州和江苏文旅的一项知名品牌活动。近年来，在省文旅厅指导支持下，当地通过将溱潼会船节与其他文旅节庆整合优化，逐步形成了以会船为核心，涵盖民俗体验、人文研学、游园赏花、寻味美食、静谧乡村、康养休闲的全域旅游发展格局。

如何让“会船”继续“乘风破浪”、永不停歇？溱潼古镇通过着力打造以船文化为特色，以水乡生活为承载，融船生活、船休闲、船体验、船养生为一体的会船风情小镇。

最近两三年，溱潼镇已完成了溱潼会船风情小镇客厅、溱湖景苑、胜江南文化商业街等项目。而随着新一批交通基础设施的相继完工，溱潼会船风情小镇建设也迈入发展“快车道”。

第三部分

小镇活动篇

特色小镇是在新的历史时期、新的发展阶段的创新探索和成功实践。江苏遵循客观发展规律，结合省情实际，积极稳妥地推进特色小镇建设，涌现出一批产业特色鲜明、体制机制灵活、人文气息浓厚、生态环境优美、多种功能叠加、宜业宜居宜游的特色小镇。

3.1 江苏省特色小镇发展研究会在南京成立

2021年1月23日，江苏省特色小镇发展研究会第一届会员代表大会暨第一届理事会第一次会议在南京召开。为响应国家疫情防控的号召，本次会议采用“线上+线下”形式。省发展改革委、省民政厅相关职能处室负责人到会指导，部分会员代表参加了现场会议，其余会员代表参加了线上会议。

江苏省特色小镇发展研究会在南京召开会议

会议选举产生江苏省特色小镇发展研究会第一届理事会，汤明海同志当选为研究会第一届理事会理事长，梅耀林、周凯、王冀宁、张阳、沈正平、张亚维当选为副理事长，张鸿当选为秘书长，许敏当选为监事。

会上，全体会员表决通过了《江苏省特色小镇发展研究会章程》《江苏省特色小镇发展研究会会费标准及会费管理办法》《江苏省特色小镇发展研究会第一届理事会工作规则》。

汤明海代表理事会致辞指出，江苏省特色小镇发展研究会是服务江苏省、市级特色小镇的“政、产、研”一体化非营利性社会组织，将致力搭建江苏特色小镇的协同创新发展平台、产业资源整合平台、学术研究交流平台、国内外合作推广平台、展览展示和招商平台、小镇品牌打造及宣传平台。

他要求研究会发展要围绕三个关键词，即“研究”“服务”“平台”，要有贡献、有活动、有计划。并表示将今后充分发挥研究会的桥梁和纽带作用，紧紧依靠和团结全体会员，精诚团结、集思广益、齐心协力、多出成果，不断增强研究会的活力，努力开创研究会各项工作的新局面，为推进江苏特色小镇高质量建设发展作出积极贡献。

李君良代表省特色小镇创建联席会议办公室发言，对研究会的成立表示热烈祝贺，希望研究会下一步围绕构建“规投建运”集聚平台、“政产学研”对接桥梁，指导小镇提升“产城人文”融合水平，发挥助力小镇高质量建设的服务作用，开展全方位多领域合作，助力江苏特色小镇建设取得新的突破。

张成标代表省民政厅社会组织管理局对研究会提出要求，他表示研究会要同步建立党的组织，不断提高党建工作水平，及时完善制度机制，不断增强自律自治能力，围绕中心大局，不断推动改革创新发展。

3.2 第七次全省特色小镇创建工作推进会

2020 年 9 月 4 日，江苏第七次全省特色小镇创建工作推进会在宿迁保险小镇召开。宿迁市委常委、常务副市长史志军致辞。徐州市贾汪区、溧阳市、昆山市、南通市海门区、盐城市大丰区政府分管领导作表态发言，各设区市发展改革委分管领导和处室负责人，第一、二批特色小镇负责人，第三批特色小镇及新整合列入名单的旅游体育类省级特色小镇政府主体、市场主体负责人等近 200 人参加了会议。江苏省发展改革委经济体制改革处处长李君良主持会议。

会上宣布了第三批省级特色小镇创建名单、旅游和体育类省级特色小镇创建名单以及入选全国特色小镇典型经验的小镇名单。2020 年即将迎来首批验收命名的“高考”，江苏特色小镇也将收获第一批“毕业生”，这是评价创建成效的一次重要检验，省发展改革委经济体制改革处一级主任科员郑腾针对《江苏省级特色小镇验收命名办法》进行了解读。

37 家小镇新晋入选　省级特色小镇创建名单达到 90 家

经江苏省政府同意，省发展改革委公布了紫云云创小镇、锡东车联网小镇、溧阳锂享小镇等 16 个第三批省级特色小镇创建名单，其中高端制造类 6 个，新一代信息技术类 3 个，创意创业类 1 个，健康养老类 1 个，历史经典类 3 个，现代农业类 2 个。

此外，会上还宣布了南京汤山温泉康养小镇、无锡灵山禅意小镇等 21 家（含合并 1 家）新整合列入名单的旅游类、体育类省级特色小镇。截至目前，江苏省级特色小镇创建名单达到 90 家。

4 家小镇成功上榜　入选“全国特色小镇典型经验”总数位居全国第一

2017 年 5 月，江苏发布首批省级特色小镇创建名单。三年来，全省各地各有关部门认真贯彻省委、省政府工作部署，坚持把特色小镇作为经济转型升级的重要平台、城乡融合发展的重要载体抓实抓好，推动特色小镇健康有序发展，取得了积极成效。

近日，国家发展改革委公布“第二轮全国特色小镇典型经验”，全国共 20 个，南京未来网络小镇、常州石墨烯小镇在列。此前，苏州苏绣小镇、句容绿色新能源小镇经验做法已入选 2019 年“第一轮全国特色小镇典型经验”。截至目前，江苏共有 4 个特色小镇的经验做法入选全国特色小镇典型经验，总数量位居全国第一。

更大力度更高标准　打造全省高质量发展新样本

会上对全省特色小镇创建工作进行了总结。三年来，经过全省上下共同努力、奋力拼搏，江苏特色小镇培育创建工作成效明显，实现了从无到有、从少到多和从特到优、从优到强的飞跃。产业“特而强”、功能“聚而合”、形态“小而美”、机制“新而活”的特色小镇在江苏初具雏形，一批特色鲜明、要素集聚、宜居宜业、富有活力的苏派特色小镇正在建成。

2020 年以来，国家和省级层面都对特色小镇工作提出了新的要求，江苏特色小镇创建工作也迎来了新的契机。下一步江苏要按照“规范发展、控制数量，体现特色、提高质量，企业主体、市场运作，分类施策、优化服务”的思路，促进江苏特色小镇高水平建设、高质量发展。全省特色小镇创建单位从严控制在 100 家以内，力争通过 3 年左右时间建成 20 个省级特色小镇，通过 5—10 年时间建成 50 个省级特色小镇。

当前，江苏特色小镇工作站在了一个新的起点上。江苏将紧盯“产业更特、创新更强、功能更优、形态更美、机制更活、辐射更广”的目标，切实加强特色小镇规范化管理，更大力度、更高标准、更具成效推动特色小镇创建工作，努力打造全省高质量发展的现实样板和美丽江苏建设的鲜亮名片。

3.3 首届江苏特色小镇创新创业大赛

2020 年 9 月 15—18 日，由省发展改革委主办的首届江苏省级特色小镇“创新创业”大赛在泰兴凤栖小镇（苏中、苏北地区）和苏州东沙湖基金小镇（苏南地区）启动。自大赛项目申报通知发布以来，各省级特色小镇创建单位积极参与、踊跃报名，大赛组委员会共收到参赛项目近 200 个，经专家初审，共计 37 个项目参加复赛比拼，其中苏中、苏北地区 18 个，苏南地区 19 个，涵盖电子商务、智能制造、医疗健康、节能环保、新能源、新材料、大数据等多个领域。

首届江苏特色小镇创新创业大赛

复赛采取“10 分钟项目展示＋评委提问”的方式进行公开路演。各参赛项目代表依次从项目的团队现状、技术优势、市场前景、发展规划等方面进行 10 分钟项目展示。路演结束后，进入互动答辩环节。“你的项目核心竞争力是什么？项目周期有多久？盈利点在哪里？营销策略是什么？如何与龙头企业竞争？市场份额能占多少？主要客户又是哪些？请拿出具体数据分析。”评委的提问也是一场与项目参赛代表的头脑风暴。专家评审团成员均为各知名创投基金公司高管，结合参赛团队构造、项目特色、产品技术、商业模式、市场规划以及现场互动答辩表现等多维度进行综合考量并评分，并与参赛者们现场交流，提供专业系统的指导与建议，经过两场激烈的角逐，共有 10 个项目进入决赛。

高标准规划建设特色小镇，是江苏省高质量发展组合拳的关键一招和供给侧结构性改革的重要一环，是推进创新创业再深化、改革开放再出发的重要举措。当前，特色小镇已成为江苏省“大众创业　万众创新”的新舞台和承载人们美好幸福生活的新家园。据统计，2019 年，56 家省级特色小镇创建单位共集聚了省级以上创新创业基地、众创空间 289 个，22 家新一代信息技术和创意创业类小镇吸引入驻的创业团队超过 1400 个。此次在全省范围内举办首届江苏特色小镇“创新创业”大赛，遴选优质“双创”示范项目，旨在引导省级特色小镇创建单位加快构建创新创业载体，凝聚高层次创新创业人才，加强产业发展要素高效集聚，总结特色小镇创新创业成果，助推全省建设一批高质量的特色小镇。

10 月 15 日，2020 年全国大众创业万众创新活动周江苏分会场在南京启动。作为启动仪式的重要环节之一，首届江苏省级特色小镇“创新创业”大赛颁奖仪式圆满举行，来自南京未来网络小镇、昆山智谷小镇等 9 家小镇的 10 个项目入选本届大赛十佳项目，涵盖电子商务、智能制造、新能源、新材料、生物医药、大数据等“高、尖、端”行业类别，其中泰兴凤栖小镇成为唯一一家有两个项目入选的小镇。

3.4 第三批省级特色小镇创建单位座谈会

2020年11月27日，江苏省特色小镇培育创建工作联席会议办公室在南京召开第三批省级特色小镇创建单位座谈会。省发展改革委经改处处长李君良出席会议并讲话。省发展改革委经改处副处长裴仁周、省发展改革委经改处一级主任科员郑腾出席会议。相关设区市发改委处室负责同志、第三批省级特色小镇创建单位主要负责同志等近50人参加了会议。

会上，南京紫云云创小镇、无锡锡东车联网小镇、徐州安科小镇等第三批16家省级特色小镇创建单位分别作了交流发言，对照年度任务介绍进入省级特色小镇创建名单后的工作进展情况，小镇创建期产业项目、功能配套、体制创新及投资计划等，以及对省级特色小镇创建工作意见建议。

听取大家的发言后，李君良作了总结发言。他首先传达了《国务院办公厅转发国家发展改革委关于促进特色小镇规范健康发展意见的通知》文件精神，并对特色小镇内涵进行了解读。他指出，特色小镇是一种新的规划方式、新的资源组合方式、新的产业生成方式、新的文化呈现方式，第三批省级特色小镇创建单位要弄通弄懂特色小镇内涵要义。

李君良强调，江苏特色小镇创建要必须坚持“四有”，即有发展方向、有目标任务、有项目投入、有工作机制，在特色小镇规划思路方面，要瞄准特色产业，构筑创新创业空间，聚焦人才、技术、资本三大关键要素，打造功能配套、建筑形态、文化呈现、绿色智慧四核，谋划“五个一”(建一个小镇客厅、讲一个小镇故事、选一个小镇镇长、创一个小镇标识、引一个小镇爆点)，切实高效推动特色小镇高质量、可持续发展。

附　录

江苏省级特色小镇验收命名办法(试行)

第一章　总　则

第一条　为深入贯彻党中央、国务院关于特色小镇建设的重要决策部署和国家部委有关文件精神，推进江苏特色小镇高质量建设，根据《省政府关于培育创建江苏特色小镇的指导意见》(苏政发〔2016〕176 号)、《省政府办公厅关于规范推进特色小镇和特色小城镇建设实施意见的通知》(苏政办发〔2018〕74 号)、《省发展改革委关于培育创建江苏特色小镇的实施方案》(苏发改经改发〔2017〕201 号)，制定江苏特色小镇验收命名办法。

第二条　特色小镇是集聚特色产业、生产生活生态空间相融合、不同于行政建制镇和产业园区的创新创业平台。江苏省级特色小镇是经省政府批准同意，由省发展改革委发布并命名授牌。

第三条　江苏省级特色小镇验收认定的总原则是自愿申请、分批验收、达标命名。

第二章　验收命名标准

第四条　符合以下条件的省级特色小镇创建对象可申请评定：

(一) 创建时间 3 年以上，达到产业特色鲜明、多种功能叠加、体制机制灵活、人文气息浓厚、生态环境优美、宜业宜居宜游总要求，自评分超过 800 分。

(二) 特色小镇的规划建设面积在 3 平方公里左右，旅游风情类特色小镇规划建设面积不超过 5 平方公里，其中建设面积 1 平方公里左右，规划建设目标基本完成。

(三) 特色产业高度集聚，成为在行业内全国知名且有一定影响力的产业聚群。旅游风情类小镇成为省内知名、国内有影响力的旅游度假目的地。高端制造类特色小镇完成总投资 50 亿元，其中苏北、苏中地区投资额可放宽至标准的 80%；新一代信息技术、创意创业、健康养老、现代农业、历史经典、旅游风情类特色小镇，完成总投资 30 亿元，以上投资均不含商品住宅。特色产业投资占比达70%及以上。

第五条　省级特色小镇验收评定内容及指标体系如下:

(一)共性指标。由特色的小镇客厅、便捷完善的功能、和谐宜居的环境、充满活力的机制4个一级指标构成,总分400分。特色的小镇客厅为100分,由空间明确、功能配套、形象景观、特色分4个二级指标构成;便捷完善的功能为110分,由社区功能、旅游功能、文化功能3个二级指标构成;和谐宜居的环境为80分,由核心区形象魅力、生态建设2个二级指标构成;充满活力的机制为110分,由政府引导、企业主体、市场运作、营商环境、宣传推广5个二级指标构成。

(二)特色指标。由促进产业发展、集聚高端要素、推动创新创业或旅游风情指数(适用于旅游风情类小镇)、投入产出效益4个一级指标构成,总分550分。根据高端制造、新一代信息技术、创意创业、健康养老、历史经典、现代农业、旅游风情类的产业特征,设置不同分值、不同评定内容的二级指标。开放性创新特色工作为50分,不设具体格式内容,由申报验收小镇自主申报唯一性特色和亮点的建设成效或可复制可推广的改革经验。

(三)共性指标和特色指标的评定得分汇总,800分以上的特色小镇创建对象通过评定。

(四)特色小镇申报验收和命名工作原则上每年开展一次。

第三章　验收命名程序

第六条　特色小镇申请验收命名的程序如下:

(一)自评申请。特色小镇创建对象根据《江苏省特色小镇验收命名标准》,开展自评工作。符合要求的,由所在县(市、区)人民政府于每年7月31日前向设区市特色小镇工作主管部门行文,提交验收认定申请。

(二)初步验收。申请小镇所在设区市的特色小镇主管部门开展初步验收,重点审核是否符合申报条件,自评分是否达标,申报材料是否规范和真实。设区市主管部门形成初验报告,于每年8月31日前上报省特色小镇培育创建工作联席会议办公室。

(三)组织专家。省特色小镇培育创建工作联席会议办公室建立特色小镇评定专家库,每次评定时,从专家库中抽取7名专家组成专家团,并报相关职能部门备案。其中,规划专家1名,相关产业专家2名,主管部门专家2名,旅游行业专家1名,根据需要聘请科技或生态等领域专家1名。

(四)评定验收。省特色小镇培育创建工作联席会议办公室委托第三方机构开展申报数据的审核,并组织专家团队开展实地踏勘、综合评分后形成验收报告,提交省特色小镇培育创建工作联席会议办公室;对首次验收不通过的小镇,一年内可申请一次复评。

（五）公示命名。省特色小镇培育创建工作联席会议办公室召开专题会议，对验收报告进行讨论审核，提出命名建议名单，上报省特色小镇培育创建工作联席会议审议，并在江苏特色小镇官网、官微和相关媒体上进行公示。公示结束后无异议的，上报并提请省政府审定后予以正式命名为省级特色小镇，并进行授牌。

第七条　特色小镇申请验收认定需提交以下材料：

（一）申报小镇所在设区市特色小镇主管部门出具的初验报告。

（二）申报小镇所在县（市、区）政府提出的申请验收命名请示文件。

（三）申报小镇自评的《江苏省特色小镇验收自评打分表》，以及相应支撑材料台账材料。

第四章　附　则

第八条　本办法的制定和修改，须经省特色小镇培育创建工作联席会议通过后生效。

第九条　本办法由省特色小镇培育创建工作联席会议办公室负责解释。

第十条　本办法自发布之日起施行。

江苏省特色小镇验收指标体系及标准

表　特色小镇验收指标体系(1000 分)

内容	一级指标	二级指标	三级指标	分值
共性指标(400 分)	特色的小镇客厅(100 分)	空间明确		20
		功能配套		40
		形象景观		15
		特色分		25
	便捷完善的功能(110 分)	社区功能	服务配套	50
			智慧化建设	15
			就业人口	10
		旅游功能	景区建设	20
		文化功能	文化挖掘	15
	和谐宜居的环境(80 分)	核心区形象魅力	小镇形态	20
			景观特色	20
		生态建设	绿色发展	20
			美化洁化	20
	充满活力的机制(110 分)	政府引导	规划编制	15
			小镇镇长	5
			政策扶持机制	20
		企业主体	非政府投资主导	10
			企业为龙头	10
			建设主体	15
		市场运作	投资建设多元化	10
		营商环境	审批服务	4
			准入门槛	6
		宣传推广	多媒体网络宣传	15

续表

<table>
<tr><th>内容</th><th>一级指标</th><th>二级指标</th><th>三级指标</th><th>分值</th></tr>
<tr><td rowspan="4">唯一性特色（50 分）</td><td>促进产业发展</td><td colspan="2" rowspan="4">详见《江苏省特色小镇验收指标体系和标准》</td><td rowspan="4">550</td></tr>
<tr><td>集聚高端要素</td></tr>
<tr><td>推动创新创业（旅游风情指数）</td></tr>
<tr><td>投入产出效益</td></tr>
<tr><td>特色指标（550 分）</td><td colspan="3">小镇自主上报唯一性特色和亮点（在国际或国内有影响力）的建设成效或可复制可推广的改革经验</td><td>50</td></tr>
</table>

附表 1　特色小镇验收标准(共性指标 400 分)

<table>
<tr><th>一级指标</th><th>二级指标</th><th>三级指标</th><th>评定内容</th><th>分值</th><th>信息来源</th></tr>
<tr><td rowspan="4">特色的小镇客厅</td><td colspan="2">空间明确</td><td>小镇客厅拥有独立而鲜明的建筑空间。小镇客厅未拥有独立占地面积，在建筑综合体中，小镇客厅总建筑面积大于 2000 平方米，得 15 分，总建筑面积大于 1000 平方米，得 10 分；总建筑面积大于 2000 平方米，且拥有独立占地面积，占地面积不小于 0.5 公顷，得 20 分。总建筑面积大于 1000 平方米，且拥有独立占地面积，得15 分</td><td>20</td><td rowspan="4">小镇提供：小镇客厅的外立面及功能服务证明照片、面积证明材料等</td></tr>
<tr><td colspan="2">功能配套</td><td>小镇客厅功能完善，拥有规划展陈、特色产业展示、双创服务、商务交往、党建引领、互动体验、接待咨询、文化呈现等综合服务功能，每个功能 5 分，总共 40 分</td><td>40</td></tr>
<tr><td colspan="2">形象风貌</td><td>建筑风格与小镇主题相吻合，拥有地标性建筑与形象标志，能够集中体现小镇精神气质和独特风貌，得 10 分。小镇客厅与周边环境协调融合，符合生态建设理念和绿色建筑要求，加 5 分，总计 15 分</td><td>15</td></tr>
<tr><td colspan="2">特色分</td><td>能够展现小镇历史发展与未来展望、展示小镇核心产业特色和优势、展陈设计与效果表现手法体现时代特色，以上有一项得 15 分，有两项及以上得 25 分</td><td>25</td></tr>
</table>

续表

一级指标	二级指标	三级指标	评定内容	分值	信息来源
便捷完善的功能	社区功能	1. 服务配套	1. 社区服务:设有社区便民服务窗口或企业服务窗口,得5分,功能完善、服务充分,酌情加分,最高得10分。 2. 特色街区:具备有一定规模、多种层次和业态的零售、娱乐、文化等综合性功能的特色街区,功能丰富、布局合理的得最高分,16分,设施供给不足得0分。 3. 住宿设施:小镇及周边1公里内有可供小镇从业人员提供住宅区、经济型以上酒店等设施,得5分。为创业者、高端技术人员提供人才公寓、专家楼的,加3分,总计8分。 4. 教育设施:小镇及周边1公里内有幼儿园、小学、中学、一贯制学校、职业学院等,有1家得3分,最高8分。 5. 医疗设施:小镇及15分钟医疗圈内有二乙及以上等级的医院,得8分,二乙以下等级医院酌情扣分	50	小镇提供:1. 社区窗口位置图,现场照片,办理事项清单、管理服务制度方面的书面材料;2. 特色街区的位置图、现场照片,以及入驻商家清单;3. 人才公寓、住宅小区、宾馆酒店等住宿设施布点图、现场照片,以及相关项目简介等资料;4. 教育设施布点图、现场照片,以及相关学校简介等资料;5. 医疗设施布点图、现场照片,以及医院等级资料
		2. 智慧化建设	1. 小镇内免费WIFI全覆盖,得5分,随机测试5个点,每少1个免费WIFI覆盖点,扣1分,最低0分。 2. 建有官方APP或微信公众号且更新动态得5分;10天不更新扣1分,半个月及以上不更新扣2分。 3. 拥有智能门禁、智慧公交、智慧安防、智能路灯等多元智能化管理方式,每项得2分,最高5分	15	小镇提供:1. 免费WIFI点布点图,每个WIFI覆盖范围支撑材料;2. 官方APP二维码或微信公众号截图;3. 智能管理的相关材料和照片
		3. 就业人口	1. 在小镇范围内有一定人口规模的居民点,得4分。 2. 带动就业人口规模超过1000人,得2分,逐年增长得4分,最高6分	10	小镇提供:1. 社区居民点位置图,小镇内常住人口数据证明材料;2. 自创建以来小镇内每年就业人数证明材料

续表

一级指标	二级指标	三级指标	评定内容	分值	信息来源
便捷完善的功能	旅游功能	4. 景区建设	旅游风情类特色小镇按照 5A 级景区服务质量标准建设，拥有一个 4A 级（含）以上旅游景区或国家级旅游吸引物产品（如国家湿地公园、国家森林公园、国家生态旅游区等），得 20 分；其他类特色小镇拥有一个 3A 级（含）以上景区，得 20 分	20	小镇提供：旅游主管部门出具的景区等级认定文件
	文化功能	5. 文化挖掘	立足特色产业主题，开展着力提升行业影响力的行业活动、商业活动，进一步提升区域品牌实力，包括行业会议、商业会展、发布会、文化活动、招商会等，创建期内每次活动得 1 分，最高 6 分，国家级、省级额外加分，最高加 4 分。小镇及所在区县行政范围内有一定影响力的永久会址举办地，得 5 分。最高 15 分	15	小镇提供：活动证明材料、现场照片、文字说明材料
和谐宜居的环境	核心区形象魅力	1. 小镇形态	1. 积极开展小镇核心区城市设计，注重特色风貌塑造，建筑风貌协调，建筑特色符合特色产业类别，传承小镇文脉，得 10 分。 2. 小镇的整体布局契合地形地貌和已有建筑肌理，体现错落有致、形态优美的小镇风貌的，得 10 分，功能和风貌未完全体现的酌情扣分	20	小镇提供：形态风貌相关照片等
		2. 景观特色	1. 小镇绿化景观设计合理，融入地域特色，保持地形地貌、自然植被的原生性、选择乡土树种花卉，形成布局均衡、功能齐全、方便可达的小镇绿地空间体系，得 5 分。 2. 小镇建成体现小镇理念、小镇文化、服务内容、小镇规范等内容的特色视觉识别系统（VI 系统）且基本覆盖小镇的，得 5 分；小镇重要入口处有永久性明显标识，小镇中有鲜明导示，文化形象识别的，得 10 分	20	小镇提供：景观照片、VI 设计文本及 VI 推广运用现场照片、入口处标识及鲜明导示照片等

续表

一级指标	二级指标	三级指标	评定内容	分值	信息来源
和谐宜居的环境	生态建设	1. 绿色发展	绿色节能建筑、海绵城市技术、新能源汽车充电桩、光伏技术运用、资源循环化利用等低碳绿色发展技术在小镇实际运用,每项5分,最高20分	20	小镇提供:各类低碳绿色发展创新举措的证明材料
		2. 美化洁化	1. 小镇建成区绿化覆盖率≥40%得6分;每降1个百分点,扣0.5分,最低0分。 2. 小镇生态核心区品质较高、休闲步道设置合理,得6分,品质一般的酌情扣分。 3. 小镇公共场所整洁卫生,垃圾不落地,得8分,环境卫生不佳的酌情扣分	20	小镇提供:绿化覆盖率数据及证明材料、生态核心区(如公园、景观湖等)照片等
充满活力的机制	政府引导	1. 规划编制	1. 完成小镇控制性详细规划并经所在地县(市、区)政府审批通过的,得10分。 2. 小镇依据控制性详细规划建设实施完成度≥80%得5分,≥50%且<80%得2分,<50%得0分	15	小镇提供:控制性详细规划成果及批复文件。规划实施完成度数据及证明材料
		2. 小镇镇长	小镇镇长:聘请知名学者、产业领军人物出任"镇长",得5分	5	提供镇长聘书材料
		3. 政策扶持机制	1. 小镇已经建立县(市、区)主要领导挂帅的工作推进机制,得7分,领导小组开展常态化工作,每年1次得1分,最多3分。合计最多10分。 2. 小镇所在设区市政府已出台针对特色小镇的配套扶持政策得5分。小镇所在县(市、区)政府已出台针对特色小镇的配套扶持政策得5分。合计10分	20	小镇提供:工作推进机制、及各级政府配套扶持政策文件
	企业主体	1. 非政府投资主导	创建期间在规定投资范围内,政府财政资金直接投入占全部投资比重≤20%得10分,每增加1个百分点,扣1分,高于30%不得分	10	小镇提供:投资清单、龙头企业资料、市场化主体营业执照、专业团队简介等材料
		2. 企业为龙头	小镇以知名龙头骨干企业为主(参与)进行规划建设,得10分,缺少知名龙头企业参与的酌情扣分	10	
		3. 建设主体	小镇有明确的市场化建设主体,得10分,具有专业团队的,得5分,合计15分	15	

续表

一级指标	二级指标	三级指标	评定内容	分值	信息来源
充满活力的机制	市场运作	投资建设多元化	1. 有市场资(基)金培育孵化特色产业,且资(基)金投入产业规模亿元(含)以上的得 5 分,市场资(基)金投入规模不足亿元的酌情给分。 2. 创新运用投融资模式,推进项目建设,得 5 分	10	小镇提供:1. 市场资(基)金管理机构名单、投入项目和资金清单;2. 创新运用投融资模式的项目介绍
	营商环境	1. 审批服务	有专为小镇出台高效审批服务的专项政策,建立服务网络,配置相应人员,建立工作机制,得 4 分,机制不健全的酌情扣分;无举措、无方法创新或无实际案例的不得分	4	小镇提供:市、区(县)级及以上政府出台的政策文件
		2. 准入门槛	1. 小镇编制完成区域(或具体项目)环评、能评的,每项 3 分,最高 6 分。 2. 在安全生产、环保、能耗等方面有负面报道或企业查处的酌情扣分	6	小镇提供:环评、能评材料
	宣传推广	多媒体网络宣传	1. 每年在中央和省级及以上媒体报道次数不少于 6 篇的,得 5 分。 2. 每年在江苏特色小镇官网、官微累计报道次数不少于 10 篇的,得 5 分。 3. 具有官方 LOGO,得 3 分。 4. 具有小镇宣传片,得 2 分	15	小镇提供:相关证明材料

附表 2 特色小镇验收标准(个性指标 550 分)

一级指标	二级指标	评定内容	分值	数据来源
1. 高端制造小镇				
促进产业发展	1. 专业企业入驻	1. 每有一家世界 500 强高端制造类企业的功能型、区域性总部得 20 分,每有一家分支机构得 10 分,最高 40 分。 2. 每有一家中国 500 强高端制造类企业功能性、区域性总部得 15 分,分支机构得 8 分。每有一家中国民营企业 500 强、行业五十强企业功能性、区域性总部得 10 分,最高 30 分。 3. 每有一家高端制造类行业隐形冠军、专精特新小巨人企业得 10 分,最高 20 分。 4. 每有一家高端制造类企业得 1 分,其中规模以上企业每家得 3 分,最高 30 分。以上四类合计最高得 60 分	60	小镇提供:1. 小镇内世界 500 强、中国 500 强企业、中国民营企业 500 强或行业五十强高端制造类企业的名录和工商登记材料;2. 小镇内高端制造类行业隐形冠军、专精特新小巨人企业名录、工商登记材料和认定文件;3. 小镇内高端制造类规上企业名录和非规上企业名录

续表

一级指标	二级指标	评定内容	分值	数据来源
促进产业发展	2. 产业技术领先	1. 拥有国内行业领军企业前三的,每有一家得 5 分,最高得 15 分。 2. 有认定国家创新型产业集群试点、国家先进制造业集群的,得 15 分。 3. 创建期每项国际(美日欧)发明专利授权得 10 分,每项国内发明专利授权得 5 分,最高 30 分。 4. 获得国家级科学技术奖特等奖得 10 分,一等奖得 8 分,二等奖得 5 分,获得省级科学技术奖每项得 3 分。 5. 主导制定省级及以上高端制造相关产业技术标准得 10 分,参与制定省级及以上高端制造产业技术标准得 5 分。以上五类合计最高得 60 分	60	小镇提供:1. 相关企业名录和证明材料;2. 相关认定文件;3. 授权专利清单(标注类别、所属企业和专利号),主体需为入驻在小镇内的企业,如是小镇外的母公司取得,不纳入计算,如专利权已转让为小镇内企业,视同小镇所有;4. 相关证书复印件;5. 小镇内企业制定的标准文本或立项下达文件
	3. 智能制造应用	1. 积极实施技术改造,根据技术改造情况最高得 20 分,根据不足酌情扣分。 2. 开展两业融合程度,根据两业融合情况最高得 20 分,根据不足酌情扣分。 3. 积极开展智能车间、智能厂房、智能工厂等智能化设备应用,最高得 20 分,应用较少的酌情扣分。以上三类合计最高得 40 分	40	小镇提供:开展技术改造、两业融合、智能化设备应用、高端装备制造应用示范等相关材料介绍
	4. 特色产业比重	1. 特色产业投资占比:≥70%,得 20 分;不到 70%不得申请验收。 2. 规模以上企业中特色产业企业数量占比:≥70%,得 10 分,每少 1%,扣 1 分,60%以下不得分。 3. 特色产业营收占比:特色产业营收收入占比达 70%得 10 分,每多 1%,加 1 分,最高 20 分;每少 1%,扣 1 分,60%以下不得分。以上三类合计最高得 40 分	40	小镇提供:相关数据

续表

一级指标	二级指标	评定内容	分值	数据来源
集聚高端要素	1. 高精人才集聚	1. 引入高层次人才每个得 5 分,如两院院士、长江学者、国家杰出青年等,最高 30 分。 2. 每个中级技术职称人员 0.25 分,高级技术职称人员 0.5 分,其他与高端制造产业发展相关的同等水平专业人才(如管理、法务、金融人才)参照得分,最高 20 分。 3. 每个硕士及以上学历人才 1 分。最高 20 分以上三类合计最高得 50 分	50	小镇提供:1. 高层次人才人员名单、相关证书、引进合同等资料复印件;2. 中级、高级技术职称或其他相关人才名单(标注技术职称);3. 硕士及以上学历人才名单(标注毕业院校及专业)
	2. 科研机构支撑	1. 与国际著名研发机构合作建立科研机构签订框架协议的,每家得 20 分,有实质成果的得 30 分,最高 30 分, 2. 与中科院合作建立分所,签订框架协议的,每家得 20 分,有实质成果的得 30 分,最高 30 分。 3. 小镇内每创建一家国家级或省级科研机构(工程技术中心、重点实验室、企业技术中心、企业研究院等)分别得 20 分、15 分,最高 20 分。 4. 与国家重点实验室、国家重点学科、双一流大学、国家级研究院开展技术合作得 5 分,与普通高校或省级研究院开展技术合作得 3 分,最高 20 分。以上四类合计最高得 50 分	50	小镇提供:1. 与国际著名研发机构、中科院签定框架协议的复印件,有实质成果的证明材料;2. 国家级或省级科研机构(工程技术中心、重点实验室、企业技术中心、企业研究院等)的法人单位、等级等证明材料;3. 与相关高校、研究机构相关合作合同复印件以及级别证明材料
	3. 土地集约利用	1. 产业用地投资强度:建设用地亩均投入 400 万元以上得 20 分;亩均投资强度每降低 10 万元减 1 分;亩均投资强度低于 200 万元不得分。 2. 实际盘活存量建设用地:实际盘活存量用地超过 300 亩得 10 分,每多 30 亩得 1 分,最高 20 分。以上两类合计最高得 40 分	40	小镇提供:相关数据

续表

<table>
<tr><th>一级指标</th><th>二级指标</th><th>评定内容</th><th>分值</th><th>数据来源</th></tr>
<tr><td>推动创新创业</td><td>科技创新及孵化水平</td><td>1. 科技企业集聚情况:每家高新技术企业 5 分,合计最高 30 分。
2. 国家级科技企业孵化器每个得 5 分,省级科技企业孵化器每个得 2.5 分,最高得 20 分。
3. 企业孵化转移:小镇内每孵化转移成功一家企业得 2 分,最高 20 分。
4. 科技研发投入情况:上一年度小镇内企业科技研发投入占主营业务收入比重,达到全省企业平均水平得 10 分,每高于全省平均水平 0.1 个百分点,加 2 分,最高得 20 分,低于全省平均水平不得分。以上四类合计最高得 60 分</td><td>60</td><td>小镇提供:1. 高新技术企业名录及认定证明材料;2. 省级及以上科技企业孵化器名录及认定证明材料;3. 小镇内孵化转移成功企业名单和相关证明材料;4. 上一年度小镇内企业科技研发投入占主营业务收入比重数据。
省统计局提供上一年度全省科技研发投入占比数据</td></tr>
<tr><td rowspan="3">投入产出效益</td><td>1. 投入水平</td><td>投资规模:创建期间累计完成 50 亿元(苏中、苏北 40 亿元)及以上得 35 分,每增加 1 亿元加 1 分,最高 50 分;不足 50 亿元不得申请验收(苏中、苏北 40 亿元)</td><td>50</td><td>小镇提供:相关数据</td></tr>
<tr><td>2. 产出效益</td><td>1. 税收收入:上年度税收每 1000 万元得 2 分,最高 50 分。
2. 主营业务收入:上年度主营业务收入 30 亿元以上,得 20 分,每增加 1 亿元,加 1 分,最高 30 分。不足 30 亿元不得分。以上两类合计最高得 60 分</td><td>60</td><td>小镇提供:相关数据</td></tr>
<tr><td>3. 辐射带动</td><td>1. 技术和产品输出:小镇企业自主知识产权市场化运用较好,新产品市场认可度高、销售形势好,得 10 分,新产品市场认可度一般、销售形势一般的酌情扣分。
2. 产业上下游带动:形成较为完整的产业链,基本形成产业生态,得 10 分,产业链不完整的酌情扣分。
3. 企业上市:创建期小镇内每成功上市 1 家主板企业得 10 分,中小板、创业板、科创板上市企业每家得 5 分,新三板挂牌企业每家得 3 分,最高 20 分。以上三类合计最高得 40 分</td><td>40</td><td>小镇提供:相关数据和证明材料</td></tr>
</table>

续表

一级指标	二级指标	评定内容	分值	数据来源
2. 新一代信息技术小镇				
促进产业发展	1. 专业企业入驻	1. 每有一家世界500强新一代信息技术类企业的功能型、区域性总部得20分,每有一家分支机构得10分,最高40分。 2. 每有一家中国500强新一代信息技术类企业功能性、区域性总部得15分,分支机构得8分。每有一家中国民营企业500强、行业五十强企业功能性、区域性总部得10分,最高30分。 3. 每有一家行业隐形冠军、专精特新小巨人企业得10分,最高20分。 4. 每有一家新一代信息技术类企业得1分,其中规模以上企业每家得3分,最高30分。 以上四类合计最高得60分	60	小镇提供:1. 小镇内世界500强、中国500强企业、中国民营企业500强或行业五十强新一代信息技术类企业的名录和工商登记材料;2. 小镇内新一代信息技术类行业隐形冠军、专精特新小巨人企业名录、工商登记材料和认定文件;3. 小镇内新一代信息技术类规上企业名录和非规上企业名录
	2. 产业技术领先	1. 拥有国内行业领军企业前三的,每有一家得5分,最高得15分; 2. 有认定国家创新型产业集群试点、国家先进制造业集群的,得15分; 3. 创建期每项国际(美日欧)发明专利每项授权得10分,每项国内发明专利授权每项得5分,最高30分。 4. 获得国家级科学技术奖特等奖得10分,一等奖得8分,二等奖得5分,获得省级科学技术奖每项得3分。 5. 每件软件著作权得0.5分,最高20分。 6. 主导制定省级及以上新一代信息技术相关产业技术标准得10分,参与制定省级及以上新一代信息技术产业技术标准得5分。 以上六类合计最高得60分	60	小镇提供:1. 相关企业名录和证明材料;2. 相关认定文件;3. 授权专利清单(标注类别、所属企业和专利号),主体需为入驻在小镇内的企业,如是小镇外的母公司取得,不纳入计算,如专利权已转让为小镇内企业,视同小镇所有;4. 相关证书复印件;5. 软件著作权清单(标注所属企业);6. 小镇内企业制定的标准文本或立项下达文件

续表

一级指标	二级指标	评定内容	分值	数据来源
促进产业发展	3. 产业模式先进	1. 积极推动新一代信息技术(互联网＋、物联网＋、智能网联、人工智能等)与其他制造业、服务业融合发展,根据情况最高得20分,根据不足酌情扣分。 2. 开展两业融合程度,根据两业融合情况最高得20分,根据不足酌情扣分。 3. 积极开展智能车间、智能厂房、智能工厂等智能化设备应用,最高得20分,应用较少的酌情扣分。以上三类合计最高得30分	30	小镇提供:小镇开展相关信息技术融合、智能化设备应用、高端装备制造应用示范等相关材料介绍
	4. 特色产业比重	1. 特色产业投资占比:≥70%,得20分;不到70%不得申请验收。 2. 规模以上企业中特色产业企业数量占比:≥70%,得10分,每少1%,扣1分,60%以下不得分。 3. 特色产业营收占比:特色产业营收收入占比达70%得10分,每多1%,加1分,最高20分;每少1%,扣1分,60%以下不得分。以上三类合计最高得40分	40	小镇提供:相关数据
集聚高端要素	1. 高精人才集聚	1. 引入高层次人才每个得5分,如两院院士、长江学者、国家杰出青年等,最高30分。 2. 每个中级技术职称人员0.25分,高级技术职称人员0.5分,其他与新一代信息技术产业发展相关的同等水平专业人才(如管理、法务、金融人才)参照得分,最高20分。 3. 每个硕士及以上学历人才1分。最高20分以上三类合计最高得50分	50	小镇提供:1. 高层次人才人员名单、相关证书、引进合同等资料复印件;2. 中级、高级技术职称或其他相关人才名单(标注技术职称);3. 硕士及以上学历人才名单(标注毕业院校及专业)
	2. 科研机构支撑	1. 与国际著名研发机构合作建立科研机构签订框架协议的,每家得20分,有实质成果的得30分,最高30分。 2. 与中科院合作建立分所,签订框架协议的,每家得20分,有实质成果的得30分。最高30分。 小镇内每创建一家国家级或省级科研机构 3. 小镇内每创建一家国家级或省级科研机构(工程技术中心、重点实验室、企业技术中心、企业研究院等)分别得20分、15分,最高20分。 4. 与国家重点实验室、国家重点学科、双一流大学、国家级研究院开展技术合作得5分,与普通高校或省级研究院开展技术合作得3分,最高20分。 5. 拥有国家级、省级大数据中心、云计算中心,每拥有1个得10分,最高20分。以上五类合计最高得50分	50	小镇提供:1. 与国际著名研发机构、中科院签定框架协议的复印件,有实质成果的证明材料;2. 国家级或省级科研机构(工程技术中心、重点实验室、企业技术中心、企业研究院等)的法人单位、等级等证明材料;3. 与相关高校、研究机构相关合作合同复印件以及级别证明材料;4. 国家级、省级大数据中心、云计算中心等证明材料

续表

一级指标	二级指标	评定内容	分值	数据来源
集聚高端要素	3. 土地利用集约	1. 产业用地投资强度:建设用地亩均投入400万元以上得20分;亩均投资强度每降低10万元减1分;亩均投资强度低于200万元不得分。 2. 实际盘活存量建设用地:实际盘活存量用地超过300亩得10分,每多30亩得1分,最高20分。以上两类合计最高得40分	40	小镇提供:相关数据
推动创新创业	科技创新及孵化水平	1. 科技企业集聚情况:每家高新技术企业5分,合计最高30分。 2. 国家级科技企业孵化器每个得5分,省级科技企业孵化器每个得2.5分,最高得20分。 3. 企业孵化转移:小镇内每孵化转移成功一家企业得2分,最高20分。 4. 科技研发投入情况:上一年度小镇内企业科技研发投入占主营业务收入比重,达到全省企业平均水平得10分,每高于全省平均水平0.1个百分点,加2分,最高得20分,低于全省平均水平不得分。以上四类合计最高得60分	60	小镇提供:1. 高新技术企业名录及认定证明材料;2. 省级及以上科技企业孵化器名录及认定证明材料;3. 小镇内孵化转移成功企业名单和相关证明材料;4. 上一年度小镇内企业科技研发投入占主营业务收入比重数据。 省统计局提供上一年度全省科技研发投入占比数据
投入产出效益	1. 投入水平	投资规模:创建期间累计完成30亿元及以上得35分,每增加1亿元加1分,最高50分;不足30亿元不得申请验收	50	小镇提供:相关数据
	2. 产出效益	1. 税收收入:上年度税收每1000万元得2分,最高50分。 2. 主营业务收入:上年度主营业务收入30亿元以上,得20分,每增加1亿元,加1分,最高30分。不足30亿元不得分。以上两类合计最高得60分	60	小镇提供:相关数据
	3. 辐射带动	1. 技术和产品输出:小镇企业自主知识产权市场化运用较好,新产品市场认可度高、销售形势好,得10分,新产品市场认可度一般、销售形势一般的酌情扣分。 2. 产业上下游带动:形成较为完整的产业链,基本形成产业生态,得10分,产业链不完整的酌情扣分。 3. 企业上市:创建期小镇内每成功上市1家主板企业得10分,中小板、创业板、科创板上市企业每家得5分,新三板挂牌企业每家得3分,最高30分。以上三类合计最高得50分	50	小镇提供:相关数据和证明材料

续表

一级指标	二级指标	评定内容	分值	数据来源
3. 创意创业小镇				
促进产业发展	1. 专业企业入驻	1. 每有一家中国500强创意创业类企业功能性、区域性总部得15分,分支机构得8分。 2. 每有一家中国民营企业500强、行业50强企业功能性、区域性总部得10分,最高30分。 3. 每有一创意创业类行业隐形冠军企业、专精特新小巨人企业得10分,最高20分。 4. 每有一家创意产品设计师工作室或工业设计中心得2分,最高20分。 5. 每有一家创意创意类企业得0.5分,其中规模以上企业得1.5分,最高30分。以上四类合计最高得50分	50	小镇提供:1. 小镇内中国500强企业、中国民营企业500强或行业50强创意创业类企业的名录和工商登记材料;2. 小镇内创意创业类行业隐形冠军、专精特新小巨人企业名录、工商登记材料和认定文件;3. 设计师工作室或工业设计中心入驻证明;4. 小镇内创意创业类规上企业名录和非规上企业名录
	2. 创意创新水平(非金融类)	1. 创意产品获得国际奖项每个得10分,国家级奖项每个得5分,最高20分。 2. 国际知名品牌每个得10分,全国知名品牌每个得5分,最高10分。 3. 主导制定省级及以上行业标准每项得10分,参与制定得5分,最高30分。 4. 配套特色产业发展空间(如文创街区、电商空间)得10分。 5. 创建期每项国际发明专利授权得10分,每项国内发明专利和外观设计专利授权得3分,最高20分。 以上五类合计最高得50分	50	小镇提供:1. 获奖作品证明;2. 知名品牌证明材料,品牌注册地需在小镇内;3. 标准文本或立项下达文件;4. 文创街区、电商空间介绍材料、现场照片;5. 授权专利清单(标注类别、所属企业和专利号),主体需为入驻小镇的企业,如是小镇外母公司取得,不纳入计算,如专利授权已转让为小镇内企业,视同小镇所有
	3. 管理资产规模(金融类)	1. 小镇内金融企业(含有限合伙企业)注册资本每百亿元得5分,最高20分。 2. 小镇内金融企业(含有限合伙企业)管理资本每百亿元得2分,最高30分	50	小镇提供:入驻金融企业清单,以及对应管理资本、实缴资金情况,附上相关证明材料
	4. 特色产业比重	1. 特色产业投资占比:≥70%得15分,不到70%不得申请验收。 2. 特色产业投资:创建期完成21亿元得5分,每增加1千万元,加0.2分,最高10分;不足21亿元不得申请验收。 3. 特色产业营收占比:占比达70%得15分,每多1%,加1分,最高25分;每少1%,扣1分,60%以下不得分。 以上三类合计最高得50分	50	小镇提供:相关数据,统计部门核实

续表

一级指标	二级指标	评定内容	分值	数据来源
集聚高端要素	1. 高精人才集聚	1. 引入高层次人才每个得 5 分,如两院院士、长江学者、国家杰出青年等,最高 30 分。 2. 每个中级技术职称人员 0.25 分,高级技术职称人员 0.5 分,其他与创意创业产业发展相关的同等水平专业人才(如设计、管理、法务、金融人才)参照得分,最高 20 分。 3. 小镇内金融专业人员,拥有特许金融分析师 CFA、注册会计师 CPA、北美保险精算师 SOA、特许公认会计师 ACCA 或同等水平的金融证书,每人得 1 分,最高 30 分。 4. 每个硕士及以上学历人才得 1 分,最高 20 分。 5. 引进特色产业相关创业团队每个得 0.5 分,最高 10 分。 以上五类合计最高得 50 分	50	小镇提供:1. 高层次人才人员名单、相关证书、引进合同等资料复印件;2. 中级、高级技术职称或其他相关人才名单(标注技术职称);3. 金融高端人才名单及相关证书复印件;4. 硕士及以上学历人才名单(标注毕业院校及专业);5. 创业团队清单及简介,入驻证明等
	2. 科技创新水平(非金融类)	1. 小镇内每创建一家国家级或省级科研机构(工程技术中心、重点实验室、企业技术中心、企业研究院等)分别得 20 分、15 分,最高 50 分。 2. 与国内行业龙头企业、国家重点学科、双一流大学、国家级研究院开展技术合作每项得 5 分,与普通高校或省级研究院开展技术合作每项得 3 分,最高 30 分。 3. 小镇内每家高新技术企业得 5 分,最高 30 分。 4. 上一年度小镇内企业科技研发投入占主营业务收入比重,达到全省平均水平得 15 分,每高于全省平均水平 0.1%,加 1 分,最高 20 分,低于全省平均水平不得分。 5. 引入智能化设计、智慧化生产、大数据营销等新手段新科技,水平较高的得 20 分,根据不足酌情扣分。 以上五类合计最高得 100 分	100	小镇提供:1. 国家级或省级科研机构(工程技术中心、重点实验室、企业技术中心、企业研究院等)的法人单位、等级等证明材料;2. 与相关龙头企业、高校、研究机构相关合作合同复印件以及级别证明材料;3. 高新技术企业名录及认定证明材料;4. 上一年度小镇科技研发投入占主营收入比重数据;5. 智能化设计、生产、营销的相关证明材料。 省统计局提供上一年度全省科技研发投入占比数据

续表

一级指标	二级指标	评定内容	分值	数据来源
集聚高端要素	3. 金融机构进驻(金融类)	1. 引入国际、国内知名金融机构总部得20分,功能型、区域型总部得10分,分支机构得5分。最高60分。 2. 每引入一家实缴资金亿元以上的金融企业得5分,最高40分。 3. 每引入一家管理规模在20亿元(含)—50亿元的基金公司得2分,50亿元(含)—100亿元的得5分,100亿元(含)以上的得10分。最高40分。 以上三类合计最高得100分	100	小镇提供:1. 引进国际、国内知名金融机构总部、功能型区域型总部以及分支机构的工商登记材料;2. 实缴亿元以上金融企业名单及证明材料;3. 基金公司名单及资产管理规模证明材料
推动创新创业	1. 双创平台配置	1. 有省级及以上双创示范基地、创业示范基地或科技企业孵化器每个得10分,有省级及以上众创空间得5分,最高20分。 2. 小镇内创业基金合计管理规模在1亿元(含)—5亿元得5分,5亿元(含)—10亿元的得10分,10亿元(含)—20亿元的得15分,20亿元(含)以上的得20分。 3. 拥有创业导师或创业服务机构提供创业辅导,得5分。 4. 每年组织企业参加展销会、产品推介会,每次5分,最高10分。 以上四类合计最高得50分	50	小镇提供:1. 省级及以上双创示范基地、创业示范基地、科技企业孵化器、众创空间认定证明材料;2. 基金公司清单及资产管理规模证明材料;3. 提供创业辅导证明文件;4. 展销会、产品推介会和相应参展企业清单,现场照片
	2. 双创平台质效	1. 创建期每孵化转移成功一家特色产业相关企业得2分,最高20分。 2. 每个省级双创人才得2分,每个省级双创团队得5分,最高20分。 3. 获小镇内创业基金融资项目每个得2分,最高10分。 以上三类合计最高得40分	40	小镇提供:1. 小镇内孵化转移成功企业名单和相关证明材料;2. 双创人才、团队名单,认定文件、引进合同等;3. 获融资项目清单和证明材料
投入产出效益	1. 投入水平	1. 投资规模:创建期间累计完成30亿元及以上得20分,每增加1亿元加1分,最高40分,不足30亿元,不得申请验收。 2. 投资强度:建设用地亩均投入300万元以上得20分,亩均投资强度每降低10万元减1分,亩均投资强度低于200万元不得分。 以上两类合计最高得60分	60	小镇提供:相关数据,统计部门核实

续表

一级指标	二级指标	评定内容	分值	数据来源
投入产出效益	2. 产出效益	1. 税收收入:上年度税收每 1 千万元得 2 分,最高 40 分。 2. 主营业务收入:上年度主营业务收入 30 亿元以上,得 20 分,每增加 1 亿元,加 1 分,最高 30 分。 以上两类合计最高得 70 分	70	小镇提供:相关数据,统计部门核实
	3. 辐射带动(非金融类)	1. 产业上下游带动:形成较为完整的产业链,基本形成产业生态,得 10 分,产业链不完整的酌情扣分。 2. 企业上市:创建期小镇内每成功上市 1 家主板企业得 10 分,中小板、创业板、科创板上市企业每家得 5 分,新三板挂牌企业每家得 3 分,最高 20 分。 以上两类合计最高得 30 分	30	小镇提供:相关数据及证明材料
	4. 对外投资(金融类)	1. 创建期小镇内金融企业每对外投资一个项目得 0.25 分,最高 15 分。 2. 创建期小镇内金融企业每对外投资 100 亿元得 1 分,最高 15 分。 以上两类合计最高得 30 分	30	小镇提供:投资项目清单和投资总金额
4. 健康养老小镇				
促进产业发展	1. 专业企业入驻	非体育类: 1. 每有一家世界 500 强特色产业相关企业的功能型、区域性总部得 20 分,每有一家分支机构得 10 分,最高 40 分。 2. 每有一家中国 500 强特色产业相关企业功能性、区域性总部得 15 分,分支机构得 8 分。每有一家中国民营企业 500 强、行业五十强企业功能性、区域性总部得 10 分,最高 30 分。 3. 每有一家特色产业行业隐形冠军、专精特新小巨人企业得 10 分,最高 20 分。 4. 每有一家特色产业相关企业得 1 分,其中规模以上企业每家得 3 分,最高 30 分。 5. 每有一家三甲医院 15 分、三乙医院 10 分、二级或专科特色医院 7 分,最高 20 分。 以上五类合计最高得 60 分	60	小镇提供:1. 小镇内世界 500 强、中国 500 强企业、中国民营企业 500 强或行业五十强特色产业相关企业的名录和工商登记材料;2. 小镇内特色产业相关行业隐形冠军、专精特新小巨人企业名录、工商登记材料和认定文件;3. 小镇内特色产业相关规上企业名录和非规上企业名录;4. 医院在小镇内位置图及等级证明材料
		体育类: 1. 被评为国家级体育产业示范基地(项目、单位)、国家级运动休闲特色小镇试点项目,每项得 30 分,省级体育产业基地(示范单位)、省级体育服务综合体,每项得 20 分,最高 50 分。 2. 每有一家体育行业规上企业得 10 分,最高 30 分。 3. 每有一家体育行业高新技术企业得 10 分,最高 30 分。 以上三类合计最高得 60 分		小镇提供:1. 国家级体育产业基地、国家级运动休闲特色小镇试点项目、省级体育产业基地、体育服务综合体认定文件;2. 体育行业规上企业名单及工商登记材料;3. 体育行业高新技术企业名单及相关认定文件

续表

一级指标	二级指标	评定内容	分值	数据来源
促进产业发展	2. 产业技术领先	1. 创建期每项国际发明专利授权得10分,每项国内发明专利授权5分,最高20分。 2. 小镇企业领衔制定省级及以上特色产业相关行业标准每项得10分,参与制定得5分,最高20分。 3. 每获得一项国家级及以上特色产业领域的奖项得10分,省级5分,最高20分。 以上三类合计最高得40分	40	小镇提供:1. 授权专利清单(标注类别、所属企业和专利号),主体需为入驻在小镇内的企业,如是小镇外的母公司取得,不纳入计算,如专利权已转让为小镇内企业,视同小镇所有;2. 小镇内企业制定的标准文本或立项下达文件;3. 相关荣誉证书、文件等证明材料
	3. 产业模式创新	1. 采用大数据、互联网等新技术开展新技术、新产品研发及应用得10分,根据不足酌情扣分。 2. 积极开展新产品、新商业模式创新得10分,根据不足酌情扣分。 3. 积极推进两业融合和智能化设备应用工作,得10分,根据不足酌情扣分。 以上四类合计最高得30分	30	小镇提供:开展融合模式创新、大数据互联网等新技术应用、新产品和商业模式创新、两业融合及智能化设备应用等相关材料介绍
	4. 特色产业比重	1. 规模以上企业中特色产业企业数量占比:≥70%,得10分,每多1%,加1分,最高20分;每少1%,扣1分,60%以下不得分。 2. 特色产业营收占比:特色产业营收收入占比达70%得10分,每多1%,加1分,最高20分;每少1%,扣1分,60%以下不得分。 以上两类合计最高得40分	40	小镇提供:相关数据,统计部门核实
集聚高端要素	1. 高精人才集聚	1. 引入高层次人才每个得5分,如两院院士、长江学者、国家杰出青年、国际体育行业专业人才等,最高30分。 2. 每个中级技术职称人员0.25分,高级技术职称人员0.5分,其他与特色产业发展相关的同等水平专业人才(如管理、法务、金融、体育人才)参照得分,最高20分。 3. 每个硕士及以上学历人才得1分,最高20分。 4. 引进特色产业相关创业团队每个得0.5分,最高10分。 以上四类合计最高得50分	50	小镇提供:1. 高层次人才人员名单、相关证书、引进合同等资料复印件;2. 中级、高级技术职称或其他相关人才名单(标注技术职称);3. 硕士及以上学历人才名单(标注毕业院校及专业);4. 创业团队清单及简介,入驻证明等

续表

一级指标	二级指标	评定内容	分值	数据来源
集聚高端要素	2. 科研机构支撑	1. 与国际著名研发机构、健康服务机构、体育组织开展实质合作 10 分，形成重大成果得 10 分，最高 30 分。 2. 小镇内每创建一家国家级或省级科研机构（工程技术中心、重点实验室、企业技术中心、企业研究院等）分别得 20 分、15 分，最高 20 分。 3. 与国家重点实验室、国家重点学科、双一流大学、国家级研究院开展技术合作得 5 分，与普通高校或省级研究院开展技术合作得 3 分，最高 20 分。 以上三类合计最高得 50 分	50	小镇提供：1. 与国际著名研发机构、健康服务机构、体育组织相关合作合同复印件；2. 国家级或省级科研机构（工程技术中心、重点实验室、企业技术中心、企业研究院）的法人单位、等级等证明材料；3. 与相关高校、研究机构相关合作合同复印件以及级别证明材料
	3. 创新发展水平（非体育类）	1. 科技企业集聚情况：每家高新技术企业 5 分，最高 30 分。 2. 科技研发投入情况：上一年度小镇内企业科技研发投入占主营业务比重，达到全省企业平均水平得 20 分，每高于全省平均水平 0.1 个百分点，加 2 分，最高得 30 分；低于全省平均水平不得分。 以上两类合计最高得 50 分	50	小镇提供：1. 高新技术企业名录及认定证明材料；2. 上一年度小镇内企业科技研发投入占主营业务比重数据。省统计局提供上一年度全省科技研发投入占比
	4. 赛事项目培育（体育类）	创建期举办国际、国家级赛事每项得 25 分，省级每项得 20 分，拥有自主知识产权赛事每项 20 分，其他创新性赛事每项 15 分，获得省级体育赛事专项资金支持的赛事，每项加 10 分，最高 50 分	50	小镇提供：1. 小镇举办体育赛事清单，赛事批准文件、秩序册及举办现场照片；2. 若为创新性赛事，需提供赛事创新相关做法及成效，获得省体育赛事专项资金支持赛事立项认定文件

续表

一级指标	二级指标	评定内容	分值	数据来源
推动创新创业	1. 双创平台建设水平	1. 有省级及以上双创示范基地、创业示范基地或科技企业孵化器每个得10分,有省级及以上双创空间每个得5分,最高20分。 2. 小镇内创业基金合计管理规模在5000万元(含)—1亿元得5分,1亿元(含)—5亿元的得10分,5亿元(含)—10亿元的得15分,10亿元(含)以上的得20分。 3. 拥有创业导师或创业服务机构提供创业辅导,得5分。 4. 每年组织企业参加展销会、产品推介会,每次5分,最高10分。 以上四类合计最高得50分	50	小镇提供:1. 省级及以上双创示范基地、创业示范基地、科技企业孵化器、众创空间认定证明材料;2. 基金公司清单及资产管理规模证明材料;3. 提供创业辅导证明材料;4. 展销会、产品推介会活动清单和相应参展企业清单,现场照片
	2. 孵化服务绩效	非体育类: 1. 创建期每孵化转移成功一家特色产业相关企业得2分,最高20分。 2. 每个省级双创人才加2分,每个省级双创团队加5分,最高20分。 以上两类合计最高得40分	40	小镇提供:1. 小镇内孵化转移成功企业名单和相关证明材料;2. 双创人才、团队名单、认定文件、引进合同等
		体育类: 1. 每成立一个体育社会组织得5分,最高10分。 2. 创建期内引进或培育投资额1亿元以上的特色体育项目,每个得10分;投资额5000万元以上的特色体育项目,每个得5分,获得省体育产业发展专项资金支持的项目,每项加10分,最高50分。 以上两类合计最高得50分	50	小镇提供:1. 小镇体育社会组织清单及成立文件(或登记证书);2. 提供引进或培育特色体育项目清单,投资证明材料及实景图片,获得省体育产业专项资金支持项目立项认定文件
投入产出效益	1. 投入水平	1. 投资规模:创建期间累计完成30亿元及以上得10分,每增加1亿元加1分,最高20分;不足30亿元不得申请评定。 2. 投资强度:建设用地亩均投入300万元以上得20分;亩均投资强度每降低50万元减5分,亩均投资强度低于150万元不得分。 3. 特色产业投资:创建期间特色产业投资占比≥70%得10分;不到70%不得申请评定。 以上三类合计最高得50分	50	小镇提供:相关数据,统计部门核实

续表

一级指标	二级指标	评定内容	分值	数据来源
投入产出效益	2. 产出效益	1. 税收收入:上年度税收每 1000 万元得 2 分,体育类每 1000 万元得 5 分,最高 30 分。 2. 主营业务收入:上年度主营业务收入 10 亿元以上,得 10 分,每增加 1 亿元,加 1 分;体育类上年度主营业务收入 5 亿元以上,得 10 分,每增加 5000 万元,加 1 分,最高 20 分	50	小镇提供:相关数据,统计部门核实
	3. 辐射带动	非体育类: 1. 积极开展跨行业、跨领域融合模式创新得 10 分,如医养结合、+体育、+教育、+旅游等,根据不足酌情扣分。 2. 产业上下游带动:形成较为完整的产业链,基本形成产业生态,得 10 分,产业链不完整的酌情扣分。 3. 企业上市:创建期小镇内每成功上市 1 家主板企业得 10 分,中小板、创业板、科创板上市企业每家得 5 分,新三板挂牌企业每家得 3 分,最高 20 分。 以上三类合计最高得 40 分	40	小镇提供:相关数据及证明材料
		体育类: 小镇创新形成的运营模式、特色运动项目和体育休闲产品有较好的市场认可度,年接待体育休闲人次、辐射带动作用和区域影响力不断提升,得 30 分,根据不足酌情扣分	30	
5. 历史经典小镇				
促进产业发展	1. 产业影响力	1. 历史经典产业获得国家级荣誉、表彰(扬)得 10 分,省级得 5 分,最高 20 分。 2. 小镇内历史经典相关企业在行业内具有重要影响力,是相关全国性行业协会的发起单位或常务理事单位,得 10 分;是省级或地市级行业协会的发起单位或常务理事单位,得 5 分,最高 20 分。 3. 主导制定省级及以上历史经典行业标准得 10 分,参与制定省级及以上历史经典行业标准得 5 分,最高 20 分。 以上三类合计最高得 60 分	60	小镇提供:1. 相关政府、部门颁发的荣誉证书、文件等;2. 行业协会的授牌证书、行业影响力、协会成员单位等材料;3. 小镇内企业制定的标准文本或立项下达文件

续表

一级指标	二级指标	评定内容	分值	数据来源
促进产业发展	2. 新技艺研发应用	1. 运用新技术新工艺制造生产历史经典产业新产品得10分,根据不足酌情扣分。 2. 创建期每项发明专利授权得5分,最高20分。 3. 挖掘经典文化,与每家国家级、省级文化艺术团体合作,形成文化创意产品,分别得5分,最高20分。 4. 有历史经典产品技术鉴定中心得10分。 以上四类合计最高得60分	60	小镇提供:1. 新技术新工艺及应用情况介绍,新产品生产、销售情况,及相关照片;2. 授权专利清单(标注所属企业和专利号),主体需为入驻在小镇内的企业,如是小镇外的母公司取得,不纳入计算,如专利权已转让为小镇内企业,视同小镇所有;3. 相关合作协议,合作成果简介;4. 技术签定中心的机构批文、人员名单、现场照片等
	3. 传承提升发展	1. 每个独立的大师工作室(含国家、省级)得1分,最高20分。 2. 运用互联网、大数据、金融创新等手段推进历史经典产业商业模式创新得10分,根据不足酌情扣分。 3. 历史经典产业传帮带工作较好得10分,根据不足酌情扣分。 以上三类合计最高得40分	40	小镇提供:1. 大师工作室清单和证明;2. 商业模式创新、传帮带相关证明材料
集聚要素高端	1. 专业人才集聚	1. 每入驻一名国家级大师和非遗传承人得10分、省级大师和非遗传承人得5分,最高40分。 2. 每有一个历史经典产品设计、开发、生产、营销团队得2分,最高10分。 3. 每个中级技术职称人员0.25分,高级技术职称人员0.5分,其他与历史经典产业发展相关的同等水平专业人才参照得分,最高20分。 以上三类合计最高得60分	60	小镇提供:1. 各级大师、非遗传承人名单,相关证书等;2. 行业相关团队简介,以及引进合同等证明材料;3. 中等、高级技术职称或其他相关人才名单(标注技术职称)

续表

一级指标	二级指标	评定内容	分值	数据来源
集聚要素高端	2. 知名企业引进	1. 每引入一家全国中华老字号(或历史经典领域同等水平)企业总部 20 分,区域型、功能型总部 15 分,分支机构 5 分,最高 40 分。 2. 每有一家历史经典类企业得 1 分,其中规模以上企业每家得 3 分,最高 30 分。 3. 每引入一家行业领军企业得 5 分,最高 20 分。 以上三类合计最高得 60 分	60	小镇提供:1. 全国中华老字号(或历史经典领域同等水平)企业工商登记材料;2. 小镇内历史经典类规上企业名录和非规上企业名录;3. 行业领军企业工商登记材料
	3. 合作平台机构	1. 小镇内创建国家级或省级专业机构分别得 10 分、5 分。最高 20 分。 2. 与每家专业领域著名高校大学合作得 5 分,与普通高校开展技术合作得 3 分,最高 20 分。 3. 与每家国家级专业机构开展技术合作得 5 分,与省级专业机构开展技术合作得 2 分,最高 20 分。 以上三类合计最高得 40 分	40	小镇提供:1. 国家级或省级专业机构的法人单位、等级等证明材料;2. 与相关高校、专业机构相关合作合同复印件,以及级别证明材料
推动创新创业	1. 双创载体建设	1. 有省级及以上双创示范基地、创业示范基地或科技企业孵化器得 15 分。 2. 有省级及以上众创空间得 5 分。 以上两类合计最高得 20 分	20	小镇提供:省级及以上双创示范基地、创业示范基地、科技企业孵化器、众创空间认定证明材料
	2. 双创资源集聚	1. 创建期每孵化转移成功一家历史经典相关企业得 2 分,最高 20 分。 2. 每个省级双创人才得 2 分,每个省级双创团队得 5 分,最高 20 分。 以上两类合计最高得 40 分	40	小镇提供:1. 小镇内孵化转移成功企业名单和相关证明材料;2. 双创人才、团队名单,认定文件、引进合同等
	3. 双创服务环境	1. 小镇内创业基金合计管理规模在 5000 万(含)—1 亿元得 5 分,1 亿元(含)—5 亿元的得 10 分,5 亿元(含)—10 亿元的得 15 分,10 亿元(含)以上的得 20 分。 2. 拥有创业导师或创业服务机构提供创业辅导,得 10 分。 3. 每年组织企业参加展销会、产品推介会,每次 5 分,最高 20 分。 以上三类合计最高得 50 分	50	小镇提供:1. 基金公司清单及资产管理规模证明材料;2. 提供创业辅导证明材料;3. 展销会、产品推介会活动清单和相应参展企业清单,现场照片

续表

一级指标	二级指标	评定内容	分值	数据来源
投入产出效益	1. 投入水平	1. 投资规模:创建期间累计完成30亿元及以上得10分,每增加1亿元加1分,最高20分;不足30亿元不得申请评定。 2. 投资强度:建设用地亩均投入300万元以上得20分;亩均投资强度每降低50万元减5分,亩均投资强度低于150万元不得分。 3. 特色产业投资:创建期间特色产业投资占比≥70%得10分;不到70%不得申请评定。 以上三类合计最高得50分	50	小镇提供:相关数据
	2. 产出效益	1. 税收收入:上年度税收每1000万元得3分,最高30分。 2. 主营业务收入:上年度主营业务收入10亿元以上,得10分,每增加1亿元,加2分,最高20分,不足10亿元不得分。 以上两类合计最高得50分	50	小镇提供:相关数据
	3. 传播推广	历史经典产品市场占有率稳步提升、品牌区域影响力不断扩大得20分,市场占有率和品牌影响力一般的酌情扣分	20	小镇提供:产品市场占有率和影响力的相关证明材料
6. 现代农业小镇				
促进产业发展	1. 产业技术领先	1. 获得体现现代农业影响力的荣誉,国家级每项得10分、省级荣誉得5分,最高30分。 2. 主导制定省级及以上现代农业相关行业标准得10分,参与制定省级及以上现代农业相关行业标准得5分。 3. 创建期每项发明专利授权得5分,最高20分。 以上三类合计最高得60分	60	小镇提供:1. 相关荣誉证明材料;2. 小镇内企业制定的标准文本或立项下达文件;3. 授权专利清单(标注类别、所属企业和专利号),主体需为入驻在小镇内的企业,如是小镇外的母公司取得,不纳入计算,如专利权已转让为小镇内企业,视同小镇所有

续表

一级指标	二级指标	评定内容	分值	数据来源
促进产业发展	2. 农业融合生产	1. 围绕特色农业方向，推进一二三产融合发展，产业链条完整，得10分，根据不足酌情扣分。 2. 特色产业新型经营主体经营面积占小镇特色产业经营面积比重60%以上，得10分，40%—60%得5分。 3. 绿色优质农产品面积超过75%，得10分。 4. 特色农产品拥有国家地理标志，得10分。 5. 研发国家审定农业新品种每个得5分，省级审定农业新品种每个得2分，最高10分。 6. 镇域有省级农产品加工集中区，得6分；有农产品深加工企业每家4分，最高30分。 7. 拥有农产品检验检测中心，得10分。 8. 拥有特色农产品市场，得10分。 9. 科技研发投入规模比上年增长5%以上得5分，每高1个百分点，加1分，最高10分；每低1个百分点，减1分，最低0分。 10. 特色商业街区、民宿、农家乐经营户占小镇居民总户数的5%以上，得10分。 11. 每家全国休闲农业与乡村旅游三星级及以上企业，得5分，最高10分。 12. 融合平台丰富，小镇在省级以上农业园区(包括现代农业产业示范园、国家级现代农业产业园等)、农村产业融合发展先导区(或示范园)范围内的，一个得5分，最高得10分；获“全国一村一品示范村镇”或“全国农业产业强镇”建设项目的得5分；镇域有“中国美丽休闲乡村”或“省级主题创意农园”的得5分，最高20分。 以上十二类合计最高得140分	140	小镇提供：1. 一二三产融合发展证明材料；2. 小镇提供：相关数据和证明材料；3. 小镇提供：相关数据；4. 国家地理标志认定文件复印件；5. 农业新品种清单；6. 省级农产品加工集中区认定文件、农产品深加工企业清单；7. 农产品检验检测中心的机构批文、人员名单、现场照片等；8. 特色农产品市场现场照片；9. 小镇提供：当年和上一年科技研发投入数数据(省统计局核实)；10. 商业街区、民宿、农家乐经营户名单和小镇居民总户数数据；11. 全国休闲农业与乡村旅游三星级及以上企业清单和相关证明文件；12. 相关称号证明文件
	3. 新技术应用	1. 生产手段机械化、生产过程标准化、生产管理智能化，得10分，根据不足酌情扣分。 2. 特色农产品电商销售比例达10%以上，得10分，每提高2个百分点，得1分，最高20分。 3. 建立食用农产品质量追溯体系，食用农产品例行监测抽检合格率98%以上，得10分。 以上三类合计最高得30分	30	小镇提供：1. 先进生产技术相关材料介绍和实拍照片；2. 农产品电商销售比例数据；3. 农产品例行监测抽检报告

续表

一级指标	二级指标	评定内容	分值	数据来源
集聚高端要素	1. 专业人才集聚	1. 引入高层次人才每个得5分,如两院院士、长江学者、国家杰出青年等,最高30分。 2. 每个省级乡土人才得5分,最高20分。 3. 每个中级技术职称人员0.25分,高级技术职称人员0.5分,其他与现代农业产业发展相关的同等水平专业人才(如管理、法务、金融人才)参照得分,最高20分。 4. 有农业科技特派员、科技镇长,得5分。 5. 新型职业农民培训人次达1000人次,得10分,每增加100人次,得1分,最高20分。 以上五类合计最高得50分	50	小镇提供:1. 高层次人才人员名单、相关证书、引进合同等资料复印件;2. 省级乡土人才人员名单和认定文件;3. 中级、高级技术职称或其他相关人才名单(标注技术职称);4. 农业科技特派员、科技镇长证明材料;5. 新型职业农民培训证明材料
	2. 专业企业入驻	1. 每有一家农业产业化国家重点龙头企业总部得20分,分支机构得15分。 2. 每有一家农业产业化省级重点龙头企业总部得10分、分支机构得5分,农业产业化市级重点龙头企业得5分。 3. 每有一家现代农业类行业隐形冠军、专精特新小巨人企业得10分。 4. 每有一家现代农业类企业得1分,其中规模以上企业每家得3分,最高30分。 以上四类合计最高得50分	50	小镇提供:1. 小镇内国家级、省级、市级农业产业化重点龙头企业清单、工商登记材料和认定文件;2. 小镇内现代农业类行业隐形冠军、专精特新小巨人企业名录、工商登记材料和认定材料;3. 小镇内规上现代农业类企业名录和非规上现代农业类企业
	3. 科研机构支撑	1. 小镇内每创建一家国家级或省级科研机构(工程技术中心、重点实验室、企业技术中心、企业研究院等)分别得20分、15分。 2. 与国家重点实验室、国家重点学科、双一流大学、国家级研究所开展技术合作得5分,与普通高校或省级研究院开展技术合作得3分。 以上两类合计最高得30分	30	小镇提供:1. 国家级或省级科研机构(工程技术中心、重点实验室、企业技术中心、企业研究院等)的法人单位、等级等证明材料;2. 与相关高校、研究机构相关合作合同复印件以及级别证明材料

续表

一级指标	二级指标	评定内容	分值	数据来源
推动创新创业	1. 双创载体建设	1. 有省级及以上双创示范基地、创业示范基地或科技企业孵化器得 10 分。 2. 有省级及以上众创空间得 5 分。 3. 有农业农村部公布的全国农村创新创业园区(基地)或全国农村创新创业孵化实训基地得 5 分。 以上三类合计最高得 30 分	30	小镇相关载体名单和认定证明材料
	2. 双创资源集聚	1. 创建期每孵化转移成功一家特色农业相关企业得 2 分,最高 20 分。 2. 每个省级双创人才得 2 分,每个省级双创团队得 5 分,最高 20 分。 以上两类合计最高得 40 分	40	小镇提供:1. 小镇内孵化转移成功企业名单和相关证明材料;2. 双创人才、团队名单,认定文件、引进合同等
	3. 双创服务环境	1. 拥有创业导师或创业服务机构提供创业辅导,得 10 分。 2. 每年组织企业参加展销会、产品推介会,每次 5 分,最高 30 分。 以上两类合计最高得 20 分	20	小镇提供:1. 提供创业辅导证明材料;2. 展销会、产品推介会活动清单和相应参展企业清单,现场照片
投入产出效益	1. 投入水平	1. 投资规模:创建期间累计完成 30 亿元及以上得 20 分,每增加 1 亿元加 1 分,最高 30 分;不足 30 亿元不得申请验收。 2. 特色产业投资占比:≥70%,得 10 分;不到 70%不得申请验收	40	小镇提供:相关数据
	2. 产出效益	主营业务收入:上年度主营业务收入 5 亿元以上,得 10 分,每增加 1 亿元,得 2 分,最高 40 分。不足 5 亿元不得分	40	小镇提供:相关数据
	3. 传播推广	现代农业产品市场认可度、占有率稳步提升、区域影响力不断扩大,市场占有率和品牌影响力一般的酌情扣分	20	小镇提供:产品市场占有率和影响力的相关证明材料
7. 旅游风情小镇				
促进产业发展	1. 产业影响力	1. 旅游产业定位为支柱产业的,得 10 分,其他定位得 5 分以下。 2. 旅游业具有全国影响力的,得 10 分,省级的,得 5 分,以下得分酌减。 3. 小镇内文化和旅游企业、单位具有全国影响力或担任全国性行业协会常务理事以上的,得 5 分,省级的,得 3 分,以下得分酌减; 4. 文化和旅游业获得国家级荣誉、表彰(扬)得 5 分,省级得 3 分。 以上四类合计最高得 30 分	30	小镇提供:1. 政府文件。2. 相关证明材料。3. 相关授牌、证书、协会文件等。4. 相关政府、部门颁发的荣誉证书、文件等

续表

一级指标	二级指标	评定内容	分值	数据来源
促进产业发展	2. 综合旅游服务能力	1. 旅游吸引物产品:旅游景区、游览参观点年游客接待量在50万人次以上的,每处得5分,10万—50万人次的,每处得3分,10万人次以下的,每处得1分,最高10分。种类丰富,具有观光旅游、度假休闲、文化旅游、乡村旅游、工业旅游、生态旅游、红色旅游等产品,每类得2分,最高10分。 2. 旅游住宿设施:供给充足,床位总数≥1500张的,得10分;≥1000且<1500张的,得5分;≥500且<1000张的,得3分,500张以下不得分。类型丰富,小镇拥有品牌度假酒店、文化主题酒店、旅游民宿、青年旅社、自驾车(房车)营地、家庭旅馆、亲子客栈等类型多样的住宿接待设施,每种类型得2分,最高10分。 3. 旅游餐饮:接待能力充足,单个500平方米以上餐饮服务场所,每个得1分,最高2分。餐饮服务点数量15个得1分,每增加5个得1分,最高3分。餐饮特色显著,拥有10种地方名菜或地方小吃得2分,每增加5种得1分,最高5分。具有主题文化餐饮产品,每种2分,最高5分。 4. 旅游线路:小镇具有能够满足一日游、两日游、多日游的成熟游线和专门针对家庭亲子游、小镇康养游、休闲度假游、商务研学游等特色游线,每类游线得1分,最高5分。 5. 旅游交通:小镇拥有特色旅游交通体系,如风情步道、共享单车、水上交通、低空旅游等,每类特色旅游交通得1分,最高5分。 6. 安全管理:小镇旅游安全制度完善,得5分。拥有专业安全管理队伍的,得3分。 与本地救援体系或专业救援机构合作的,得2分。针对各种旅游安全突发事件制定应急预案,每种得1分,最高3分。每季度进行至少一次培训或演练的,得2分。小镇停车场、主要游览区域和事故多发地段配备24小时监控系统,得3分;一个月内记录留档的,得1分。 以上六类合计最高得80分	80	小镇提供:1. 旅游景区、游览参观点分布图、统计表、照片。2. 住宿接待设施分布图、统计表(含项目名称、住宿类型、运营状态、床位数等信息)及现场照片。3. 餐饮接待设施分布图、统计表(含项目名称、运营状态、占地面积等信息)及现场照片。特色菜点统计表及现场照片。4. 游线简介、导览手册、手绘地图等材料,其中多日游可联动小镇外周边景点。5. 特色交通体系说明及现场照片。6. 安全管理制度、应急预案及执行情况,相关活动、设施记录、照片等

续表

一级指标	二级指标	评定内容	分值	数据来源
促进产业发展	3. 市场营销能力	1. 小镇制定年度旅游市场营销计划并有效实施,酌情给分,最高5分。 2. 参加国家级、省级旅游交易会、博览会等市场促销活动的,每次3分,邀请旅行社、媒体开展踩线、推介等活动的,每次2分,组织其他自主营销活动的,每次2分,最高10分。 3. 组织开展平面媒体、新媒体旅游推介、广告宣传等活动,酌情给分,最高10分。 4. 小镇整体IP及核心产品通过商标注册,整体商标得2分,核心产品每个1分,最高5分。 以上四类合计最高得30分	30	小镇提供:1. 市场营销计划,实施情况说明或总结。2. 参展通知、协议、总结等,活动现场照片记录等。3. 旅游推介证明材料。4. 注册文件、证书等
	4. 融合创新能力	1. 有效推进"旅游+"发展,小镇旅游产业与文化、农业、工业、科技、体育等相关产业融合发展突出的,每类产业得3分,最高10分。 2. 融入全域旅游发展理念,制定实施措施,取得明显成效的,酌情给分,最高10分。 3. 实施乡村振兴战略,有效促进乡村旅游发展,带动增收致富的,酌情给分,最高10分。 4. 促进旅游创新发展,建立创新平台、创新机制,研发、引进创新技术,建立创新团队,开发创新产品,每项5分,酌情给分,最高10分。 以上四类合计最高得40分	40	小镇提供:1. 产业融合发展文件,实拍成果照片。2. 全域旅游发展文件、方案及组织实施情况,可提供实施文件、方案、实效照片等。3. 乡村旅游发展文件、方案、措施等,带动农民就业、增收情况说明,实效照片。4. 创新发展相关文件以及实际进展情况说明,技术、产品照片,团队名单等
集聚高端要素	1. 专业企业入驻	1. 引入国际、全国知名文化旅游企业的,每个3分,最高10分; 2. 引入全国百强、省级20强文化旅游企业(集团),每个2分,最高5分; 3. 引入特色品牌文化旅游企业,全国知名的,每个3分,省级知名的每个2分,最高5分。 4. 培育自主或特色文化旅游企业,形成全省文化旅游行业知名度的,每家5分,最高10分。 以上四类合计最高得30分	30	小镇提供:引入企业清单、引入文件、协议、地方文旅部门认定说明,相关工商登记材料等

续表

一级指标	二级指标	评定内容	分值	数据来源
集聚高端要素	2. 人才集聚	1. 人才政策:小镇执行上级人才引进政策的得 2 分;针对小镇产业发展专门制定人才引进政策的,得 3 分。 2. 国际人才:引入文化旅游服务行业的国际人才,每个得 2 分,最高 5 分。 3. 引进全国导游大师、高级导游、金牌导游和烹饪大师、特级厨师等旅游高级人才的,入驻国家级大师和非遗传承人,每位 2 分,建立工作室或采用“师徒制”培养人才的,另加 1 分,最高 15 分。 4. 高学历人才:年引入本科及以上学历人才达 20 人以上的,得 5 分,引进人才为博士及以上学历的,每个加 1 分,最高 5 分。 以上四类合计最高得 30 分	30	小镇提供:1. 运营主体落实上级政府或出台的人才引进政策等证明材料。2. 外籍人才人员名单统计表及劳务合同或相关证明材料。3. 引进人员清单及相关证明材料。4. 年度引入人才统计表或社保、学历证明等相关证明材料
	3. 合作平台	1. 多元共建:小镇拥有行业协会、相关产业学会及专家智库,能够充分调动各方力量实现多元共建,一项得 1 分,最高 5 分。 2. 设立文化旅游研究机构,正常运转,形成研究成果的,每个 2 分,最高 5 分 3. 小镇根据具体建设需求,与相关产业、技术、艺术院校建立稳定合作关系,每项合作关系得 2 分,每年能够将一项技术转化成果落地的,得 2 分,最高 10 分。 以上三类合计最高得 20 分	20	小镇提供:1. 行业协会相关行业协会、产业学会及专家智库的简介、授牌证书或合作协议、合作内容说明等相关证明材料。2. 成立文件、注册登记、研究成果说明等。3. 与相关产业、技术、艺术院校的合作协议或相关证明材料,创建期内合作完成并投入市场应用的技术成果的情况说明及相关证明材料

续表

一级指标	二级指标	评定内容	分值	数据来源
旅游风情指数	1. 颜值提升	1. 文旅资源:小镇拥有一定级别的文化和旅游资源(自然遗产、文化遗产、非物质文化遗产、旅游度假区、4A 以上旅游景区、森林或湿地公园、重点文物保护单位、名镇名村古村落、地理标志产品等)。一处国家级及以上资源得 3 分,一处省级得 2 分,最高 10 分。 2. 整体风貌:小镇总体布局、建筑形态与风格能够体现小镇地方特色的,得 3 分;有一定体量的地方特色活态民居和原住民生活空间的,得 4 分;有体现地方文化的历史街区的,得 3 分。 3. 景观环境:小镇整体景观环境协调美观、色彩和谐的,得 5 分;有地方记忆和乡愁文化表达的,得 5 分。 4. 业态产品:小镇具有体现区域文化、类型丰富的多元业态,包括亲子度假类、科普教育类、文化娱乐类、运动休闲类、康体养老类、民俗体验类等文旅业态,每类业态(产品数量≥2 项)得 2 分,最高 10 分。有地方文化运用、体验型新业态产品的,每个产品得 2 分,最高 5 分。 5. 四季产品:小镇旅游活动及产品能够覆盖春夏秋冬四季,得 5 分,以下酌情扣分。 6. 智慧服务:小镇提供:智慧电子导游服务,通过 APP、微信等网络平台提供二十个以上核心景点免费讲解的,得 5 分。游客可通过移动设备实现小镇核心区及各业态在线查询、预订、支付、投诉等功能的,得 5 分。 以上六类合计最高得 60 分	60	小镇提供:1. 文化和旅游资源清单、照片,相关批准文件。2. 小镇总体规划、建筑风貌、特色民居、历史街区现场照片。3. 与景观环境和文化氛围相关证明材料。4. 业态产品分布图,业态统计表(含项目名称、业态类型、运营状态等信息)特色体验业态说明及现场照片。5. 四季活动介绍及现场照片。6. 智慧旅游服务说明,电子导游设施照片,网络截屏,网上查验,现场检查

续表

一级指标	二级指标	评定内容	分值	数据来源
旅游风情指数	2. 气质展示	1. 精神表达:坚持社会主义核心价值观,加强意识形态管理,充分体现和表达小镇精神内涵,酌情给分,最高10分,存在明显的表达和管理错误的,不给分。 2. 品质水平:小镇资源、文化、服务、管理、环境等方面的整体评价,从协调性、特色化、人性化、精致化等方面统筹考虑,酌情给分,最高10分。 3. 文化展示与氛围:小镇重视传统文化与先进文化的保护、传承和发展,有与时俱进的文明理念、文化表达的,得3分,有传统文化符号运用的,得2分。拥有小镇核心文化主题展示空间(如图书馆、文化馆、博物馆、艺术馆、非遗展示馆(厅)非遗传习所等)或核心文化传承类项目(如实景演出、主题演艺等),一个核心文化主题展示空间得2分,一个核心文化传承类项目得2分,最高10分。 4. 品牌节庆活动:小镇拥有品牌节庆活动,包括年度综合节庆、儿童导向型节庆、民俗体验型节庆、特色运动型节庆、艺术参与型节庆等类型,每种类型得2分,最高10分。 5. 夜间经济:夜游产品多样(如演艺演出、水上夜游、灯光秀、夜市街区、夜游公园等),能够创造夜间旅游经济指数,酌情给分,最高5分。 6. 文创商品:小镇具有体现地方产业和文化特色的文创商品系列,系列内产品大于5件,每个系列得2分,最高10分。 以上六类合计最高得60分	60	小镇提供:1. 工作部署文件与方案、实施情况说明。2. 相关专家出具的小镇品质情况和整体评价材料。3. 相关工作推进计划与实效,相关场所、项目清单与实景照片。与核心风情主题相关的核心文化主题展示空间和核心文化传承类项目情况说明及现场照片。4. 组织、参加节庆活动清单与说明,或相关计划、总结材料、现场实景照片。5. 夜间活动组织与成效情况、实景照片。6. 文创商品统计表(含商品系列名称、主要产品、投入市场时间等信息)及现场照片

续表

一级指标	二级指标	评定内容	分值	数据来源
旅游风情指数	3. 环境与服务保障	1. 环境质量:空气质量,小镇所在区域全年空气质量优良率达到 70%,得 2 分,小镇及小镇周边 10 公里内无污染性工业企业的,得 3 分。水环境,小镇地表水质量需达到国标Ⅲ类标准的,得 3 分,污水处理出水水质达到《城镇污水处理厂污染物排放标准》(GB18918－2002)中一级 A 标准的,得 2 分。声环境,核心区白天噪音控制在 55 分贝以下,夜晚噪音控制在 45 分贝以下,得 3 分。节能环保,小镇区域内旅游公共交通工具采用低碳和清洁能源,得 2 分。 2. 保护规划与政策:小镇创建加强文旅资源和环境保护,有具体的保护和发展措施,出台相应保护政策,酌情给分,最高 5 分。 3. 公共服务保障:停车场,小镇停车场(含临时停车场)面积≥6000m² 的,得 3 分,＜6000m² 的,得 2 分,室外停车场全部为生态停车场的,得 2 分,部分为生态停车场的,得 1 分。安排专人负责管理维护的,得 2 分。旅游厕所,小镇范围内旅游厕所干净整洁,有专人维护的得 3 分,每个 AAA 级旅游厕所得 1 分,每 3 个 AA 级旅游厕所得 1 分,每 5 个 A 级旅游厕所得 1 分,最高 5 分。4. 旅游服务保障:小镇针对入驻企业和经营户设立优质服务标准考核体系的,得 1 分。设有固定监督机构,常驻人员 2 人及以上的,得 2 分。小镇制定旅游市场主体“红黑榜”制度,按月公示违规行为,并跟踪整改的得 2 分。小镇具备针对特殊人群的医疗及服务,得 1 分。小镇游客投诉及意见处理符合国家 5A 级景区要求,一切投诉均计入投诉日志归档,得 1 分。现场问题处理率 2 小时内达 100%的得 2 分。非现场问题回复率 12 小时内达 100%的,得 1 分。 5. 游客满意度调查:小镇按照 5A 级景区服务功能标准建立游客满意度评分细则,由第三方统计机构进行游客满意度调查,满意度＞80%得 5 分,满意度＞50%且≤80%得 3 分。以上五类合计最高得 50 分	50	小镇提供:1. 创建期内由第三方出具的空气质量、水质和噪音检测报告,其中空气质量检测范围可为小镇所在区(县)。公共交通工具体系说明现场照片。2. 提供相关规划与文件。3. 停车场分布图、统计表(含停车场名称、面积、是否为生态停车场、管理人员及其联系方式等信息),旅游厕所分布图、统计表(含厕所编号、等级、管理人员及其联系方式等信息)。4. 小镇出台的优质服务标准考核体系公文及相关制度文件等材料。服务监督机构成立文件、工作人员名单及联系方式和现场照片。红黑榜制度文件及执行情况证明材料。提供特殊人群服务现场照片。投诉管理窗口、投诉日志等现场照片。5. 创建期内由第三方机构出具的针对旅游风情小镇的游客满意度调查报告

续表

一级指标	二级指标	评定内容	分值	数据来源
投入产出效益	1. 投入水平	1. 三年创建实施方案:小镇依据创建规划编制三年创建实施方案(包含小镇具体项目建设、投资金额、推进时间表及行动具体责任人等内容),并经所在地县(区、市)级人民政府审批通过的,得5分。 2. 投资强度:创建期年基础设施及公共服务投入不低于2亿元,得20分。 3. 专项投入:小镇设立专项旅游发展扶持经费,以不低于上年营收总额的3—5%支持特色旅游产业发展的,得5分。 4. 投资规模:创建期累计完成投入30亿元(含已累计完成投入部分),得10分。 以上四类合计最高得40分	40	小镇提供:1. 三年创建实施方案和通过所在地县(区、市)级人民政府审批的文件。2. 基础设施及公共服务投入统计表(盖章)及相关证明材料,需剔除房地产项目以及不在范围内的项目。3. 成立专项旅游扶持经费的文件,上年度营收总额数据、上年度旅游专项扶持经费使用情况说明及相关证明材料。4. 创建期投资报表(盖章)及相关证明材料,需剔除房地产项目
	2. 产出效益	1. 旅游综合收入:小镇年旅游综合收入10亿元以上的,得20分;8亿元以上的,得15分;5亿元以上的,得10分;5亿元以下的,得5分。 2. 人均逗留时间:游客人均逗留时间2.5天以上得10分,1.5天以上的得5分,其余酌情给分。 3. 人均消费:小镇游客人均花费2000元以上得10分;1000元以上的得5分;500元以上的得3分。 4. 人均消费增幅:游客人均消费年增加10%以上,得10分;新增5%以上得5分;新增3%以上的,得3分。 以上四类合计最高得50分	50	小镇提供:相关数据及证明材料
	3. 辐射带动	1. 带动就业:小镇年旅游就业人数新增10%以上,得5分;新增5%以上的,得3分;新增3%以上的,得3分。 2. 就业构成:本地员工占比,小镇总从业人员中本地员工占比>50%的,得5分,>40%且≤50%的得3分,≤40%的得2分。旅游从业人员占比,小镇常住人口中,旅游从业人数占比从业人口>70%的,得5分;>40%且≤70%的得3分。 3. 富民增收:通过景点带村、能人带户、"企业+农户"、直接就业、定点采购、帮扶销售农副产品、输送客源、资产增收等方式实现旅游扶贫富民的,每种方式得2分,最高10分。 4. 共建共享:根据本地居民参与小镇建设、经营、服务、管理情况,以及小镇公共设施、文化旅游设施实现本地居民、游客共享共用、融合互惠情况,酌情给分。最高5分。 以上四类合计最高得30分	30	小镇提供:1. 年旅游就业人数、本地员工人数、旅游从业人数、总从业人口等相关数据及证明材料。2. 按类型提供小镇富民增收的相关报道及其他证明材料。3. 现场调查相关资料

附表 3　特色小镇创新特色工作评定标准

指标	评定内容	分值	数据来源
唯一性特色	小镇自主上报唯一性特色和亮点(在国际或国内有影响力)的建设成效,或在投融资领域、存量资产盘活、土地出让、小镇运营管理、产城融合中的利益联结机制、社区治理等某个方面积极探索,形成可复制可推广的改革经验	50	小镇提供:创建期间各类创新亮点工作或改革探索的汇报说明,附上相关证明材料

编 委 名 单

主　　编　李荣锦

副 主 编　李君良

执行编委　徐寿权　张　鸿

编写人员　吴星星　徐子平　陈思君　王梦瑶　丁延秋　姜　杰

吴久泓　施　汉　席航飞　李泽睿　黎茵如　陈　青